财经类院校
创业基础教程

蒙丽珍 黄刚 主编

CAIJINGLEI YUANXIAO
CHUANGYE JICHU JIAOCHENG

东北财经大学出版社 大连
Dongbei University of Finance & Economics Press

图书在版编目（CIP）数据

财经类院校创业基础教程／蒙丽珍，黄刚主编.—大连：
东北财经大学出版社，2013.9（2019.8 重印）
ISBN 978-7-5654-1315-5

Ⅰ. 财…　Ⅱ.①蒙…②黄…　Ⅲ. 大学生-职业选择-
高等学校-教材　Ⅳ. G647.38

中国版本图书馆 CIP 数据核字（2013）第 193243 号

东北财经大学出版社出版
（大连市黑石礁尖山街 217 号　邮政编码　116025）
教学支持：（0411）84710309
营销部：（0411）84710711
总编室：（0411）84710523
网　　址：http：//www.dufep.cn
读者信箱：dufep @ dufe.edu.cn
大连东泰彩印技术开发有限公司印刷　东北财经大学出版社发行
幅面尺寸：170mm×240mm　　　字数：234 千字　　　印张：14
2013 年 9 月第 1 版　　　　　　2019 年 8 月第 10 次印刷
责任编辑：孙晓梅　吴　焕　　　　　　　责任校对：毛　杰
　　　　　李丽娟　王纪新
封面设计：张智波　　　　　　　　　　　版式设计：钟福建
定价：32.00 元

前　言

教育部于 2012 年 8 月制定的《普通本科学校创业教育教学基本要求》（试行），规定了普通本科学校开展创业教育的教学目标、教学原则与教学内容，为高等学校创新创业教育课程体系建设与课程教学开展提供了科学的指导思想，并指出高等学校要创造条件，面向全体学生开设"创业基础"必修课。而"创业基础"课程作为高校创业教育的重要载体，对其进行系统研究，将有助于高等学校更好地认识创业教育课程的内涵及其重要性，从而将创业教育课程有机融入专业课程体系，实现创业教育与专业教育、素质教育的深度融合。

为此，广西财经学院为提升创新创业课程教学水平，提高创新人才培养质量，落实以创业带动就业、促进高校毕业生充分就业发展，针对财经类院校的性质统筹协调和组织学校资源对"创业基础"这门课程进行重新编写。

《财经类院校创业基础教程》主要是以大学生为什么要创业为切入点，引出创业原理、创业项目、创业过程、财经类大学生创业典型案例等几大模块，以培养创业核心要素为目的，以把握创业项目的核心竞争力为效果，通过教授创业知识，锻炼创业能力，使学生掌握创业的基础知识和基本理论，熟悉创业的基本流程和基本方法，了解创业的法律法规和相关政策，激发学生的创业意识，帮助大学生引入创业路线图。

本书以我国创业学奠基人——赵延忱先生的《中国创业学》的基本理论为指导，根据编者十多年创业教学与创业实践经验并融合广西有关高校教师研究成果编写而成。本书由蒙丽珍、黄刚总纂，第一章由王逸编写，第二章由黄刚、蒋振编写，第三章由廖一祯、黄刚编写，第四章由乐国友、蒋振编写，第五章由王逸、陈志庆编写。

本书在编写过程中，参考了国内外的有关教材、著作和文献资料，并引用了其中的一些观点和内容，在此谨向赵延忱老师等原作者表示感谢。同时，何强安、文媛、唐小婷等同学协助收集了大量的案例与资料，在此也向他们表示感谢。

　　当然，创业教育在我国还是一个新生事物，我们的努力还只是一个开始。恳切希望广大师生在使用过程中找出本书的不足之处，并不吝指正，以便我们及时修改完善，更好地满足创业教学的需求。

编　者

目　录

第一章　大学创业教育与大学生创业

在读硕士的总经理李浩在江宁路的一幢高级公寓一次性租下30多套房间，然后转手出租给来沪短期居住的人士，从此当上了"二房东"，你只要点击他们的网站就能在网上预定短租的酒店式公寓了，"都市家园"短期房屋租赁公司这个并非高科技的项目还是获得了专门扶持大学生创业的天使基金的赞助。

公司创意来自经历

李浩来自浙江，有着浙江商人的精明头脑，他看到不少人从境外而来，想在上海寻找机会却一时没有着落，房屋中介等租房市场一般至少签约半年，住酒店则觉得价格太过昂贵。"何不办短期租房公司，专为这些人服务？"李浩寻到了一个市场空隙。

经营一年生意不错

"我们一般提供的出租时间不超过3个月，房型多样，虽然不大但很适宜家居，有冰箱、洗衣机、微波炉等，还有厨房，可以自己做饭；另外我们请了清洁工负责房间的打扫。这样下来，一个月的租金是3 000元到5 000元不等，条件不比宾馆差，比起住宾馆要经济多了。"公司经营了近一年，生意不错，住房率保持在80%，房客多为外籍人士。

当上"老板"困难不少，说起"做老板"的感受，"太艰难了，最困难的当属资金紧缺"。公司初创时4个合伙人各自拿出六七万元，现在虽加上"天使基金"提供的5万元资助，但钱总是紧巴巴的。"我这个老板当得可不富，每月的收入就是800元的工资"，一赚到钱，大家便想着怎样多租些房源，可"二房东"的利润不高，靠着这样的积累，很难做大。当"老板"很辛苦，发广告、找客源、签合同，都得自己干，4个人轮班，每天都是从大清早一直忙到半夜。

面对创业过程中的艰辛，李浩有些无奈，"其实我的梦想是能把这个项目

---

① 佚名. 复旦4名大学生合伙当上"二房东"[N/OL]. 新民晚报，2005-12-07.

做出品牌，但是目前看来很难，除了资金短缺，我们学生没有社会背景，缺少人际关系，开拓市场成了一个大难题"。

竞争：包括连锁"自助公寓"

"自助公寓"的主要运作模式是：和信息通讯公司合作，以在线 ERP 管理系统为基础，建立自己的商业链，同时推行会员制。"上头是业主和加盟商，下头是客户和会员，我们扮演的是代理商和服务商的双重角色。"公司现在采取的加盟制，将在未来几年逐步淡出，最终实现自主投资的经营模式，以此贯彻他坚持的"全国模式"，即有统一标准的服务和收费。

连锁"自助公寓"特色服务体现在：房子位于市中心商圈或地铁、轻轨等快速交通站点周边；房型以小户型公寓为主，精装修，设施齐全，包括厨卫和各类生活必需的大小家电；网上定房，可登录公司网站，查看目的地城市的房源信息，预订成功后，公司会致电确认，并在客人抵达当天派人接待，在房源充裕的情况下，甚至可以做到当天预订，当天入住。借助网络的便捷，最大程度地压缩订房步骤的方法有效，通过房屋托管来突破房源瓶颈、解决公寓投资的不足，"全国模式"统一服务收费。

思考：

1. 李浩为什么要创业？
2. 大学生创业有什么优势与困难？

第一节　创业教育

一、创业教育

创业教育是指对被教育者的创业意识、创业思维、创业技能、创业精神等各种创业综合素质进行培养，并最终使被教育者具有一定的创业了解、创业欣赏、创业实践能力的教育。

因为创业首先不能仅仅被当作一种纯粹的、以营利为唯一目的的商业活动，而是渗透到人们生活中的一种思维方式和行为模式，所以：

创业教育的目的是培养懂得欣赏创业，并能够创业的人才。创业教育因被联合国教科文组织称为教育的"第三本护照"而被赋予了与学术教育、职业教育同等重要的地位。

创业教育并不等于创建企业的教育，创业教育提倡"创业型就业"和

"就业型创业"，但不提倡"全民创业"，也不鼓励以"创业教育"取代"创业实践"、以"创业讲坛"取代"创业环境"。

创业教育是培养一种"在混乱无序、变化不定的环境中勇于承担责任，积极主动地寻求与把握机会，高效地整合与利用资源，明智地做出决策，创造性地解决问题，创新并创造价值"的思想、意识、精神与能力的过程。创业教育既指向目标达成，也指向创造性破坏，甚至也可以指向破坏性创造。

二、　创业教育体系

（一）创业教育的内容

创业教育本质上是一种素质教育，它具有"创新性、创造性、实践性"三个基本特征。

创业活动要求创业者具备自主、自信、勤奋、坚毅、果敢、诚信等品格与创新精神；要求培养未来创业者与领导者的成就动机、开拓精神、分析问题与解决问题的能力。因此，创业教育的宗旨在于培养学生的创业技能与开拓精神，以适应全球化、知识经济时代的挑战，并将创业作为未来职业的一种选择，转变就业观念。

首先，创业教育要特别重视培养学生积极的处世态度，并强调知识、技能与情感的结合①，创业教育不仅要传授关于创业的知识与能力，还要让学生学会像企业家一样去思考，具备务实的作风、锲而不舍的精神和为人处世的技巧；其次，创业需要创业教育提供基础，即要经过严格的学术训练和大量的知识准备，使未来创业者具备战略性眼光、全球化视野、沟通协调能力、组织运作能力、营销能力和决策能力，并具备较高的情商；再次，创业教育需要具有理论与实际相结合、精神培育与知识技能教育相结合的系统性，需要将创业教育贯穿于专业教育之中，与专业教育紧密相联；注重创业意识的培养、创业目标的选择、创业能力的提高、创业知识的掌握、创业研究的开展等内容。

要将大学生创业教育理念转化为教育实践，需要依托有效的课程体系，创业教育课程体系包括三个层次：

第一个层次是面向全体学生，旨在培养学生创业意识、激发学生创业动力的普及课程；

第二个层次是面向有较强创新、创业意愿和潜质的学生，旨在提高其基本知识、技巧、技能的专门的系列专业课程；

---

① 谭光兴．大学生创业教育实施框架的理论研究［J］．江西教育科研，2006（11）：33．

第三个层次是以项目、活动为引导，培养学生创业实际运用能力的实践活动课程。

（二）创业教育的形式

美国已将创业教育纳入国民教育体系之中，其时间涵盖小学、初中、高中、大学本科直到研究生阶段的正规教育；我国高校由于教学体制、师资结构和教学资源等问题的制约，仅有5%的大学生接受过体系不完整的创业教育，大学生创业人数不到毕业生总数的1%，而在发达国家，这个比例有的甚至高达20%～30%。

国内高校创业教育的实施始于20世纪末，清华大学在1998年举办了首届清华大学创业计划大赛，成为第一所将大学生创业计划竞赛引入亚洲的高校，高校创业教育2002年在我国正式启动，教育部将清华大学、中国人民大学、北京航空航天大学等9所院校确定为开展创业教育的试点院校。目前国内高校的创业教育形式主要有：

1. 以"挑战杯"及其他创业设计类竞赛为载体的创业设计教育；
2. 以大学生就业指导课程为依托的创业、就业教育；
3. 以大学生创业基地（园区）为平台的创业实践教育；
4. 以大学生创业教育公共选修课程为基础的创业通识教育；
5. 以融入人才培养方案的必修课程为体系的创业理论教育；
6. 以高校组织或支持创业的创业论坛等为背景的创业研讨教育；
7. 以学生创业社团与业余课后兼职为主要形式的其他创业教育。

要提高大学生的创业能力，就必须形成良好的创业教育氛围，建设包括高校、政府、企业、家庭、学生等子系统在内的创业培育生态体系。在这个体系中，高校是创业教育的主干；政府是创业教育的参与者和协助者；企业是创业教育的示范力量与实践平台；学生是创业教育的最终落脚点，创业教育不同于一般的理论教育，不应过分拘泥于形式。

（三）大学创业教育的体系

大学创业教育在理顺领导体制的基础上建立健全教学、就业、科研、团委、大学科技园等部门的创业教育和自主创业工作协调机制，统筹创业教育、创业基地建设、创业政策扶持和创业指导服务等工作机制。将大学创业教育体系与专业教育和文化素质教育融为有机的整体，大学创业教育体系分为创业基础教育、创业模拟训练、创业孵化培育。

1. 创业基础教育

通过创业教学使学生掌握基本的创业意识、创业思维、创业精神、创业知识及创业技能等相关理论，熟悉创业基本流程、基本方法、基本技巧、基本思维，了解创业法律法规、创业政策、创业文化等创业环境，激发学生的创业意识与创业激情，提高学生的社会责任感、自我实现的需求层次，帮助大学生了解创业、欣赏创业与实践创业，促进学生就业水平和职业生涯的健康规划与发展。

2. 创业模拟训练

创业模拟训练包括创业环境模拟与创业方案设计。

创业环境模拟是通过设计真实的学习情境，运用模拟软件、现场教学等方式，努力将相关教学过程情境化，使学生更真实地运用创业知识、创业原理，摸索、总结并掌握创业规律，重点提供创业模拟实验室、模拟教学软件、创业信息资源等。如教育部全国高校学生信息咨询与就业指导中心联合华普亿方共同开发的《创业之星——大学生创业模拟实验室》运用先进的计算机软件与网络技术，通过现实场景仿真，提供企业创业仿真训练环境，结合严密和精心设计的商业模拟管理模型及企业决策博弈理论，全面模拟企业真实的创业运营管理过程，学生在虚拟商业社会中完成企业从注册、创建、运营管理等相关的企业初创到运营的经营活动，系统也体现外部经济环境、金融环境、社会环境变化对企业的影响。通过这种实训课程有效地将所学知识转化为实际动手的能力，提升学生的综合素质，提高学生的就业与创业能力。

创业方案设计是通过模拟真实市场背景，选择目标企业进行商业计划书设计，全面思考创业思路、项目定位、所需资源、实施方案、组织设计、财务评价、市场分析等。德克萨斯州立大学奥斯汀分校在 1983 年就曾成功地举办世界上第一个商业计划竞赛，目前全球已经有二十余所大学举办这项竞赛，并形成了全球商业计划竞赛网络，其成员主要来自美国，欧洲也有三所著名大学在不久前加入其中；国内比较成功的创业方案设计大赛是 1999 年由共青团中央、中国科协、全国学联主办，清华大学承办的首届"挑战杯"中国大学生创业计划竞赛。该竞赛是借用风险投资的实际运作模式，要求参赛者组成优势互补的竞赛小组，提出一个具有市场前景的技术产品或服务，围绕这一产品或服务，以获得风险投资为目的，完成一份完整、具体、深入的商业计划，大赛要求完整的创业计划应该包括企业概述、业务展望、风险因素、投资回报、退出策略、组织管理、财务预测等方面的内容。

3. 创业孵化培育

创业孵化培育主要是依托教育部会同科技部提出的以国家大学科技园为主要依托，重点建设的"高校学生科技创业实习基地"体系，通过多种形式建立地方综合性大学生创业实习或孵化基地，以及各个大学建设的"大学科技园"等大学生创业实习或孵化基地。

大学生创业实习或孵化基地是高等学校开展创业教育、促进学生自主创业的重要实践平台，其主要任务是整合各方优势资源，开展创业指导和培训，接纳大学生实习实训，提供创业项目孵化的软硬件支持，为大学生创业提供支持和服务，促进大学生创业就业；大学生创业实习或孵化基地一般结合实际为大学生创业提供场地、资金、实训等多方面的支持，开辟了较为集中的大学生创业专用场地、配备必要的公共设备和设施，为大学生创业企业提供房租减免，提供法律、工商、税务、财务、人事代理、管理咨询、项目推荐、项目融资等方面的创业咨询和服务，建立公共信息服务平台，发布相关政策、创业项目和创业实训等信息。

三、 创业教育的发展现状

（一）国外创业教育的发展现状

国外创业教育已有百年历史，并已经形成涵盖从小学、初中、高中、大专直到本科、研究生阶段的完备体系，部分国家的高校毕业生创业率达到20% ~30%。美国的创业教育具有相当典型的代表意义。

1. 美国的创业教育现状

美国经济结构转型推动了美国创业教育的发展，随着大学在经济与社会中的作用日益凸显，继19世纪中叶至20世纪早期的第一次大学革命将使命确定为研究与教学两个方面后，大学被第二次大学革命赋予了为经济与社会发展服务的新使命，其核心活动是"将大学实验室的科学发现转化为产品，并拿到市场上出售"。

美国高校经历的从教学型院校发展到研究型大学再到创业型大学的发展过程，美国高校的转型促进了大学生创业，而大学生的创业又推动了高校创业教育的发展。

美国高校创业教育具有如下特点：

（1）高度重视创业教育。美国高校重视创业教育的完整教学和研究体系的构建，甚至创业学已经在许多管理学院成为工商管理硕士的主修或辅修专业或者培训重点。

（2）重视创业师资培训。包括鼓励和选派教师从事创业及创业实践体验，如自身的创业经历、担任企业外部董事等，这些使得他们对创业领域的实践、发展趋势及创业教育的社会需求变化有良好的洞察力；注重吸收社会上既有创业经验又有学术背景的资深人士来担任兼职教学和研究工作，并以短期讲学方式参与大学创业教育项目。

（3）拓展专业领域或研究方向。美国已经形成系统的教学计划与课程设计，在巴布森学院、哈佛大学、麻省理工学院等著名大学和学院创办了50多个创业研究中心，创立巴布森—考夫曼创业研究基金会，出版 Entrepreneur Ship 等创业专业杂志、New Venture Creation（第5版）等专业书籍，举办世界性和全国性的创业研讨会等。

（4）创业教育组织机构多样化。包括：创业教育中心，负责制定和实施创业教育课程计划、创业教育研究计划、外延拓展计划；由比较杰出的创业家组成的创业家协会，他们参与教学，提供资金及其他捐助；由董事长、首席执行官、总裁等组成的创业智囊团，每年定期召开两次会议，充分发挥咨询与外联的作用；创业研究会，每年召开一次学术交流会议；家庭企业研究所，负责开设家庭企业系列讲座、家庭企业研讨会、颁发杰出家庭企业奖等。

2. 其他国家的创业教育现状

（1）德国创业教育注重创业精神的培养。德国学者认为"大学生创业缺乏的不是创业知识、创业能力，他们最缺乏的是创业精神"，所以德国政府明确提出高等院校要成为创业者的熔炉，德国大学校长会议和全德雇主协会联合在1998年发起了一项"独立精神"的倡议，呼吁在全国范围内创造一个有利于大学毕业生独立创业的环境，使大学成为创业者的熔炉。德国政府已经在全国12所大学设立了创业学首席教授的职位，德国校长会议于2000年提出明确的创业教育目标，在其后5～10年内，通过对大学生创业精神的培养，达到每届20%～30%的大学毕业生独立创业。

（2）英国通过政府计划推动创业教育，支持新兴产业和中小企业的发展。英国自1981年起实施了"企业创办计划"、"小工场计划"、"小工程公司"等一系列推动创业的措施，政府成立专业部门（如工业部中小企业科），充分发挥银行的作用，不断提高中小企业的创业贷款额度。

（3）法国创业政策突出鼓励系统创业培训。例如，为了鼓励农村青年创业，除了学校职业教育、企业继续培训以外，还要重视社会职业培训。通过发展农业中学、农业职业中学和高等农业院校等正规教育机构以外的农民技术培训班等农业教育，对农民进行职业能力的培训；通过全国职业培训协会、地方工会等专门机构对个人及其拟要发展的职业进行有针对性的培训，都属于社会职业培训。

（4）日本也注重从小学到大学都对学生进行创业教育。从1998年起文部省和通产省合作，在小学实施就业与创业教育，鼓励小学生利用早上课前的两三个小时时间给人送报纸、送早餐，培养小学生的创业意识。从 1994 年起日本把创业教育列为大学生的必修课。他们创设综合学科的课程结构，由必修学科群、选修学科群和自由学科群组成，其中《产业社会与人》被列为大学生的必修创业课程。

（5）韩国大学生创业教育注重交流与社团的作用。例如，成立主要帮助"获得政策支持、校外投资机构的资金和经营技术、创业可行性调查、提供必要的设备和场地"的大学创业支援中心，由富有创业经验的教授作为创业支援中心的成员。各大学都成立了大学生创业同友会，还有全国大学生创业同友会联合会，建立同友会联合会网站，共享各位会员的设想项目和技术开发成果，并建立风险企业学校，举办创业经验交流会，使韩国的大学生创业有了牢固的学生社团基础。

（二）我国创业教育的发展现状

在我国，各级政府及相关部门都已经意识到了创业和创业教育的重要性，并出台了相应的政策和措施支持创业和创业教育。各高校在政府的指导下，开始探索创业教育规律，并建立各具特色的创业教育模式。创业教育在我国越来越受到重视，但从总体来看，我国创业教育还处于引进、吸收和本土化的探索阶段。

1. 政策支持状况

自 2002 年年初，教育部高等教育司在清华大学、北京航空航天大学、中国人民大学、上海交通大学、南京经济学院、武汉大学、西安交通大学、西北工业大学、黑龙江大学 9 所高校试点创业教育，共青团中央、全国青联与国际劳工组织合作，自 2005 年 8 月起在中国引进和实施 KAB、SIYB 创业教育（中国）项目。至今，KAB 创业教育（中国）项目已在清华大学、中国青年政治学院、浙江大学等百所高校开设了《大学生 KAB 创业基础》课程，公开出版了《大学生 KAB 创业基础》教师用书和学生用书两套教材，建立了课程建设、师资培训、质量控制、交流推广四大体系，受到师生广泛欢迎。

大学生创业优惠与扶持相关政策主要来自于《关于进一步深化普通高等学校毕业生就业制度改革有关问题的意见的通知》（国办发〔2002〕19 号）、《关于切实落实 2003 年普通高等学校毕业生从事个体经营有关收费优惠政策的通知》（财综〔2003〕48 号）、《关于贯彻落实国务院办公厅做好 2003 年普通高等学校毕业生就业工作的通知若干问题的意见》（劳社部发〔2003〕14 号）、《关于 2003 年普通高等学校毕业生从事个体经营有关收费优惠政策的通知》（工商个字［2003］76号）、《关于实施大学生志愿服务西部计划的通知》（中青联发［2003］26号）、《关于鼓励中小企业聘用高校毕业生搞好就业工作的通知》（发改企业［2003］1209号）、《关于引导和鼓励高校毕业生面向基层就业的意见》的通知（中办发［2005］18号）、《国务院关于进一步做好普通高等学校毕业生就业工作的通知》（国发［2011］16号）、《国务院办公厅转发人力资源社会保障等部门关于促进以创业带动就业工作指导意见的通知》（国办发［2008］111号）等有关高校毕业生自主创业优惠政策的文件。

2. 高校创业教育状况

国内高校从2002年年初教育部高教司在9所高校试点创业教育开始，初步形成了三种主要模式。

第一种模式以中国人民大学为代表，强调创业教育"重在培养学生创业意识，构建创业所需知识结构，完善学生综合素质"，将第一课堂与第二课堂相结合来开展创业教育。鼓励学生创造性地投身于各种社会实践活动和社会公益活动中，通过开展创业教育讲座，以及各种竞赛、活动等方式，形成了以专业为依托，以项目和社团为组织形式的"创业教育"实践群体。

第二种模式以北京航空航天大学为代表，以提高学生的创业知识、创业技能为重点，主要做了以下三项工作：（1）建立大学生创业园，推动商业化运作，教授学生如何创业，并为学生创业提供资金资助以及咨询服务；（2）成立"创业管理培训学院"，专门负责与学生创业有关的事务；（3）设立300万元的创业基金，对学生的创业计划书经评估后进行种子期的融资。

第三种模式以上海交通大学为代表，提倡综合式的创业教育，他们一方面将创新教育作为创业教育的基础，在专业知识的传授过程中注重学生基本素质的培养；另一方面，为学生提供创业所需资金和必要的技术咨询。学校投入8 000多万元建立了若干个实验中心和创新基地，全天候向全校各专业学生开放，以培养学生的动手能力。

未作为试点的高校虽然没有明确的创业教育的课程设置，但是在实践中正逐步渗透创业教育的理念。如复旦大学以育人为中心，形成了一套"在校生创新精神、实践能力和团队精神培养—毕业生创业指导—创业团队创业过程扶植"的模式；目前该校已经有四五百个项目得到了资助，现在每学期也有100多个学生就科研项目提出资助申请。温州大学构建了"学生创业工作室、学院创业中心、学校创业园"三级联动教育运行模式等等。

第二节　大学生创业

【案例1-1】　　　　　　爱上种地的弱女子①

　　2005 年展肖华考入山东师范大学英语系，在校期间阅读了大量有关葡萄方面的书籍，并劝说父母承包了邻村的 80 亩葡萄地，开始了边求学，边创业的"特殊"历程。从 2005 年开始每个假期回家她都亲自下地干活，别人都觉得一个弱不禁风的女子痴迷种地，太不可思议了。

　　晚上读书学习后白天再去田地里实践，通过科学施肥、喷药、锄草、整枝、支架等各项环节的实践，她逐步摸索出自己的一套管理方法。2007 年她重整旗鼓，用自己平时打工赚得的钱去农学院考查实习，只身一人来到了烟台著名的南王山谷酒庄、张裕卡斯特酒庄拜师学艺，回来后自己埋在葡萄架下观察研究，不停地搞配方、施肥、嫁接、耐寒等试验。

　　她毕业后毅然放弃城市生活回到农村，并注册成立了青岛农信园艺场葡萄种植公司，现在在武备镇的高家岭孟家庄，拥有 800 亩葡萄园种植基地，加上周边小片基地，总面积达 1 000 亩。去年暑假日本神户大学农学部中西教授和山根和之部长来访，并与张裕、白洋河、长城等葡萄厂家签订了长期订单种植合同。"一花独放不是春，百花齐放春满园"，自己富了不算富，带动农民共同致富才算富，葡萄园的发展带动了周围 4 个村庄的农民，目前她已经拥有了自己的发酵站，进行统一管理、统一销售，逐步走向科技化、产业化，现在年产量达 120 万公斤，年净收入 100 余万元。自己富裕的同时，还带动了当地 5 个镇 20 多个村的经济发展，为全市的葡萄种植业发展做出了巨大贡献。现在她的园艺场已经拥有 3 个子公司，先后安置下岗职工 200 余人，每当走进葡萄园，看到一串串葡萄绿的如翡翠，黄的似金锭，紫的像玛瑙，令人垂涎欲滴，这是 3 年的精心培育结出的累累硕果！她在用行动告诉人们，年轻的女大学生种地，前途同样光明！

　　思考：

　　1. 展肖华为什么要创业？

　　2. 如何看待大学生主动创业？

---

　　① 佚名. 创业青年［EB/OL］.［2009 - 06 - 05］. http：//finance. cctv. com/special/chuangye/20090605/109642. shtml.

一、大学生创业

（一）创业内涵

1. 创业

一般来说，"创业"就是在存在风险和不确定性的条件下，为了获利或成长而发现并捕获机会、创建或重构组织或组织网络、创造产品及服务或实现潜在价值的过程。

这其中的"创"是指"开创、始创、初创"，"业"是指"事业、企业、家业、业务、工作"等，我们常说的"开创基业、开创事业"即是指此类创业者主导下的高度综合的复杂管理活动①。

罗伯特·荣斯戴特认为"创业是一个创造增长的财富的动态过程"，霍华德·H. 斯蒂文森（Howard H. Stevenson）不但认为"创业是一个人——不管是独立的还是在一个组织内部——追踪和捕获机会的过程；创业就是察觉机会、追逐机会的意愿及获得成功的信心和可能性"；他还认为"创业可从以下几个方面的企业经营活动来理解：发现机会、战略导向、致力于机会、资源配置过程、资源控制的概念、管理的概念和回报政策，这一过程与其当时控制的资源无关"；杰弗里·A. 蒂蒙斯（Jeffry A. Timmons）的观点是"创业是一种思考、推理和行为方式，这种行为方式是机会驱动、注重方法和与领导相平衡。创业导致价值的产生、增加、实现和更新，不只是为所有者，也是为所有的参与者和利益相关者"；科尔（Cole）把创业定义为"发起、维持和发展以利润为导向的企业的有目的性的行为"；宋克勤认为"创业是创业者通过发现和识别商业机会，组织各种资源提供产品和服务，以创造价值的过程"。②

可见，创业一般强调三层含义：（1）强调创业初期的艰辛和困难；（2）突出创业过程的开拓和创新；（3）侧重在前人基础上的突破与成就③。总之，创业内涵极为丰富，不同场合的性质、类别、范围等均具有不同内涵，简单来说，其概念有广义及狭义之分。

2. 大学生创业

大学生创业是特指大学生群体在校期间所开展的创业活动，大学生创业从属于普遍意义上的"创业"概念。

① 黄刚，蔡高根. 创业学［M］. 南宁：广西人民出版社，2008.
② 黄刚，蔡高根. 创业学［M］. 南宁：广西人民出版社，2008.
③ 王树生. 创业教育研究［D］. 长春：东北师范大学，2003.

　　高等教育"大学生创业教育"课程中的大学生创业概念，是指以大学教学知识为基础，以技术、工艺、产品、服务、商业模式的创新成果为支柱，以风险投资基金等多种融资方式为依托，开创或改良性地提供技术、工艺、产品、服务，孵化高企业组织，满足就业或自我发展的系列活动过程。

　　（二）创业理解

　　1. 宏观视角下的创业理解

　　宏观视角下的创业，是指具有开拓与创新精神的创业者通过识别和开发创业机会、组织与整合创业资源、实施并持续创业活动、提供新增产品或服务、实现经济或社会价值增加的过程性活动。

　　宏观视角下的创业概念包括创业者、创业机会、创业资源、创业活动、创业产出、创业价值等六个要素。

　　宏观视角下的创业具有五个特征：

　　（1）创业主体的自主性。创业主体具有主观上的开拓与创新精神，创业主体可以是一个人、一个团队、一个企业、一个企业族群、一个区域或者国家政府。

　　（2）创业领域的广泛性。创业领域可以包括非营利性领域、商业领域与产业领域，也可以包括家庭领域、企业领域、区域或国家领域，还可以包括经济领域与社会领域，同时可以细分为经济、教育、科技、文化、服务等每一个社会领域。

　　（3）创业标准的多样性。创业不止是创办企业，它可以是初次创业、二次创业、颠覆性创业，创业的判别标准是看是否能实现价值增加，意义是否积极、是否具有开创性或创新性等特点。

　　（4）创业策略的灵活性。创业活动的开创性与创新性特点决定了创业策略的灵活性，包括创业战略、商业模式、运作策略、作业策略等。创业策略还可以灵活到跳出创业者与创业组织本身、放眼到供应链管理及生态圈理念而选择相应的策略。

　　（5）创业价值的可测性。创业活动的开创性或创新性特点所带来的经济或社会价值的增加的可测量性，不是指这些价值活动一定可以以直接的经济价值来测算，而是指：第一，这些活动具有价值；第二，这些价值具有直接性与间接性；第三，这些价值活动可以测算。价值测算是创业估值的前提，是创业活动社会化与商业化的基础。

　　2. 微观视角下的创业理解

　　微观视角下的创业是指商业性实体（如企业）创建、运作、发展与维持的利润获取过程，它包括思考、组织、运营、作业、决策等组织管理与组织行为。

微观视角下的创业包含商业机会、商业价值增值、商业性实体（企业）、商业利益相关者及商业利益分配机制等五个要素。

微观视角下的创业具有四个特征：

（1）创业机会的导向特征。宏观视角下的创业概念比较关注创业活动的价值创造能力，而微观视角下的创业概念更多地从利润获取及利润最大化出发分析创业机会的发现、利用及排他独占，它更强调机会对创业的作用。

（2）创业资源的整合特征。资源整合是基于市场与买卖关系基础上对不同来源、不同层次、不同结构、不同内容的资源进行识别与选择、汲取与配置、激活与有机融合，使其具有较强的柔性、条理性、系统性和价值性，并创造出新资源的一个复杂的动态过程。创业资源整合就是创业实体着眼于自有与他有资源的市场化运作，以实现价值最大化及收益的合理分配。

（3）创业价值的分配特征。创业是为了创造利润，利润的创造能力依赖企业内要素、供应链要素及生态圈要素，基于可持续发展需要，创业需要设计合理的价值分配机制。

（4）创业风险的管理特征。作为一个创新与开拓过程，创业机会与创业风险自始共生存在，创业管理指向就是通过对创业思想、活动、行为、效果进行综合及系统的管理，使其实现创业目标的特征。

二、　大学生创业类型

（一）常见创业类型划分

1. 根据创新程度划分

创业需要对现有市场格局进行变革、破坏和颠覆，创业的产品或服务按品种及规模的新增创新动力来源分为两类：

（1）复制型创业，是指在不做太多研发投入、不愿承担过多市场风险的基础上高度复制或模仿现有企业的现有模式所实施的创业方式；

（2）创新型创业，是指对创业环境进行系统分析，对现有产品、服务、商业模式进行创新，以求获得新的市场机会或规模的创业方式，创新方式包括微创新及革命性创新。

2. 根据创业动机划分

引发创业的动机可能来自对创业者内部或外部某些要素的肯定、否定及辩证的态度，根据态度的差异，创业可以分为：

（1）自主型创业，是指创业者在面对创业要素、创业机会、创业成果等方面，相对倾向于自身而自主实施的创业活动，这类创业多发生在技术导向型、产品导向型创业方式上；

（2）脱胎型创业，是指创业者立足和发现现状中存在的不足及机会，革命性地创造出新兴产品、更好地满足客户需求中未能得到满足的部分；

（3）否定型创业，是指创业者完全颠覆现有市场格局、现有技术与生产格局，重新创造和构架顾客需求的内容、层次及规模，此类创业容易形成填补空缺的利基型市场，并获得超额回报，但也容易因判断失准而创业失败。

3. 根据创业主体划分

创业没有年龄的限制，背景差异与创业主体的创业热情及创业成败有一定的关联，创业者可能包括企业家、在职从业者及在校学生。

4. 根据创业策略划分

创业策略是创业主张的一部分，也是创业竞争和创业成功的关键因素，一般创业策略与所创办企业的经营重心有关，具体可以包括：

（1）产品型创业，是指以技术或者产品领先并形成竞争优势的创业策略；

（2）营销型创业，是指以营销渠道的广度、深度或独占性为竞争优势的创业策略；

（3）服务型创业，是指以响应速度、良好口碑等为主要竞争优势的创业策略；

（4）商业模式创新型创业，是指以在传统产品或服务领域中导入新的商业模式、形成新的竞争优势的创业策略，其中："商业模式"是组织确定自身定位、资源利用、利益分配与发展策略的系统思考，也是为了实现客户价值最大化，把能使企业运行的内外各要素进行整合，形成一个完整的、高效率的具有独特核心竞争力的运行系统，并通过提供产品和服务使系统持续达成盈利目标的整体解决方案；

（5）整合型创业，是指对以上若干要素进行整合，成为企业的竞争优势来源，实现成功创业。

5. 根据竞争关系划分

创业是对原有市场格局的冲击与破坏，根据影响程度及竞争关系的差异，创业类型可以细分为竞争型创业、补缺型创业、合作型创业。

常见的创业类型划分如图 1-1 所示。

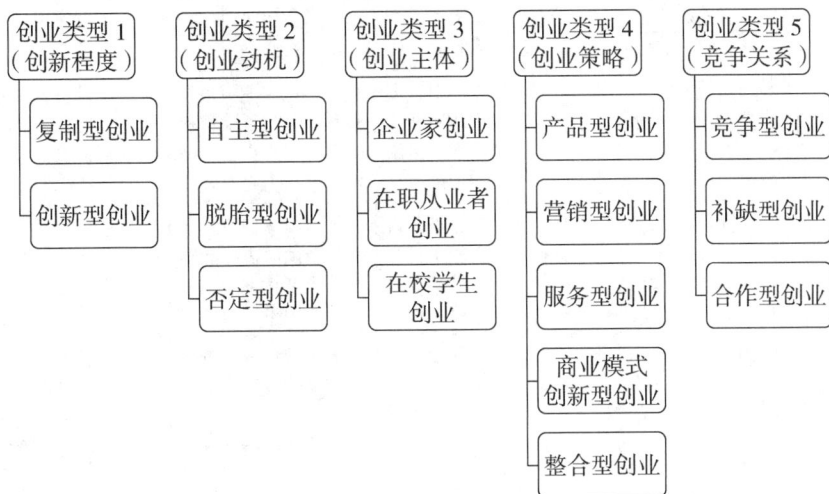

图 1-1 常见创业类型划分

（二）典型创业类型

影响创业成功的因素分为创业动机及创业资源条件或能力拥有状况这两大关键因素。

创业动机是创业的出发点、也是创业的终极目标。一般来讲，创业动机分为就业赚钱型、发愤图强型、机会导向型、成就实现型四类；创业资源条件或能力拥有状况分为基础缺乏且完全依赖自创、具备资源基础或有可整合资源两类。

两大关键因素综合考虑，形成被动生存型、发愤进取型、机遇冒险型、自信成就型、官僚变现型、资源整合型、从属开拓型、整合成就型等八大典型创业类型，每种典型创业类型的有利因素、不利因素、资源成本、成功因素及特点，在表 1-1 中已做分别描述。

1. 典型创业类型及主要特点

（1）被动生存型。当创业动机尚处以就业赚钱为生存手段的较低需求层次，并且其创业资源条件及能力拥有情况相当贫乏时，创业者容易选择立足目前、风险较低、降低抱负、获得同情的创业方式。这种类型创业成功需要核心创业成员智慧、高度吃苦耐劳精神、发现立足利基市场、有效避免直接竞争，同时需要关注不确定性程度高、投资要求少、差异大的市场机会。

表 1-1 **典型创业类型及关键要素分析**

创业资源条件或能力拥有状况		创业动机类型：就业赚钱型	发愤图强型	机会导向型	成就实现型
基础缺乏且完全依赖自创		1. 被动生存型	2. 发愤进取型	3. 机遇冒险型	4. 自信成就型
	有利因素	• 机会成本相对较低 • 成就压力相对较小 • 资源要求相对较弱 • 容易获得舆论同情	• 机会成本相对较低 • 资源要求相对较弱 • 容易自我成就激励 • 社会舆论形象较好	• 机会把握能力很强 • 具有强烈冒险精神 • 创业心理承受较好 • 成就压力相对较弱	• 高度自信感染力强 • 容易形成创业团队 • 外部资源整合容易 • 具备持续发展规划
	不利因素	• 长期信用效应缺乏 • 外部资源整合较难 • 缺乏团队远大理想 • 自我满足目光短浅	• 初始信用较难获得 • 初始局面较难打开 • 初始资源较难获得 • 过于自信容易自负	• 缺乏持续创业计划 • 创业团队需要激励 • 缺乏持续发展动力 • 承受舆论压力较大	• 成就压力容易过大 • 过于依赖魅力效应 • 过于关注自身形象 • 容易形成机会偏好
	资源成本	• 固定成本相对较低 • 资源竞争相对较弱 • 容易获得政策支持 • 资源整合成本较高	• 资源成本强度不高 • 创业资源竞争不大 • 容易获得政策支持 • 资源整合需要时日	• 形象信任成本较高 • 容易获得风险支持 • 资源获得多市场化 • 较难获得廉价资源	• 资源成本强度不高 • 资源需求规模较大 • 容易实施多元整合 • 容易获得政策资源
	成功因素	• 核心创业成员智慧 • 高度吃苦耐劳精神 • 发现立足利基市场 • 有效避免直接竞争	• 积极创业团队形象 • 高度吃苦耐劳精神 • 发现立足利基市场 • 利用社会舆论力量	• 创业计划专业能力 • 市场机会把握能力 • 外部资源整合能力 • 实施高度激励方式	• 积极创业团队力量 • 核心成员个人魅力 • 良好企业舆论形象 • 外部资源整合能力
	特点	• 关注不确定性程度高、投资要求少、差异大的市场机会	• 面向开放性好、投资要求少、具释放正能量的市场机会	• 遵循快速反应、实施机会型创业，容易形成负面舆论	• 选择社会形象好、资源整合潜力大的持续型市场机会
具备资源基础或有可整合资源		5. 官僚变现型	6. 资源整合型	7. 从属开拓型	8. 整合成就型
	有利因素	• 已经具备廉价资源 • 具有良好投机机会 • 长期发展压力较小 • 创业团队市场运作	• 资源成本相对较低 • 整合能力相对较强 • 容易集结创业团队 • 初始信任优势明显	• 创业计划专业能力 • 拥有核心创业资源 • 机会把握能力较好 • 成就压力相对较弱	• 高度自信感染力强 • 创业计划专业能力 • 超强资源整合能力 • 具备持续发展规划
	不利因素	• 功利思想过于浓厚 • 难以形成团队合力 • 团队缺乏远大理想 • 市场机会目光短浅	• 过于依赖强势资源 • 存在管理运作短板 • 需要强化长期规划 • 机会把握有待提高	• 过度冒险投机意识 • 管理难度逐步加大 • 过度依赖资源获得 • 承受舆论压力较大	• 成就压力容易过大 • 过于关注自身形象 • 容易形成资源偏好 • 多元发展缺乏核心
	资源成本	• 资源成本相当低廉 • 钱权交易容易变现 • 容易获得垄断资源 • 容易获得政策支持	• 资源成本强度不高 • 核心资源优势明显 • 容易获得政策支持 • 资源整合容易实现	• 资源成本相对较低 • 容易获得政策支持 • 资源整合容易实现 • 资源需求规模较大	• 资源成本相对较低 • 容易获得政策支持 • 资源整合容易实现 • 资源需求规模较大
	成功因素	• 资源成本相当低廉 • 容易获得垄断资源 • 容易获得排他政策 • 有效避免直接竞争	• 积极整合能力形象 • 具备较好管理理念 • 把握资源机会市场 • 高度整合社会资源	• 超强资源获取能力 • 创业计划专业能力 • 外部资源整合能力 • 实施高度激励方式	• 超强资源整合能力 • 良好企业公民形象 • 核心成员个人魅力 • 实施高度激励方式
	特点	• 关注确定程度高、投资要求高、容易形成垄断市场机会	• 面向确定程度高、投资要求高、资源整合型的市场机会	• 针对确定性高、投资强度较大、相对成熟的市场机会	• 选取能够广泛整合、多元布局的资源整合型市场机会

（2）发愤进取型。因为不甘于生存现状，希望通过发愤图强，克服创业资源条件及能力拥有情况相当贫乏的困境，创业者容易形成通过发愤进取实现机会成本相对较低、资源要求相对较弱、容易自我成就激励、社会舆论形象较好的创业效果。这类创业成功要素主要有积极创业团队形象、高度吃苦耐劳精神、发现立足利基市场利用社会舆论力量，同时选择面向开放性好、投资要求少、能释放正能量的市场机会。

（3）机遇冒险型。创业动机的激发不全是长期积蓄能力的结果，有时，偶然的机会也会导致动机急剧膨胀，甚至帮助克服创业资源条件及能力拥有情况相当贫乏的困境，如果创业者机会把握能力很强，具有强烈的冒险精神，创业心理承受能力较好，成就压力相对较弱，缺乏持续创业计划等，他就容易选择此种创业类型。此类创业成功需要较强的创业计划专业能力、市场机会把握能力、外部资源整合能力、实施高度激励方式，同时遵循快速反应原则实施机会型创业，不过，创业者容易陷入机会主义者类似的负面舆论漩涡中。

（4）自信成就型。成就实现是需求层次中的最高层次，创业者高度自信感染力强，容易形成创业团队，外部资源整合容易，具备持续发展规划能力，创业者自信能够克服创业资源条件及能力拥有情况相当贫乏的限制而选择成就实现型创业方式。这类创业成功需要依靠积极创业团队力量、核心成员个人魅力、良好企业舆论形象、外部资源整合能力，同时选择社会形象好、资源整合潜力大的持续型市场机会，这类创业成功过程及结果容易凝练为企业文化，极具激励效果。

（5）官僚变现型。无论是基于权力寻租，还是市场交易，如果创业者已经具备廉价资源、具有良好投机机会、长期发展压力较小、创业团队具备市场运作能力，并且将创业动机定位为低层次的赚钱获取利润时，就愿意选择官僚变现型创业方式。此类创业的资源成本相当低廉，容易获得垄断资源，容易获得排他政策，可以有效避免直接竞争。因此容易获得创业成功，但是要关注确定程度高、投资要求高、容易形成垄断的市场机会，因为其市场竞争能力具有先天的缺陷。

（6）资源整合型。具备一定的资源基础或有可整合资源，同时资源成本相对较低，整合能力相对较强，容易集结创业团队，初始信任优势明显，创业者如果具有发愤图强的动机，就容易选择资源整合型创业方式。此类创业具备积极整合能力形象，具备较好管理理念、把握资源机会市场、高度整合社会资源，只要抓住确定程度高、投资要求高、资源整合型的市场机会，就很容易获得成功。

（7）从属开拓型。拥有可整合资源基础较好，同时具备较好创业计划专业能力，拥有核心创业资源，机会把握能力较好，成就压力相对较弱，如果创业者机会导向的动机强烈，就容易选择从属开拓型创业方式。此类创业需要超强资源获取能力、创业计划专业能力、外部资源整合能力、实施高度激励方式等方面的支持，同时选择确定性高、投资强度较大、相对成熟的市场机会，但是创业者对机会依赖强，实力自信不足。

（8）整合成就型。成功的创业需要创业者有拥有可整合的资源的基础和能力，同时需要具备强烈的成就实现导向，在具备高度自信感染力强、创业计划专业能力、超强资源整合能力、具备持续发展规划等条件时，整合成就型创业方式就往往成为主要的选择。此类创业的主要成功因素包括超强资源整合能力、良好企业公民形象、核心成员个人魅力、实施高度激励方式，同时选择能够广泛整合、多元布局的资源整合型市场机会，成就导向、高度自信、整合能力为核心要素的创业方式容易成功。

2. 大学生创业的典型类型

大学生创业动机分布不均，就业赚钱型、发愤图强型、机会导向型、成就实现型四类都有，其中就业赚钱型及发愤图强型的比例较大，而大学生的创业资源与能力方面相对贫乏，可整合资源较少，因此，大学生创业典型类型主要为被动生存型、发愤进取型、机遇冒险型、自信成就型四类。

这些典型类型呈现特点主要有：

（1）生存被动创业多。

国内的大学生被动创业者占创业者总数比重很大，创业是因逼上梁山而谋生混饭的手段，这些创业较多集中于商业贸易，少量从事小型加工实业，数量极少的会因为机遇成长为大中型企业，但在如今这个时代想仅依靠机遇成就大业已经不切实际了。

（2）主动自我创业难。

主动型创业分为冲动型创业和冷静型创业。冲动型创业者多数都很鲁莽、做事冲动、博彩心理明显、对经营与管理缺乏耐心、容易导致失败；冷静型创业者是创业者中的精英，谋定而后动、准备充分、依赖资源优势或能力优势，其成功概率很高。

（3）创业机会依赖高。

创业者出现高度的机会依赖症，逐步注重对创业机会的识别、创业能力的提升、创业条件的积蓄，但机会型依赖容易导致急功近利、缺乏持续耕耘的创业精神。

（4）成就导向发展快。

随着物质生活的逐步满足，创业者在国内外创业精英的示范效应带动下，对财富与赚钱的向往效应有所减弱，相应成就导向比例增加较快，创业者更加关注社会、关注环保、关注客户，创业逐步抛开唯利是图而更加呈现人性化和社会化。

第三节　大学生接受创业教育的意义

一、创业有助于国家促进经济的发展

（一）国民创业可以提升综合国力

综合国力是衡量一个国家基本国情和基本资源最重要的指标，创业作为创新成果的应用和体现，为时代带来了巨大利益，促进了时代的发展。

在 20 世纪 70 年代至今的 40 多年里，美国已经培养出了自 1776 年建国以来最具革命性的一代人，他们将比其他任何一种推动力量更能决定美国和整个世界的生活、工作和学习方式，并将继续成为下一世纪或几世纪的领导力量。美国 70 位企业创始人所办企业创造出来的财富总额相当于世界第十大国家的经济总量[①]。瑞士洛桑管理学院（IMD）全球竞争力中心公布的 2013 年全球竞争力排名中，中国位列第 21 位和排行榜赢家首位。而根据研究，竞争力排名靠前的国家或地区都有充分支持中小型企业发展的共同点——中小微型企业的创立与运营主要依赖创业。

（二）创业活动可以促进国家创新

创业是增强国家实力的必由之路，是提高我国国际竞争力的唯一途径。建设创新型国家关键是人才、基础在教育、落实在创业（创新）。具有创新精神与创业能力的人才是国家经济建设与国家间经济发展差异的重要原因。国家之间的竞争说到底就是国力的竞争，其实就是经济实力特别是科技实力的竞争，经济实力或科技实力的增强依靠的就是创新，创新的过程和创新成果的应用过程就是广义的创业。当今世界风云变幻，竞争加剧，国与国之间既携手合作又相互竞争，力量失衡就要被动挨打，保持力量平衡的关键是增强国家的经济实力。

---

① 杰弗里·蒂蒙斯，小斯蒂芬·斯皮内利. 创业学（第六版）[M]. 周伟民，吕长春，译. 北京：人民邮电出版社，2005.

二、 创业教育有助于提升大学生就业能力

（一）高等教育中的学生能力训练

大学生应注重增强"实践能力、创造能力、就业能力、创业能力"的培养，应该从"只注重知识掌握、不注重能力培养；只注重理论学习、不注重实践创造；只注重按部就班、不注重社会需求；只注重传统就业、不注重创业就业"的成长观念转向创新型学习、创造型能力、创业型就业的大学生综合竞争力打造的系统工程中来。

（二）创业教育有助于培育大学生综合能力

培养大学生综合能力是社会需求和社会发展的需要，是高等教育改革与发展的需要，是缓解我国就业压力的需要，培养大学生的综合能力有利于塑造未来高新人才群体。综合能力是学习的综合形成与构架的过程，综合能力的一个体现就是创新创业的能力，大学生所接受的文化和科技教育层次高于一般社会成员，如果再加上创业教育的培养，他们成长为企业家的概率会高于一般创业者。

创业教育提倡培养大学生创业精神、创业意识、创业能力、创业素质、创业知识，创业教育不仅仅提倡创业，也提出通过创业教育提高就业能力与就业质量。

三、 创业活动有助于大学生财富创造

（一）创造财富：创业的动力

"励志照亮人生、创业改变命运"，风华正茂的大学生具有客观全面、充满自信、敢于冒险、思维敏锐等优势创业条件，他们创业的激情与渴望可以帮助他们更好地面对当前的就业压力，同时可以更多地创造财富。当然创业不仅仅是为了财富，创业不等于当老板、创企业，创业仅仅是创造财富的开始，只要能立志创下一番事业，并完成积累创业经验、注重管理能力、提升创业人脉、完成资金积蓄等创业条件，创业成功率就会很大，创业道路会更顺畅。

（二）幸福财富：创业的真义

"人生"是指人的生存和生活状态，"生活"是指为生存发展而进行各种活动的总和。"人生"不是"生活"，"人生"的目的就是追求幸福及围绕幸福而展开的东西，"幸福"是心理欲望得到满足时的状态，是持续时间较长的对生活的满足和因为满足而希望持续维持的愉快心情。合理的创业动机包括创造财富，但不鼓励对财富的无极限渴求，创业满足的最高境界是自我实现的幸

福感的满足。人生的财富有很多种，金钱是财富，幸福也是一种财富，金钱这种财富不是每个人都能拥有的，但幸福这种财富却是我们每个人都能拥有的。

创业的真正含义，或者其终极含义，不在于物质财富的多寡，而在于人生价值的体现，在于幸福财富，创业会丰富人生的过程，会实现人生的满足。

四、创业有助于大学生的职业生涯发展

（一）大学生职业生涯内涵

职业生涯是指职业、职位变迁及工作、理想的实现过程，职业生涯规划是职业环境与职业诉求相结合的规划安排，职业生涯规划包括组织职业生涯规划与个人职业生涯规划。大学生规划职业方向主要包括：

（1）国内深造。即继续学业深造，提高学历层次，增强下一步就业竞争能力，拓展职业发展空间。

（2）留学深造。即通过留学深造增长见识，提高智商和情商，通过差异化视野获取职业竞争优势。

（3）自谋职业。大学生毕业后自谋职业，直接工作，是大学生实现初次就业的主要选择路径。

（4）自主创业。以在校创业和毕业后创业方式解决就业问题。

（5）灵活就业（或称弹性就业和非正规就业）。它是指在劳动时间、收入报酬、工作场地等方面有别于传统标准全日制就业的各种就业形式。

职业生涯包括职业阶段、职业路径、职业内涵与职业价值等四个方面，在目前国内大学生毕业就业的大背景下，大学生需要重新定位自己的职业内涵和职业价值。

（二）大学生职业生涯创新路径

1. 大学教育是职业规划的关键阶段

读大学不只是为了找工作，更应该注重与就业相关的理论、知识、经历、经验的接受与能力的增长。

2. 大学创业教育改变职业规划的内涵

高校教育容易帮助形成职业发展相关的资源形成、整合、集聚的过程，能有效地促进职业相关的意识、思维、能力、人脉、形象、信用等无形资源的形成。

3. 大学创业教育鼓励开辟职业发展新途径

大学生运用自身过硬的专业知识和综合素质可以通过创业或参与创业活动为自己创造财富，从而帮助大学生从单一的就业转变为自主型职业生涯发展、

扩张型职业生涯发展、创新型职业生涯发展等多种职业生涯发展模式。

【本章问题思考】

1. 大学生为什么要接受创业课程教育？
2. 大学生可以从创业教育课程学习中获取哪些方面的知识或理念？

第二章　创业原理

提到李嘉诚，人们脑中首先出现的词语就是"亚洲首富"、"商业神话"，可李嘉诚到底是做什么的很少有人能说清楚。如果深入了解，你就会发现身边的吃穿住行都充满了他的气息——屈臣氏集团、与王老吉合作的凉茶、在云南的药厂、和记黄埔地产、发射"亚洲卫星一号"火箭、创办卫星电视台等等。

善于谋划，随机应变

李嘉诚20岁时进入了一家五金厂做推销员。他来到了君悦酒店推销，见到老板，刚提到五金厂的小铁桶，老板就不客气地打断了他的话说："年轻人，我们君悦大酒店是绝对不会进你们五金厂任何产品的，你们五金厂太小，产品也不能登大雅之堂，我们这样的大酒店，一般都从有名气的厂家进货，凯腾和我们已有几年的合作关系了，他们生产的镀锌小铁桶，我们用起来相当顺手，所以并不需要另外进货了。"李嘉诚温和地笑笑说："没关系，如果我处在先生这个位置，也会这样做的，但是据我们所知，凯腾虽然在香港享有很高的声誉，可他们的产品质量很值得怀疑，因为他们用的并不是进口镀锌板材，而是使用我们五金厂不用的边角余料进行再加工，然后再以进口镀锌板的名义上市。"老板大吃一惊："竟有这样的事？年轻人，你的风度、气质都很让我折服，不过你为了推销自家产品就随便败坏同行的声誉，这种行为实在难以让人赞许啊。"李嘉诚仍然温和带笑："是的，先生，我本不该对您说出这些同行的秘密，只是我方才与您一席交谈，觉得您人格高尚，这才让我忍不住无意失言了，对不起，我要告辞了，请相信我的话，不要上当才好！"

李嘉诚走后，老板果然请来工艺专家对酒店进的小铁桶进行了查验，这才发现水桶的接口极多，确是使用边角余料和废旧镀锌板制成的。而李嘉诚推销的小铁桶不但都是用上好镀锌板制成，而且价格也更低廉。于是，这位老板马上派人从李嘉诚所在的公司订了500只小铁桶，从此，君悦大酒店的

① 郭天宝，关晓丽，李可. 大学生创业教程［M］. 大连：东北财经大学出版社，2012：15-18.

订单不断，李嘉诚工作的五金厂也由此迈入了大商户的门槛。

寻找商机，积累资本

白手起家的李嘉诚用自己的 7 000 元积蓄创办起了"长江塑胶厂"。由于他的产品质量好、价格低，销量一直不错。后来他发现，各大商店里几乎没有卖塑胶花的，香港人喜欢摆设，逼真、便宜又漂亮的塑胶花应该会受到欢迎，加之塑胶花的生产技术并不高，于是他决定大量生产塑胶花。从 20世纪 50 年代中期开始，李嘉诚生产的塑胶花大量销往欧美市场，工厂的年利润也猛升到上千万元港币。

一个优秀的创业者总是能够给世人带来惊喜，在塑胶花畅销全球的大好局面下，李嘉诚却敏锐地意识到由于受行业高利润的吸引，越来越多的企业涌入塑胶行业，这势必导致激烈的竞争，好日子很快就会过去的，于是，他开始寻找下一个机会了。

眼光独具，把握商机

李嘉诚决定进军房地产行业。此时，恰巧有一个经销塑胶产品的美国财团为了得到充足的货源，愿意以 300 万港元的高价买下他的长江塑胶厂。他在心里盘算，他的厂子最多只值 100 万港元，就是再经营三五年也不一定能赚到 200 万港元，于是他卖掉塑胶厂进入房地产行业。几年之中房价暴涨，先走一步的李嘉诚瞬间从千万富翁跨入了亿万富翁的行列。自此之后，李嘉诚的商业帝国初现形态。

1972 年，"长江实业"上市，正值股市大好，其股票被超额认购 65 倍。

1974 年，接手经营香港希尔顿大酒店和印度尼西亚巴厘岛的凯悦酒店。

1980 年，被委任为汇丰银行董事。

1981 年，收购"和记黄埔"22.4%的股权，从而成为首位收购英资商行的华人。同年，李嘉诚旗下的和记黄埔收购屈臣氏，1989 年大陆第一家门面店在北京开张，如今全球已有 5 000 家门面店。

1993 年投资现已是国际十大港口之一的深圳盐田港，而后由和记黄埔三角洲港口及珠海经济特区富华集团股份有限公司组建的合资公司珠海国际货柜码头开始运营，如今和记黄埔领导全球的港口投资、发展与经营，在欧洲、美洲、亚洲、中东与非洲拥有 42 个港口。

1994 年，其所管理的企业税后盈利达 28 亿美元。

1995 年 12 月，长江实业集团 3 家上市公司的市值总共已超过 420 亿美元。

　　1998 年，李嘉诚以长江基建（集团）冠名与教育部共同创办长江学者奖励计划，10 多年来，李嘉诚为此计划投入了 1.3 亿元人民币。

　　2002 年，和记黄埔进军 3G 市场，同年和记黄埔以 4 亿元港币入股中国电信，2007 年向 Facebook 投资 6 000 万美元，应用 Facebook 技术支持生产的 INQ 手机现已面市。

　　2006 年收购北京长城饭店，"北京最贵的酒店"东方君悦酒店也在李嘉诚旗下。

　　2009 年，长江实业总市值约为 10 000 亿港元。

　　2010 年 7 月 30 日，竞购法国电力集团旗下部分英国电网业务。

　　如今，李嘉诚的庞大商业帝国还在继续扩张……

　　思考：

　　1. 如果案例中不是李嘉诚而是你在向大酒店推销小铁桶，你会怎么推销？

　　2. 作为创业者你已具备哪些素质能力，还有哪些素质能力需要加强？

　　3. 案例中李嘉诚具备的创业核心要素是什么？

　　4. 通过阅读案例，你如何理解创业项目的核心竞争力？

第一节　创业核心要素

一、创业基本要素

　　创业活动是在一定的环境下，创业者通过识别机会、评价机会，并将所需资源组合在一起加以整合利用，以一定的组织形式利用机会创造新价值的过程。在创业活动中创业要素在其中起着重要的作用，那么创业要素到底是什么呢？

　　很多学者或创业成功者都对创业要素进行了一定的解释、说明，或对创业要素进行了一定的界定，那么他们是怎样理解创业要素的呢？创业要素与创业成功之间又有着怎样的联系呢？首先看看他们是怎么对创业要素进行理解的，见表 2-1。

　　由表 2-1 可知，创业要素主要包括创业者、产品或服务（项目本质）、生产手段、资金、组织机构、知识、技术、信息、劳动力等。为了区别下面提出的超越一般创业要素的创业核心要素，在此把以上这些创业要素统称为创业基

表 2-1　　　　　　　　　　不同学者对创业要素的理解

作者＼创业要素	创业者	产品、服务（项目本质）	生产手段	资金	组织机构	知识	技术	信息	劳动力
张耀辉，李跃（2011.06）	√			√		√		√	√
葛建新，周卫中，傅晓霞（2011.08）	√	√	√	√			√		
杰夫（2011.05）	√	√		√	√		√		
巫月娥（2009.03）	√				√				
冷银花（2012.06）	√						√		
刘霞（2010.05）	√	√	√	√				√	
贺俊英（2012.03）	√	√				√	√		√
张涛（2012.06）	√	√	√	√	√		√		

本要素。创业基本要素主要由创业硬件要素和创业软件要素组成，凡是与创业创新及创业过程有关的创业要素都可以叫资本，创业过程中有太多的资本，可以用两个方面要素或资本来概括它们："软"和"硬"。硬资本就是与财富创造及财富增加相关的一切物质要素，主要包括创业者、劳动力、原材料及产品、生产手段、资金、组织机构等，以及用价值代表和支配它们的货币。即一切物质的、有形的、实在的、构成创业投资的物质基础的要素都是"硬"资本。与之对应，软资本是与创业创新及创业过程相关的一切非物质要素，包括技术、信息这两项涵盖面极宽的资本要素。即一切非物质的、虚的、无形的、构成资本内在属性的资本要素。

（一）创业硬件要素

1. 创业者

（1）创业者本身。创业者是整个创业活动的基础，是创业的主体，是具有主观能动性的创业要素，是推动整个创业活动的前提条件。创业者可以是一个人，也可以是一个团队，创业者是企业生存、发展的重要因素，因为他是创业的其他要素的发现者、组织者。没有创业者，企业发展的动力就无法体现。创业者能够将潜在的动力通过组织方式显露出来，因为没有任何其他的要素能够集中所有要素的意志，将不同要素的要求转化为企业的动力，而且，创业者的价值观和信念会左右创业内容，影响企业的生存和发展。

（2）企业家精神。企业家精神是企业家的本质。企业家是参与企业的组织和管理的具有企业家精神的人，它不仅包括那些已经成功创业或正在创业的一般意义上的企业家，还包括那些具有创新精神的潜在企业家。企业家精神主要包括冒险精神、投机精神、诚信精神、执著精神。

①冒险精神。没有敢冒风险和承担风险的魄力，就不可能成为企业家。企业创新风险是二进制的，要么成功，要么失败，只能对冲不能交易，企业家没有第三条道路可走。

一个企业经营者，要想获得成功，成为一名杰出的企业家，必须要有冒险精神。对一个企业和企业家来说，不敢冒险才是最大的风险。企业家的冒险精神主要表现在如下几个方面：企业战略的制定与实施；企业生产能力的扩张和缩小；新技术的开发与运用；新市场的开辟和引领；生产品种的增加和淘汰；产品价格的提高或降低。

②投机精神。投机是一种商业行为。它因自利的动机而产生，却在客观上有利他的效果，这正是一切市场经济行为的实质。一些学者认为，企业家是低买高卖的投机者，他们把消费品或原材料从一方低价买进，高价卖给另一方。每一次的买和卖，都是将产品转移到更需要的人手中（因为"更需要"才愿出更高价）。这是一个资源优化配置的过程。市场经济的作用体现于此，企业家的慧眼也表现于此。

③诚信精神。诚信是企业家的立身之本，企业家在创业过程中坚持的所有原则中，诚信是绝对不能妥协的原则。市场经济是法制经济，更是信用经济、诚信经济。没有诚信的商业社会，将充满极大的道德风险，将显著抬高交易成本，造成社会资源的巨大浪费。其实，凡勃伦在其名著《企业论》中早就指出：有远见的企业家非常重视包括诚信在内的商誉。诺贝尔经济学奖得主弗利曼更是明确指出："企业家只有一个责任，就是在符合游戏规则的前提下，运用生产资源从事获得利润的活动。亦即须从事公开和自由的竞争，不能有欺瞒和诈欺。"

企业家是市场经济发展的"原动者"，也是市场机制的最基本要素之一。

纵观当今世界，很多发展中国家在发展创业过程中，固然是缺乏诸多经济要素，但是最缺乏的却是能够参与市场竞争的具有诚信精神的经营管理人才。

④执著精神。企业家需要决断力、说服力、信心以及坚定不移的品质。英特尔总裁葛洛夫有句名言："只有偏执狂才能生存"，这意味着在现代化信息时代，只有坚持不懈持续不断地创新，以夸父追日般的执著，咬定青山不放松，才可能稳操胜券。

2. 劳动力

劳动力是指那些具有劳动能力的人，劳动力的创造性、对知识的掌握等因素都被抽象到知识要素之中。劳动力对生产的贡献，不仅在于劳动力数量的多少，还在于投入工作的时间比例、体质状况、男女比例、工作态度、合作精神与对抗情绪等方面。而劳动力数量的多少又与人口数量、劳动参与率有关。其实，完全没有技能的劳动力是不存在的，即使是以体能作为劳动力要素考察的对象，体能也要包括技能因素，这些技能应是遗传下来的、是本能的。劳动力是创业的重要资源投入。

3. 产品和服务（创业项目）

创业者选择的创业项目的好坏会直接关系到创业的成功与否，因此创业项目是创业要素中非常重要的一个基本要素。

对刚刚毕业的大学生创业者而言，选择一个好的创业项目，或者说是生产出好的产品、提供好的服务极为重要。因为大学生创业者在创业初期的时候不是要怎么样去赚钱，而是首先必须要活下来，生存下来，只有活下来，生存下来，企业才会发展、壮大。而要想在创业初期生存下来，则必须要有好的创业项目，要有新颖、有特色的项目。

有一个人，当过一周时间的世界首富，他就是软银公司的孙正义。他大学毕业后从美国回到日本，选出了 50 个创业目标，用一年时间逐个进行考察，写出了几尺厚的资料，最后选择了做软件。既然选择创业项目事关创业成败乃至人生成败，所以必不能随随便便，必须要经过一个充分的论证过程。在选择创业项目过程中，要舍得花时间、花力气，要能够静下心，认真调查研究，寻找事实根据。

选项目需要花费功夫，同时大学生创业者所选择的创业项目还一定要有核心竞争力。核心竞争力就是项目生命的源泉、生存的权利、活下去的条件。创业项目必须能够在其所在的创业行业中脱颖而出，必须要有自己的特色，总的来说就是所选择的创业项目是别人没有的，先于别人发现的，与人不同的，或者有强人之处的。

4. 生产手段

生产手段，也称作生产资料（Means of Production），是马克思主义理论家认定的生产力三要素之一，是介于投入和产出之间的一个"处理器"，对于企业而言，这种处理器就是生产手段，包括设备、工艺以及相关的人员。生产手段是创业者进行产品生产时所需要使用的资源或工具。一般可包括土地、厂房、机器设备、工具、原料等。生产手段是生产过程中的劳动资料和劳动对象的总和，它是任何社会进行物质生产所必备的物质条件，人们总是借助于生产手段，通过自己的劳动生产出劳动产品，因此生产手段是创业者在创业过程中所必备的物质基础条件。

5. 资金

资金作为曾经最重要的生产要素，即使是在今天，仍然对企业的生存和发展有重要的约束作用。这是因为资金是企业维持运转的血液，缺少了资金，其他要素就无法发挥其作用。由于资金具有高度的变现性，现代经济中仍然以它作为衡量企业是否具有足够信用的条件、企业能否开办的条件，资本仍然是抗拒风险的重要因素。

世界各国为了鼓励创业活动的开展，纷纷降低了对新创企业注册资金方面的要求和限制。中国也在 1999 年将个人独资企业的注册资金降低到 1 元，可以说只是一个象征性的标准。但是，创业所需的资金远不止这些，技术（或专利）、生产设备、原材料的购买以及人员的雇佣等都需要大量的资金。创业企业最初要考虑的重点问题之一就是如何筹集到足够的开办资金，以达到企业创办的制度要求和经营要求。

6. 组织机构

创业活动的进行和完成，通常会涉及创建一定的组织机构，可以是创立一个新企业，也可以在现有企业中进行。组织是协调创业活动的系统，是创业的载体，是资源整合的平台。从广义来说，创业型组织是以创业者为核心形成的关系网络，创业组织根据其规模、增长率、所在的产业、生产的产品或服务以及所采用的文化不同而形式各异。总的来说，创业的组织形式包括公司创业、管理者收购或换购、特许经营以及家族企业的继承等。

（二）创业软件要素

1. 技术

技术是企业的核心竞争力，是产品与服务当中企业满足社会和市场需求的重要保障。新创企业中技术含量的提高已经成为一种趋势。在当今世界中，新创企业推出的产品中，高技术产品所占的比例越来越高。2003 年，为了防治非典型性肺炎，市场上急需能够迅速测试体温的仪器，中关村的一家创业不久的企业及时捕捉到这一信息，并依靠先进的技术占领了这个市场，使企业规模迅速发展壮大。

2. 信息

信息，可以从不同角度去定义。从本质上说，信息是可以任意被数字化的或被编码的一段字节，如比赛的分数、图书、录音、图片、病历等。但从创业要素角度来说，信息是指那些给企业带来利益的消息。信息，不一定需要人的创造，但可以经过人的加工处理提炼。创业所需要信息具有强烈的指向性，例如，企业为市场服务，市场需求信息对企业来说尤其重要。企业根据自己的生产能力可以做出很多种选择，但必须服从市场信息技术指导，以决定生产的产品是什么种类、什么功能、什么规格、什么价格、什么包装以及提供什么服务，再根据原料、设备条件决定如何组织生产。信息对创业过程而言，如同人的五官，它能够清楚地使企业目标与行动保持一致。

总之，创业是具有创业精神的创业者把创业资金、技术与信息等创业基本要素进行优化配置，合理整合，创造性地创造产品和服务的动态过程。

（三）有没有超越创业基本要素的要素

很多大学生认为创业的决定性条件是信息、技术、资金、组织机构、产品等创业基本要素。创业一开始就必须要拥有这些创业基本要素。那么，创业者在拥有这些创业的软件要素与硬件要素中的几个甚至更多时，创业就一定会成功吗？

【案例2-1】　　　　　　　3 个月折腾了 20 万元①

2002 年 7 月，胡腾毕业于北京师范大学国际贸易专业。一次偶然的机会胡腾陪一位师兄参加大学生招聘会，忙活了一整天，最终师兄还是没有找到合适的工作。这件事对他的触动很大，他想到，如果开办一家公司，帮助大学生找工作，然后收取一定的中介费，岂不是双赢？

2003 年 7 月，胡腾写了一份详细的筹办公司的计划书，找到姨父谈了自己的想法，思想开明的姨父被他的创业激情所感动，决定支援他 12 万元。在姨父的游说下，胡腾的父母给了他 8 万元的"创业基金"。

有了资金，胡腾把公司办公地点选在了武汉高校林立的洪山区汇通大厦。8 月 27 日注册成立了思迈人才顾问有限公司，自任总经理，并建立了专

---

① 佚名. 在校大学生创业失败一元钱卖公司 [EB/OL]. [2007 - 04 - 28]. http://info. 1688. com/detail/1000201855. html.

业的人才网站。公司的主旨是为企业和个人提供人才评估、咨询、培训、交流、猎头、人事代理等服务，为高校毕业生就业开通"绿色通道"，提供求职培训、素质测评、推荐安置工作等服务。

　　开业之初，各种服务项目都无法开展。于是，胡腾决定从为大学生找家教和其他兼职做起。在武汉各高校聘请了24名代理人，他们的主要任务是负责收集大学生寝室电话、散发公司传单等。代理人作为公司的员工，由公司发工资，200元/月的底薪，外加0.1元/张的传单派送费。但在实际运作中发现，按武汉的标准，这些工作仅需50元的底薪便足够了。

　　为了宣传公司，胡腾决定散发一些广告来提高公司知名度。设计好宣传单后，分别给12家广告公司打了电话，让它们先报出价来。思迈公司准备印制8种宣传品，预算资金是8 000元。为赢得较低的价位，胡腾决定采取竞标的方式进行。12家广告公司经过竞聘，一家叫价较低的广告公司被选中。这家公司在拿到合同后，对胡腾展开游说，胡腾经不住业务员的游说，很快改变了原来的方案，结果8 000元的预算仅印制了3种宣传品便没有钱了。

　　家教工作首先是联系学生。按事先的构想，9月至10月是思迈免费服务期，9月底前发出的2万张传单，应有2 000～3 000人成为会员，公司将为成为会员的大学生免费提供服务。实际情况却不是这样，因怀疑思迈免费服务的真实性，很多学生不敢来。到9月底，仅有500名学生来报名，实际入会的仅有350名会员，会员卡做好后，却又有150人因担心收费没来领卡。最后，2万张宣传单换来的仅是200名免费会员。

　　到2003年10月8日，公司20万元的创业资金已花去了12万元，却没有任何收入。胡腾开始意识到自己并不适合管理一个公司，决定聘请职业经理人来管理。10月10日，经理人正式接管思迈公司，但仅接手一个星期后，经理人便辞职不干了。最后剩下胡腾高中的一个同学坚持着和他一起干。3个月的时间，公司净亏17.8万元。面对这种情况，胡腾决定将思迈以1元钱的价格转让。

　　思考：

　　1. 胡腾拥有了多个创业基本要素，为什么还是创业失败？

　　2. 你觉得胡腾在创业过程中缺少什么东西？

　　某些创业者在创业过程中并不拥有创业基本要素，他们没有创业所需的资金、技术、生产手段，他们缺少创业的信息、资源与生产所需的劳动力，那么他们在这种"一穷二白"的基础上，是不是就一定不能创业成功呢？

【案例2-2】 "贫穷"的创业者①

1. 仲伟超卖书创业

仲伟超喜爱读书看报，渴盼从书报中寻到希望。一天，他想买本书，到书店后，却被书价吓走。站在书店门口，仲伟超感觉很失落、很迷茫。这时，一辆板车经过，车上一捆捆旧书，准备拉到废品站当废纸卖掉。仲伟超眼睛一亮：上海还有很多像自己一样没钱买书却渴望读书的人，这是一个多么大的市场啊！于是，仲伟超倾其所有，用高于废品站的价钱将这车旧书买下。第二天在杨浦区殷行路农贸市场，独此一家的旧书摊开张了，租书、换书，仲伟超的旧书摊生意兴隆。晚上一结算，净赚500元。仲伟超掘到了他的"第一桶金"。

2. 空手运作"松坪山"

松坪山是深圳第一个集中建设的微利房住宅小区，共有2 800多套房。对于汪昌镇来说，松坪山有着非同寻常的意义。当时有一个朋友在松坪山做装饰工程，介绍他到这里承包工程，汪昌镇一看，2 800多套房子，机会来了。

汪昌镇没有选择成为一个"装修包工头"。这是当年深圳家庭装修行业普遍采用的形式，也就是几个人组成一个私人装修队伍来承包工程。他另辟蹊径，走了一条与众不同的路子。汪昌镇想到与物业管理公司合作，负责小区内的家庭装修工程。汪昌镇答应先交10万元质保金给管理处，装修工程队也由我统一管理。如果住户有装修投诉，管理处可以从这里扣钱。

在居民到管理处领取钥匙时，汪昌镇想了一个小小的"花招"：把装修宣传单页放进每个户主资料袋内，既做了免费的广告，同时又是以物业管理公司的名义发放，增强了户主的信任度。不仅如此，汪昌镇又一口气租下松坪山商业街10家商铺，借此显示自己的资金实力。物业管理公司一看，哇，那么有实力，更加放心地和汪昌镇合作。实际上，汪昌镇当时一没钱，二没人，就是打肿脸充胖子。

市场有了，合同签了，资金在哪？于是，汪昌镇约了一批材料商到松坪山看市场。汪昌镇告诉他们，这里有2 800套新房要装修。一听到这个，他们眼睛都亮了，抢着想进场。汪昌镇就提出收他们的预付金，一共融资9万元，凑齐了交给管理处的10万元质保金。

---

① 佚名. 他们就这样把城市征服 [J]. 职业技术教育, 2003 (29)；借力打力空手夺金 [EB/OL]. [2013-7-15]. http://www.17coolz.com/dream/lizhigushi/58093.html.

第一步做好了，手头没有一兵一卒的汪昌镇，站在大街上招兵买马。有市场就不担心没人做，汪昌镇一下子招了 10 个包工队，每个收取 2 万元保证金，资金问题终于解决了。一年下来，汪昌镇一共做了 500 多套房子，净赚近 50 万元。

思考：

1. 仲伟超和汪昌镇两个人几乎不具备任何创业要素，他们为什么能够创业成功？

2. 从仲伟超和汪昌镇两个人身上，你得到了什么启示？

胡腾的创业失败充分地证明了一个事实：资金、信息技术等要素对这个"条件"的生成与存在没有决定作用。胡腾几乎拥有了创业的一切基本要素，但其结果还是以创业失败告终，而汪昌镇、仲伟超拥有很少的甚至不拥有创业基本要素，但最后还是创业成功了。胡腾 3 个月净亏 17.2 万元，而汪昌镇一年下来就赚够了 50 万元，这是为什么？

在创业过程中，这些创业基本要素对创业的全过程和最终结果也不起决定作用。因为决定创业成败的是创业的全过程。在这个过程当中，有一个超越各个创业基本要素的要素，它在创业的过程中起着主导与决定性的作用，这个要素决定着创业者是否具有创业成功的条件。就好比你引来了资金，组织了机构，选择了项目，拥有了知识、技术、信息、劳动力等创业软硬件要素，就一定能创业成功了吗？资金与信息、技术以及其他创业要素资源，好比是画画的笔与墨，但是决定你把画画好的是技能与素质。

创业的各个基本要素只是创业成功的必要条件，而不是充分条件。简单地说，就是创业成功的过程一定要拥有各个创业基本要素；但拥有各个创业基本要素却并不一定会创业成功。要想创业成功，除了各个基本要素之外，还需要有一个超越于"软"与"硬"两种资本之上，渗透于两种资本要素之中的资本要素。因为，创业是一个项目的孕育、出生、发育、成长的过程，在这个过程中，需要创业者能够审时度势、随机应变，能够在任何情况下做出正确的决策，这就需要创业者拥有一个超越各个创业基本要素的要素，它就是创业核心要素，是创业的核心资本。离开了创业核心要素，资金就只能是资金，技术就只能是技术，而创业核心要素是独立于创业基本要素之外、超越创业基本要素资本、渗透于创业基本要素之内、对创业基本要素资本起统领及主导作用的一个真实的存在。

那么创业核心要素到底是什么呢？

二、创业核心要素的构成

创业投资的基本要素是货币及其物质形态，是知识、技术、信息、资源、劳动力、原材料及产品、生产手段、资金、组织等。资本包括这些东西，但用做创业投资的"要素"，首要的、起决定作用的不是这些，而是人的灵性渗透到创业要素之中，赋予创业要素以生命的要素，即创业核心要素。

对创业核心要素，通俗的理解为：创业者在创业过程中所需要的基本素质和能力素质。准确的解释为：创业者能够拥有创业所需的基本素质和能力素质，能够生化为资本要素，整合资源优势，并能创造资本生命的潜质、力量与能量。它是融合于创业基本要素之中的真实存在，是超越于基本要素之外的独立存在。这种创业者的基本素质和能力素质对创业过程而言，是最具有创业性质的灵魂要素。

在创业的全过程中，信息、技术、资金等要素是创业的次要方面，这些创业的基本要素对项目没有决定作用。创业者的素质和能力才是起主导作用的影响要素，才是创业者创业成功的条件与保障，具体表现在从创业项目的选择到创业的运作过程，直到最终结果，创业者的素质和能力是创业过程中一贯、稳定、起决定作用的超越各个基本要素的要素，是创业者的创业核心要素。

那么，创业核心要素的构成中创业者的素质和能力到底是什么？素质是指人在先天生理的基础上受后天环境、教育等的影响，通过个体自身的认识和社会实践养成的比较稳定的身心发展的基本品性。创业者的素质和能力是指创业者在创业过程中所表现出来的自身独特的品质和能力。它是随着创业活动的深入而不断提高和逐步完善的，创业者的素质和能力在很大程度上决定了创业企业的成败。它具体表现为创业者的基本素质和能力素质。

（一）创业者基本素质

创业者基本素质大致包括身体素质、心理素质、政治素质、知识素质、意识素质等几个方面。

1. 身体素质

所谓身体素质是指身体健康、体力充沛、精力旺盛、思路敏捷，它是人体在运动、劳动和生活中所表现出来的力量、速度、耐力、灵敏及柔韧性。健康的身体素质表现在两方面：一方面是对繁重而紧张的工作具有较强的承受能力，能精力充沛、生机勃勃地从事工作；另一方面表现为反应敏捷，体格强壮，耳聪目明。这是以人的中枢神经系统的功能为物质基础的。只有人体各部位机能健康协调发展，人的神经系统才能处于兴奋状态，表现出反应敏捷、体格强壮等特征。

健康的体魄和充沛的精力，能够使创业者适应新创企业外部协调和内部管理的繁重工作。俗话说，万事开头难。现代小企业的创业与经营是艰苦而复杂的，创业者必须要每天面临许多新困难、新挑战、新问题，创业期间任务艰巨、工作繁重，时间长、压力大。由于责任所系，创业者一方面要组织调整企业内部关系，另一方面要开拓市场，发展对外关系，"两眼一睁，忙到熄灯"，疲于奔命。长期超负荷的工作，严重的体力透支，沉重的精神压力，没有规律的生活节奏……如果身体不好，必然力不从心，难以承受创业重任。这些特点和性质决定了对创业者身体素质的要求比对一般人要严格得多。如果创业者没有强健的体魄，是无法承受这种繁重劳动的。

有这样一个老板，他身板结实，做生意赚了不少钱。后来，为了实现 8 位数的梦想，他拼着老命没黑没明地赚钱。有人建议他注意锻炼身体，他非但不听，还讥笑晨练的老年人是垂死挣扎。3 年过后，他得了严重的心脏病、脑血栓，躺在床上再也挣扎不起来。虽然他腰缠万贯，可所吃食物都比不上自己饲养的狗。他的狗每周吃 80 元钱食物，可他每周膳食不足 8 元钱，每天只能吃少量的流食和一两块饼干，人瘦得像个木乃伊。

案例告诉我们，健康是人类的第一财富，有了健康就有了希望，有了希望就有了一切。创业者创业之初应该有思想准备，身体是创业的本钱，是创造财富、享受成功喜悦与生活乐趣的根本条件。创业者如果不时时注意积蓄自己的体力，无异于把自己成功的资本抛向大海。创业时无论工作有多忙，都必须保证充分的睡眠与休息，充分的体育锻炼与规律适量的饮食习惯。

2. 心理素质

创业心理素质是创业实践过程中对人的心理和行为起调节作用的个性特征，主要指创业者的心理条件，包括自我意识、性格、气质、情感等心理构成要素。心理素质属于意志品质，它是人们在面对不可知的环境和前途时表现出的一种信念和态度，如诚信和坚韧，因为创业的复杂性和不确定性，心理素质在创业过程中占有重要地位。创业者在任何心理状态下，都需要在内心深处保持清醒和理智，用平和的心态看待成败得失。良好的创业心理素质有助于一个人充分地发挥其创业能力，从而取得创业的成功。

世界卫生组织给身心健康下的最新定义是："身心健康是一种身体上和精神上完全平衡的状态。"一个人只是身强力壮，没有顽固性的疾病，还不算是完全健康。只有身体和心理两方面都健康的人，才算得上是真正健康。然而，对于创业者来说，心理健康往往比身体健康更为重要。人的心理素质对于能否创业成功，有着至关重要的影响。心理上的偏差或失衡，会演变为身体器官上的偏差或失衡。比如，凡是过于重视工作任务而不大关心人际关系的企业家往往会患高血压、心血管等疾病；凡是过于重视人际关系而不大关心工作任务的企业家往往会患胃溃疡等等。

当代大学生基本上都出生在改革开放年代，物质条件比较优越，经历的都是从学校到学校的单一过程，生活阅历浅，社会经验缺乏，对风浪和挫折的体验少，尤其是独生子女，对新环境的适应能力和对挫折的承受能力较差。因此，大学生应该加强对心理素质的认识，有意识地提高创业心理素质。自觉加强对创业素质的训练与培养，从而正确了解自己，正确认识社会，认识创业的艰难，形成良好的创业心理素质。

良好的心理素质应具备健康的心理和较强的心理调适能力。心理健康的人在创业过程中要善于运用心理调适来恢复心态的平和，维持较稳定的、良好的心理状态，经常保持愉悦的心情，来保持心理健康。心理调适能力是心理健康的保证，是缓冲各种心理压力对心灵的伤害的保护器。因此，当代大学生在创业过程中要做到心理健康，必须具备心理调适能力，能够掌握和运用心理调适能力。由此可见，大学生进行创业教育时培养自身良好的心理素质，必须从心理健康教育与培养心理调适能力两方面着手。

创业是艰苦的，不仅会遇到各种各样的困难，而且还有失败的可能。创业时的劳动强度很大，创业者每天都会遇到意想不到的问题，这就需要创业者要保持良好的心态去应付、承受及调节各种心理压力，要想办法做到经常保持心情舒畅，调整自己各方面的身体机能，使之总是处于最优化的工作状态。这就要求创业者应拥有良好的创业心理素质，自我意识应自信和自主；性格应刚强、坚持、果断和开朗；情感应更富有理性色彩，面对成功和胜利不沾沾自喜、得意忘形；在碰到困难、挫折和失败时不灰心丧气、消极悲观。良好的心态主要是指坚定自己的信心和保持冷静的头脑。坚定信心会让创业者积极向上、勇于开拓、不屈不挠、坚韧顽强；保持冷静的头脑能让创业者正确把握企业发展的方向，并不断弥补企业的不足。

成功的创业者大多是不以物喜，不以己悲的，面对成功和胜利不沾沾自喜，不得意忘形；碰到挫折和失败时有很强的自信心，遇到挫折不急躁，沉着冷静，遇事不慌，遇到失败不灰心丧气，不消极悲观。他们通常很急切地想见到事物的成果，信仰"时间就是金钱"，不喜欢也不会把宝贵的时间浪费在琐碎无聊的事情上。他们脚踏实地，不会为了使自己舒服一点而马虎了事。为了实现个人理想，他们不会计较虚名。他们生活简单朴实，必要时常常身兼数职。他们情绪稳定，知道胜败乃兵家常事，胜不骄败不馁，经得起市场的考验。遇到困难时，他们总是能够运用自己顽强的意志，用积极的心态去调节自己的人生，坚韧不拔地去突破困境。他们喜欢迎接挑战，敢于并乐于承担风险，并从克服困难中获得无穷乐趣。

【案例2-3】　　　　　成功创业者的心理与行为特征①

众多学者对大量成功创业者进行了多方面的持续研究，发现成功的创业者在心理与行为上具有许多共同的特征。归纳如下：

1. 强烈的欲望，积极的心态。强烈的成功欲望是创业的最大推动力，对赚钱的兴趣往往是衡量一个人是否适合成为创业者的最明确指标。而心态尤其是关键时候的心态，导致了人生道路出现巨大的差异。积极的心态和创造精神使创业者充分发挥潜能，不被束缚。

2. 充分的自信，敢于冒险。古今中外，凡是才智上有所发展、事业上有所成就的人，都有一条成功的秘诀——对自己、对前途充满乐观和自信。成功的创业者往往有这种必胜的坚定信念：如果认准这条道路并为之奋斗，那就一定能够成功。自信，敢于冒险，富有胆识，是成功的创业者具有的一种特质。但敢于承担风险，并不等于盲目冒险。

3. 坚忍的毅力，足够的耐心。所有的企业都会出现这样那样的问题，也都有令人不满意的时候，在成功之前，要忍受种种炼狱。成功的企业家都要有锲而不舍的精神，克服困难的决心。纵观每一个成功企业的创业史，都是在创业者的领导下，经历了一次次的失败后建立起来的。能够持之以恒地解决问题是成为成功创业者的关键因素。从失败中吸取经验教训，并耐心地找寻新的机会是成功创业者必备的能力。

4. 开阔的眼界，敏锐的反应。广博的见识，开阔的眼界，可以使创业活动少走弯路。创业者需要通过职业接触、阅读、行路和交友来开阔眼界，并凭借自己敏锐的感官，迅速捕捉到外界的变化，从而对商业机会做出快速反应。

5. 把握趋势，明确方向。顺势而作会使创业事半功倍。成功的创业者都很注意形势政策和市场走向，因为把握潮流脉动，借助大势所趋，发挥个人的能力、性格、特长等小势，才能明确创业方向的选择，决定创业的成败。

---

① 贺俊英．大学生创业基础与实训教程［M］．北京：高等教育出版社，2010：49-50.

6. 善借资源，懂得分享。创业者的素质与能力外在地表现在其建立和拓展资源的能力方面，其中最重要的一点是构建人际网络或社会网络的能力。他们都懂得与他人分享的道理，即：算大账的人做大生意，干大事业；算小账的人则永远只能做小生意，干小事情。分享不仅是财富的分享，更是智慧的分享。成功的创业者在依靠自己的同时并不排斥必要的时候向银行专家、会计或商业顾问等外部资源寻求帮助。能够听取别人的建议也是创业者的重要特征。

7. 坚持学习，经常反省。反省其实是一种学习能力，而反省的过程就是学习的过程。大部分创业成功者在智力上并没有什么出类拔萃之处，但他们有一个共通之处，就是都非常善于学习，勇于进行自我反省。创业的过程中经常会遇到各种新局面、新问题，必须不断地学习才能够应对自如。

8. 勇于创新，出奇制胜。创业者的智慧可归结为不拘一格，出奇制胜。他们永远不满足于现状，总是追求更好的产品、服务，更低的成本，总是能够采取一些出乎常人意料的行动来战胜竞争对手。

9. 诚信有担当，富有责任感。一个人在履行自己诺言的时候所表现出的诚实、公平交易以及可靠等品质是成功创业者的一个重要特质。诚信的人才会赢得别人的信任，有担当的人才能得到团队的支持，富有责任感的人才能把创业作为自己的事业，不短视，不被小利所干扰。创业者需要在时间、资金以及生存方式上对企业完全投入，只有具有高度的责任感才能做到。

10. 善于利用时间，做事脚踏实地。对于创业者来说，"时间就是金钱"这句话最贴切不过。创业者需要处理的事务是千头万绪、纷乱复杂的，如果不善于管理时间，把宝贵的时间浪费在无聊琐碎的事情上，必然会错失发展的良机。脚踏实地地做事，不把精力分散在虚空的口号上，也是成功创业者的重要素质。

11. 健康的体魄，健全的心理。创业需要很多的精力投入，包括必要时长时间工作、阶段性集中工作，以及适应睡眠不足的状况等方面的能力。面对创业过程中从肉体到精神上的全面损耗，他们不仅要修身，而且要修心，训练出一种宠辱不惊的定力与意志力。

思考：

1. 你是否已具备成功创业者的心理与行为特征？

2. 若还不具备成功创业者的心理与行为特征，你该如何练就？

3. 政治素质

政治和经济是永远分不开的，创业者不能只盯着市场而不问政治。政府是世界上最成功的推销员，商人是世界上最有钱的政治家。如果能把二者结合到一起，就会创造出商业神话。松下幸之助说："松下的技术加上政府的思想政治工作，就会无敌于天下。"由此可见政治工作的威力。创业者懂政治有许多好处，一是可以保证企业的大方向不出问题；二是盯住国际政治的风云，可以为企业参与国际竞争做好准备；三是盯住政府的政策，以便将政策用好、用足、用活，为企业的发展服务。世界船王包玉刚1976年曾强调，"要想当一个世界著名的经济大亨，就不能远离政治，必须了解时局，在缤纷缭乱的表象中，抓住实质性的东西"。在中国，没有纯粹的经济问题，所有经济问题的背后都必然有政治问题，创业者要看准并抓住政策机遇。

青岛百龙集团孙寅贵从报纸上看到一则消息：韩国外相近日将应邀访华。那时中韩尚未建交，但孙寅贵却敏锐觉察到中韩关系将会有新变化。中韩一旦建交，青岛必然会成为韩国人投资的好地方。于是他分别用200万元与500万元在青岛买下两块地皮的使用权。结果建交消息一公布，这两块地皮一下子升值到2 000万元与5 000万元。

创业者要讲政治，还表现在能妥善处理国家利益与企业利益之间的关系。国家经济实力的增强要靠众多企业在发展生产、增加盈利的基础上，依法纳税。企业利益要服从国家整体利益和长远利益，否则，于国于企都不利。在处理企业与政府的关系时，必须坚持如下原则：

（1）严格遵守国家的法律、政策；

（2）虚心接受国家主管部门的领导；

（3）正确处理企业与政府的关系，既不忽视国家利益，又不损害企业利益；

（4）在提高效益的基础上，为国家多做贡献；

（5）尽量争取有利于企业的立法和政策。

此外，在创业初期，资金有限，员工常处于超负荷劳动状态，创业者无法靠物质刺激来激发员工的工作热情，往往需要开展思想政治工作，调动员工的积极性、主动性和创造性，否则，员工跳槽将不可避免。

4. 知识素质

创业者的知识素质对创业起着举足轻重的作用。在知识大爆炸、竞争日益激烈的今天，单凭热情、勇气、经验或只有单一专业知识，想要成功创业是很困难的。创业者要进行创造性思维，要作出正确决策，必须掌握广博知识，具有一专多能的综合性知识结构。

一专多能的综合性知识结构包括专业（职业）知识、经营管理知识和综合性知识。专业（职业）知识是从事某一专业或职业所必须具备的知识，专业知识对于创业者确定创业目标有直接作用。要想在某一领域开展创业活动，就必须深入了解该领域的活动及发展规律。可以说，专业知识就是对某一领域内发展规律的概括和总结。掌握的专业知识越多越深，创业活动就越能够有效地开展。纵观近年在高科技领域获得成功的创业者，无一不具备深厚扎实的专业知识。因此，大学生在校期间一定要学好专业知识。

在知识经济时代，"T"型知识结构越来越重要，不仅要掌握专业方面的知识，而且还应掌握与之相关的非专业知识。只有具备了深厚的专业知识与广博的非专业知识，才能正确分析形势，认清事物的发展趋势，把握全局，最终实现自己的创业目标。经营、管理知识是从事经营管理工作必须具备的知识，综合性知识是发挥社会关系运筹作用的多种专门知识，它包括政策、法律、工商、税务、金融、保险、人际交往和公共关系等。在创业知识的构成中，经营管理知识、综合性知识是一种较高层次的知识，具有内部资源配置和社会关系运筹的特征。创业知识结构是基本的认知结构，为人们的心理和行为活动提供知识、信息框架和背景，其广度和深度决定创业活动的广度和深度。

创业者还需要具有相关的法律知识。随着市场经济的逐步成熟与完善，法律规范已经渗透到了经济领域生产、交换、分配、消费的各个环节和层面，各类新型市场的培育与发展都离不开法律，具备法律素质、懂法和用法是人才素质结构中不可或缺的重要元素。创业者必须了解和熟悉市场、社会和企业等内外部环境的法律、法规及其运行机制，规范自己和企业的行为，保护自己和企业的合法权益。

5. 意识素质

所谓创业意识，是指在创业实践活动中对人起动力作用的个性心理倾向，包括需求、动力、兴趣、思想、信念和世界观等心理成分，它是人们从事创业活动的强大内驱力。创业意识集中表现了创业素质中的社会性质，支配着创业者对创业活动的态度和行为，是创业素质的重要组成部分。因此，对于每一个希望创业的大学生来说，都必须首先强化创业意识。要增强创业意识，就要有明确的人生目标。创业作为一种社会实践活动，是在一定的意识和目的的支配下进行的。不同的创业目标与价值理念，体现出不同的人生目的，也体现出不同的创业人生价值。人的自我价值反映了个人在实现人生价值过程中所持的态度和看法，只有将自我价值与社会价值统一起来，才能体现真正的创业人生价值；只有把自我价值与社会价值统一起来的创业者，才能获得创大业的机遇和成功。明确的人生目标是实现创业的人生价值的前提，处在信息化时代的大学生应首先明确人生的意义和价值，早日确立自己的创业目标。

（二）创业者能力素质

一个成功的创业者，其思想和行为常常与众不同。他们善于创造机会、抓住机会，他们懂得集成各创业要素并使之成为一种帮助和扶植创业企业快速崛起的力量。他们不仅具有一般创业者的自信、坚韧、抗压等能力，而且具有成功创业者所特有的技能与才能，即创业能力。这既是创业者驾驭企业的能力，也是创业者自我提高的奋斗目标。这种特殊的能力素质往往影响创业活动的效率和创业的成功。创业能力素质的构成主要包括创新能力、策划能力、组织能力、领导能力、协调能力、经营管理能力、专业技术能力等。

1. 创新能力

创新能力指的是在整个创业活动中能敏锐地察觉事物的缺陷，准确地捕捉新事物的萌芽，提出大胆的、新颖的推测和设想，继而进行周密的论证，拿出可行的解决方案的能力。它主要包括两方面的含义：一是大脑活动的能力，即创造性思维、创造性想象、独立性思维和捕捉灵感的能力；二是创新实践的能力，即人在创新活动中完成创新任务的具体工作的能力。

创新不是无中生有，它是一个在创业过程当中逐渐积累的过程。创业者要想在创业活动中有所创新，必须要有一个扎实专业基础知识、熟练专业技能、丰富实践经验、发现存在问题、收集各方面资料、分析成功创业者经验的过程。

创新是知识经济的主旋律，是企业化解外界风险和取得竞争优势的有效途径，创新能力是创业能力素质的重要组成部分，是创业能力的关键所在。以创新为根基的创业活动，无论是企业技术创新还是模式创新，都要比效仿他人服务和管理的创业活动更容易形成一定的竞争优势，从而更有利于企业的发展壮大。所以，要想成为一个成功的创业者或创业团队，必须要具备创业的开拓创新能力。

2. 策划能力

策划能力就是创业者根据外部的创业环境和已经把握的创业机会，采用一定的方法、技能、途径，进行创意性的构想，合理确定企业发展方向、发展目标、发展战略的能力，即对企业未来发展和快速成长进行合理规划的能力。

策划作为创新思维、创造市场竞争优势的技术手段，对每一位大学生创业者来说都是非常重要的。创业者发挥策划能力必须注意以下几方面的问题：第一，创业者必须弄清策划项目的价值所在、所涉及的范围和有关的限制因素，明确所创建企业的市场定位；第二，确定由谁负责该项目的策划；第三，必须考虑策划的时机。

策划能力与创新能力不同。创新能力是对尚未出现的问题进行设计、设想，对未来的敏锐洞察，对明天的立体思维。策划能力主要体现在创业者如何在制定战略、确定目标、拟订计划、组织指挥和调配人员中作出果断的、科学的决策，提出有效的解决方案。企业发展往往需要多学科、多方面的知识和经验，而创业者不可能具有多学科的专业知识，因此，创业者在策划过程中必须增强自身的适应性，依靠团队的力量寻找解决问题的途径。

3. 组织能力

组织能力就是创业者为了有效地实现企业的目标，运用行之有效的手段，把创业活动中的各个要素（包括人和物）、各个环节，科学地组织和衔接起来，形成一个有机的整体，使大家朝着一个共同的方向和目标去努力、去奋斗，使企业能够高效运转的能力。

组织能力是创业者不可缺少的重要能力之一，对创建新的企业来说十分重要。一般情况下，创业者新创建的企业都没有建立规范的管理体制，创业者通常自己打理自己的企业，这就要求创业者具备组织管理能力。组织能力是创业者对创业企业实施管理必不可少的重要才能，创业者要有效地发挥组织能力，必须注意以下几方面的问题：一是要把组织看成是一个动态概念；二是在设计组织改革的方案时要集思广益；三是创业者需创造一种有益于改革企业组织的氛围。

4. 领导能力

领导能力就是创业者在创业活动中运用组织能力和权力，按照企业发展目标的要求，通过下达命令，对团队成员进行领导和给予指导，把各方面工作统筹起来的能力。

在创业过程中，创业者的领导能力通常体现在如下几个方面：

（1）活力。

创业者在创业过程中要有巨大的个人能量，对于行动有强烈的偏爱，干劲十足，不屈服于逆境，不惧怕变化，不断学习，积极挑战新事物，充满活力。

（2）鼓动力。

创业者要有激励和激发他人的能力，能够活跃周围的气氛，善于表达和分享自己的构想与主意。

（3）锐力。

创业者要有竞争精神、自发的驱动力、坚定的信念和勇敢的主张，还要有坚定的意志与高度集中的注意力，以及清除障碍的勇气。

（4）实施力。

创业者必须提交结果，并且能够将构想和结果联系起来，而不仅仅是口头说说就完了，要把构想变成切实可行的行动计划并直接参与和领导计划的实施。

5. 协调能力

协调能力是指决策过程中的协调指挥才能，是创业者解决各方面矛盾，使全体团队成员为实现创业企业的发展目标密切配合、统一行动的能力。协调能力包括人际关系协调能力和工作协调能力两个方面。

协调能力，是化解矛盾的能力，是聚分力为合力的能力，是变消极因素为积极因素的能力，是创业者充分调动人的积极性的能力。良好的协调能力有利于信息的沟通，对于加强相互理解和利益共享有着切实的好处。

协调能力体现在团队内部就是如何促使团队能够积极、高效地开展工作。良好的协调能力一方面能够使团队成员之间化解矛盾、关系融洽、相互支持；另一方面使得团队成员工作有序、配合协调，使整个团队的工作效率达到最高。因此，创业者必须善于分析矛盾的起因，掌握矛盾的主要方面，提出解决矛盾的对策，有效地化解团队成员之间的矛盾，共同创业。个人的力量总是有限的。创业者必须把周围同志的积极性调动起来，把大家的潜能发挥出来，靠集体的力量攻克难关。创业者需要在实践中不断地学习，来提高协调能力。要强化创业者的协调能力，必须注意以下两方面问题：一是要研究人的心理需要，对于团队成员合理的心理需要，要创造条件、想办法给予满足；二是要坚持协调与控制相统一，精神激励与物质奖励相统一，原则性与灵活性相统一的原则。

6. 经营管理能力

经营管理能力，是指创业者对人员、资金以及新企业的内外部资源的运营的能力。它涉及人员的选择、使用、组合和优化，也涉及资金聚集、核算、分配、使用、流动。经营管理能力是一种较高层次的综合能力，是运筹性能力，是解决新企业生存问题的第一要素。经营管理能力的形成要从经营治理、知人善任、合理理财几个方面去努力。

（1）经营治理。

创业者一旦确定了创业目标，就要组织实施，为了在激烈的市场竞争中取得优势，必须学会经营。经营是创业开始后怎么做的问题，治理是做的过程中如何使效率最大化的问题。经营治理能力即这两方面的才能。

（2）知人善任。

企业竞争、经济竞争的实质是知识、人才之间的较量，善于发现人才、使用人才，充分调动他们的主观能动性，培养他们的凝聚力与向心力，这些是成功创业的重要能力和法宝。

谁拥有人才，谁就拥有市场、拥有顾客。一个企业没有优秀的管理人才、技术人才，这个企业就不会有好的经济效益和社会效益。如果创业者不吸纳德才兼备、志同道合的人共创事业，创业就难以成功。因此，必须学会用人，要善于吸纳比自己强或有某种专长的人共同创业。

（3）合理理财。

首先，要有培植财源能力。在创业过程中除了抓好主要项目创收外，还要注意广辟资金来源。

其次，要有资金治理能力。一是要把握好资金的预决算，做到心中有数；二是要把握好资金的进出和周转，每笔资金的来源和支出都要记账，做到有账可查；三是把握好资金投入的论证，每投入一笔资金都要进行可行性论证，有利可图才投入，大利大投入、小利小投入，保证使用好每一笔资金。

最后，要学会开源节流。就是节省不必要的开支，树立节约每一滴水、每一度电的思想。创业的过程其实也是与钱打交道的过程，涉及启动资金、周转资金、员工酬薪等等。并非所有善于理财者都适合创业，但创业者必须有较强的理财能力。在资金的预决算、资金的进出和周转以及资金投进的论证等环节，必须使用好每笔资金。只有这样，才能提高效率，降低风险，增加效益。

7. 专业技术能力

专业技术能力是创业者掌握和运用专业知识进行专业生产的能力。专业技术能力的形成具有很强的实用性。

许多专业知识和专业技巧要在实践中摸索，逐步提高、发展、完善。创业者要重视创业过程中专业技术方面的经验的积累和职业技能的训练，对于书本上介绍过的知识和经验在加深理解的基础上予以提高、拓宽，对于书本上没有介绍过的知识和经验要探索，在探索的过程中要详细记录，认真分析，进行总结、归纳，上升为理论，形成自己的经验特色，积累起来。只有这样，专业技术能力才会不断提高。

创业者在创业过程中必须掌握创业项目领域的一些专业技术能力和专业知识，这是保证创业者在本行业不被踢出局的必要条件。因此，创业者在初次创业时，应该从自己熟悉的行业中选择项目。虽然借助他人特别是雇员的知识技能也能办好自己的企业，但如果能从自己熟知的领域入手，就能避免"外行领导内行"的尴尬局面，大大提高创业的成功率。

当然，这并不是要求创业者必须完全具备这些素质才能去创业，创业者本人要有不断提高自身素质能力的自觉性和实际行动。

创业核心要素不仅仅是创业者的素质与卓越的创业能力的简单相加，而是创业者在拥有创业者素质的基础之上，与创业者所拥有的创新能力、组织能力、领导能力等一系列创业能力相结合，运用创造性的思维与理念，将创业过程中的各个创业要素有机融合，进行资本要素生化和谐，同时整合资源优势，创造资本生命的潜质、力量与能量。创业核心要素是在一系列的创业过程中创造性地生成出来的。

创业核心要素的存在，对创业者具有至关重要的作用。它让创业者们知道，创业投资中超越各个基本要素的要素到底是什么，应该是什么，只能是什么，必须是什么。知道了这一点，就拥有了一个全新的、进行创业活动必不可少的、超越传统创业基本要素的要素观念：创业投资是投入一种以智慧为底蕴的能力，是启动一个能量的开关。

三、　创业核心要素的培养

（一）培养强烈的创业意识

创业意识是创业者在创业实践活动中培养和积累的结果。创业主体首先萌生创业需要，当创业需要转化为创业动机后，便意味着创业理想的树立。创业理想的树立，是创业意识基本形成的标志。创业理想促成坚定的创业信念，信念越强大，效果越明显。

创业能力的形成，有赖于创业者的自觉性，有赖于创业意识的觉醒和推动。只有当创业能力的培养成为发自内心的自我需要时，人们才会主动地开展培养这方面的能力的活动，才有可能最大限度地发挥潜力，使创业者自觉克服困难，排除各种干扰，对创业始终充满热情。

（二）积累广泛的创业知识

知识是能力的基础，创业能力的发挥彰显，是以整合各种创业知识为前提的。创业知识包括专业知识和综合知识。管理学权威彼得·德鲁克认为："在现代经济中，知识正成为真正的资本与重要的财富。"事实证明，谁拥有行业领域的专业知识和广博的综合知识，谁就能立于不败之地。比尔·盖茨与微软、丰田喜一郎与丰田、马云与淘宝网，他们的成功都建立在创业知识的基础之上。

在校大学生的系统创业知识的形成可以通过以下途径:

1. 大学课堂、图书馆与社团

创业者通过课堂学习能拥有过硬的专业知识,在创业过程中将受益无穷;图书馆通常能找到创业指导方面的报刊和图书,广泛阅读能增加对创业市场的认识;社团活动能锻炼各种综合能力,这是创业者积累经验必不可少的实践过程。

2. 媒体资讯

无论身在何处,媒体都是个不错的学习途径。其主要包含两方面:一是纸质媒体,人才类、经济类媒体是首要选择。二是网络媒体,管理类、人才类、专业创业类网站是必要选择。此外,各地创新服务中心、大学生科技园、留学生创业园、科技信息中心的网站等都可以学到创业知识。

(三) 重视专业技能经验的积累,加强专业技能的训练

专业技能是从事某一行业所必需的技能,是相对于基础能力而言的。专业技能是形成创业能力的重要基础,创业能力是在获得知识、技能,并熟练运用的过程中发展起来的。重视专业技能经验的积累,不但要求创业者深入研究专业理论知识体系,更要求创业者注重专业技能的应用性,加强专业技能训练。

在校大学生可以通过在校尝试创业来开阔视野,为以后真正的创业活动打下坚实的基础。此外,还可以通过见习、实习、兼职、调查等形式磨炼心志,提高综合知识能力,最终提高创业能力。

(四) 积极参与创业实践

创业能力是一种特殊的能力,其形成和发展是与创业实践活动紧密相连的,是一种能够顺利实现创业目标的具有特殊性、综合性和创造性的能力。创业能力具有很强的社会实践性,它不可能通过单纯的思维活动或智力活动的训练来形成,也不可能通过单纯的专业活动或职业活动的训练来发展。知识可以通过读书获得,能力则只能通过实践获得。知识离开实践就像美丽的花离开土壤而无以生根,知识离开实践就不会成为属于自己的能力。如同驾驶汽车、操作电脑、学外语、写文章、骑自行车等,有实践就有能力,没有实践就没有能力,离开实践就完全无从获得这种能力。音乐家能分辨细微的频率差别,染色工能指出40种黑色的名称,有经验的酒商能通过品尝说出酒的品名,所有这些能力离开实践如何学得到?

无论是培养创业意识,还是系统构建创业知识,都要通过创业活动才能变为实在的创业能力。只有在实践活动中,通过无数次的成功与失败,才能更准确地了解自己的水平。通过预期目的与实际结果的比较，才能检验自己的预想是否准确，从而提高自己的判断能力，了解自己的创业能力，确立适当的自信心。通过实践认识自己，发挥特长，暴露弱点，从而扬长避短，成为自己命运的主人。因此，创业实践活动是创业能力的整合机制。

创业的能力是一种实践的能力，为了获得能力，应该主动地去寻求历练，大胆地改变人生轨道，敢于放弃现存的东西，主动地去经历苦难的磨炼，寻找那些最困难、最害怕、最不敢做的事去做。勇敢地去尝试未曾经历过的事情。大学生在校期间与各种创业论坛与创业社团组织公共活动、搞设计与实验等，都是在创业实践活动中获取创业能力的重要途径。一句话，创业能力表现为创业者的综合素质，需要靠实践获得。

【案例2-4】　　　　　　　　　　罗甸干部打工记①

贵州省罗甸县自1995年起，逐年选派机关干部和乡镇长，参加由县里统一组织的劳务输出锻炼，时间为1~2年。仅1996年，就分批送出45名在职干部，264名村干部，到广东东莞和浙江温州等地。打工的干部们开始都是干最苦、最累、最脏的活，如打包、拉车、搬运、擦皮鞋、看仓库等。有时弹尽粮绝还找不到活，副县长带着乡镇长们83人露宿街头。

打工回来的干部们，学到了市场经济的游戏规则，怎么能发展就怎么干。有的成了养殖大户，有的成了运输大户，有的创办了小型企业，有的学到了一门技术，有的投资公益事业，有的把濒临倒闭的企业救活，有的回到原岗位，把市场经济制度引进行政管理，进行制度创新。

罗甸县这样做是为了借地育才，是对干部进行回炉加工，是造就一批跨世纪的社会主义市场经济开拓型人才。他们认为，西部最匮乏的经济要素是观念，而真正改变人的观念的途径，是在市场经济的前沿地带亲身去打磨，这是培养人才效率最高、成本最低的办法。

思考：

1. 对于罗甸县选派机关干部和乡镇长，参加劳务输出锻炼这一事件，你得到了哪些启示？

2. 作为创业者，你该如何在实践中提升自身的素质和能力？

3. 对于"创业本身就是一种实践活动"这种观点，你是怎么看待的？

---

① 张矢. 干部打工——市场经济生存大考验［J］. 人才瞭望，2001（12）.

第二节　创业项目的核心竞争力

一、创业项目的核心竞争力是什么

创业项目的核心竞争力是创业项目所独立拥有的、可以吸引其他社会成员与之交换的资源，它是具有内在核心基质的、难以复制的、综合而成的竞争优势，扎根于恒久的需求与未来的大势之中，表现为真真切切的品质和实实在在的效用，是企业基业长青的基石。

核心竞争力的意识决定着创业投资程序的设计：首先要关注、创造、培育、抓住核心竞争力，这是"未战先胜"的条件，是生死存亡的关节。特别是当遇到困难和矛盾的时候，面临主与次、小与大、先与后、专与宽、进与退等多种选择的时候，核心竞争力的意识决定着在创业投资中是务实还是务虚。核心竞争力的意识还给了创业者思考问题的支撑点、看待问题的独特视角，及处理问题的准则。

核心竞争力是理解项目存活的新视角，是指引创业行动的新路径。核心竞争力的存在与确立，影响着创业全过程，特别是创业起步的项目选择。

（一）创业项目的核心竞争力是对经济实体而言

所谓经济实体，是指投资于有实在内容的项目，要么是制造，要么是服务，要么是科技、教育。总之，是实实在在的事。只有实在的事才有核心竞争力的存在，才能够谈论核心竞争力的问题。那些倒来倒去的生意，那些依附于权力的经营活动，那些打一枪换一个地方的营生都是没有核心竞争力可言的。至于今天要炸开喜马拉雅山，明天要在满洲里建个深圳，这些项目倒是实在，但不着边际。服务是大的投资方向，但是，任何服务都应当是为人们所需要的，而这个需要应该是正当的、有益的。

（二）创业项目的核心竞争力是生命权利的基质

核心竞争力是企业生存的权利，是企业能够活下去的条件，能够站得住脚的基石。权利、条件、基石的总和叫做基质，即存在于资本肌体之中的内在的物质要素。这些内在的东西综合起来，显露于企业外部，就是争夺市场份额的力量。这个基质可以把核心竞争力的内容概括为四句话：别人没有的；先人发现的；与人不同的；强人之处的。

1. 别人没有的

别人没有的是指对某种资源相对独立的占有。在商品经济日益完善的条件下，长期地独立占有某种资源的可能性很小，但又不是完全不可能。可能性存在于对某种潜在的、未被利用的资源的发现，这种发现大体上有两种情况。一是某种资源与某种特定需要的联系；二是发现某种公认资源的新的商业价值。谁有这种商业的意识、敏锐的眼光、联想的思维，谁就能获得先机，获得在时间和空间上相对独立拥有的资源。它可以是特殊气候的，温度湿度的，土壤成分的，地理位置的，长期废弃的，失传已久的，相加而复合的，产生在原有产品、服务、产业链条和经营模式中的诸多"不"字上面的（如不环保、不安全、不方便、不卫生、不便宜）等等。比如，一个走亲戚的人发现他家附近的山上有白色的土，是可以制作陶器的一种土。他进一步了解到附近有煤矿和铁路，于是他买下这块下面有陶土的地，建个生产瓷砖的工厂；又比如一个收易拉罐的人，把易拉罐熔炼成铝合金再出售。这些都是实现了对资源的相对独立的占有。

　　2. 先人发现的

　　这会让人首先想到技术，但是技术之重要暂且存而不论。这里先人发现的是指对未来的预见。趋势是播种的土地，纵观历史，没有哪个长久存活的企业不是把根扎在未来与趋势的深厚土壤之中。资本、项目、产品、企业离开未来和趋势，就好像植物失去土地、空气和阳光。创业者事实上是个播种的农夫，无视未来和趋势就如同把种子撒到马路上。

　　该如何发现趋势呢？一是看运动的惯性，即现在是怎样从过去发展而来的，从历史滑动的轨迹往往能够看到它将朝哪个方向延伸。二是看现实社会中的大矛盾、大困难和大问题，它们是决定未来走向的根据。只要把这个大的现实看透了，发展的趋势也就清楚了。比方说三十几年前开始的改革开放，是民族、国家、政权存亡的唯一选择，这是由历史积淀的矛盾所决定的。看清了这一点，也就看清了市场经济的大势。在这个基点上思考问题，从设计人生到策划事业，就能够顺应大势，获得先机。

　　当今中国，本来就存在着并随市场经济的发展日益凸现的、入世后又被急速加剧的、将影响中国 50～100 年的大矛盾、大困难、大问题，即人口。市场经济的竞争机制导致人们对效率的追求，科学技术的发展又为追求效率提供了可能。国家把 9 亿农民的就业提上了日程，同时也加速了国企职工的下岗。8% 的增长对扩大就业的影响相对有限，用新经济的成果，如基因技术、生物技术、宽带技术、信息技术去直接带动落后的农业经济实现跳跃发展，尚无可供开阔思路的模式和根据。今后 50 年，80% 的就业率将是我们难以企及的目标。不仅这个巨大的问题本身将影响未来，由它派生的问题也足以构成趋势，如资源、能源、生态、环保、教育等。把资本投放在这个大的圈子内，未必去领导潮流，只要跟定大势，资本就有了核心竞争力。

3. 与人不同的

不同就是差别，就是个性。差别与个性来自特殊性。这个特殊性也同样可以是任何方面的，可以是市场定位的、技术的、工艺的、传统的、原料的、材质的、款式的，也可以是资源整合产生新模式等等，这种差异性是产品或服务得以立足的一个重要根据。比如人们所熟知的餐馆业，它的存活靠什么？靠的是它名字的知名度、美誉度所产生的回头率，即品牌。品牌的背后是标准，标准所体现的是特色这个内容，说到底是特色决定了品牌。对于餐馆而言，特色当然首先体现在主打产品上，与主打产品相关的文化氛围、趣味性、娱乐性等一起构成特色。把特色量化为标准坚持不懈就形成品牌，这就是企业的核心竞争力。

4. 强人之处的

对一个项目而言，不论它的哪个方面，哪怕只有一点高人一筹、优人一档、强人一处，都是核心竞争力。通常表现为质量、功能、外观、设计、成本、经验、模式等方面。特别是进入完全竞争领域，租个床位，开个小店，更需要某种优势。比方说成本，只要在成本上有所建树，就有了生存的资格。谁能想到"世界500强"排名第二的是一家叫沃尔玛的零售企业？它有7 000多家门店，2013年年度营业收入为4 691.62亿美元。人们会马上想到规模，但对零售企业而言，规模的扩大是与销售人员的增加与管理成本的增加同步的。令人不可思议的是，它能够把管理费用控制在销售额的2%，这才叫真功夫。据说它能够在保持货架充盈的同时不断地降低库存，这中间的艰苦、持久、创造性的努力是可想而知的。据说沃尔玛总部的办公室像卡车终点站的司机休息室，可见其为降低成本而努力的背后是一种什么样的精神。

【案例2-5】 金英的"家底"[①]

离开这家公司，就是要自己干，做什么呢？金英思考了半年。想得最多的是：我有什么强项，与大多数人相比，有哪些相对的特长。

从上大学开始，金英学的就是管理，毕业两年后又接着读了MBA，接下来是在一家培训公司做管理培训。金英熟悉这个领域，参加过外国的讲师训练，掌握了体验教学的方法，在专业管理培训公司的讲师工作也使她具备

① 赵延忱.中国创业学 [M].北京：中国人民大学出版社，2010.

一些专业经验，有自己的系统课程，并在工作中积累了一些客户，能在沟通中把握客户的需求。

算起来积累这些"家底"也用了十年时间了。难道这不是自己的优势吗？只是从来还没有自己单独干过而已。

下了决心，给自己设定半年准备期，以独立讲师的身份为一些企业做培训，不错的效果让她信心大增，成立了自己的公司，把自己的优势转化为为客户创造价值的实践，根据客户的要求开发和调整课程，把四个"实"作为公司的宗旨：从实际出发，开发调整课程；以实用为本，以管理技能的训练为主；以实战求知，坚持体验式教学；以实惠共赢，价格合理。

思考：

1. 金英能够创业成功的根本是什么？

2. 大学生在创业过程中该如何利用自身的专业优势？

（三）创业项目的核心竞争力是综合而成的优势

有了上述四条机制中的任何一条，就能构成资本生存权利的基质。但是这还不是现实的生存权利，也不能形成市场竞争的力量，它仅仅是核心竞争力初始、起步的资源。

1. 让基质发育成综合优势

因为不论技术、资源还是经营的模式，在把它从隐匿中挖掘出来或创造出来之后，很快会被复制，这个先行者的光辉会很快黯淡。另外，单一的基质往往不能外化为可被市场接受的、有商业价值的产品或服务。所以，基质需要发育，基质需要综合，在发育中综合，在综合中发育以形成核心竞争力。综合是完善核心竞争力，建立难以复制的、现实的、竞争优势的必要步骤。

2. 实现各个要素的有机融合

把几个要素相加，实现有机的、以实现市场价值为目的的融合。实践总是比道理更丰富，事实总是比想象更离奇。在当今已经白热化的市场竞争中，干得漂亮的，正是那些能够创造性地把资源、技术、品牌、劳动力、运作模式、市场网络等多个方面结合起来的企业。比如说驻守内蒙古大草原的企业，它们创造性地运用了泰国正大公司的管理经验，用公司加农户的模式，囊括了广博的草原和拥有养殖技术的牧民等资源；应用了先进的生产技术，细分市场形成产品系列，据此高举绿色大旗，持续营造品牌，从而形成了牢固的竞争优势——一个有着深厚基础的、长期有效的、不被轻易替代的、难以仿制的优势。它们优势的产生正是综合的结果：综合的对象当然可以随发展而扩大，每增加一项，竞争的优势就会增大一分，同时也使竞争对手仿效的困难增加一度，保护自己的屏障就多了一层。只有这些东西才有时代气息，是竞争能力的核心，是企业生死的关键，才可以称作创业项目的核心竞争力。

而创办企业的"内情"并不是这样的。如果创业者还没有机会独立地干过企业，不妨仔细地考察一个好的企业。创业者会发现那里没有抽象的概念，有的是实实在在、方方面面、环环相扣的工作，离开哪个环节都不行。假如注意到他们销售搞得好，应该想到产品的品质、功能是销售的基础。而在品质的背后是技术、设备、标准、管理、职工队伍素质。销售得好还与价格紧密相连，而在价格的背后是成本，在成本的背后是日积月累、细枝末节、点点滴滴。而在所有这些的背后是好的管理者、好的团队、好的企业文化、创新精神……

这个关键那个也关键，这个是核心那个也是核心，究竟哪个是关键哪个是核心？核心竞争力的观念告诉创业者：作为"基质"哪一个都是关键，作为创业项目存亡的核心竞争力哪一个都不是关键。只有把优秀的"基质"合起来，才是关键，才是核心，才是创业项目存亡的核心竞争力。

二、　创业项目的核心竞争力为什么会存在

核心竞争力是实体经济中的一个真实的存在，是资本生存权利的物质基础，包括独有的战略资源和难以复制的综合优势。核心竞争力的观念决定着创业不败的先决条件的建立、程序的设计、务实的态度和解决问题的视角。对企业存活的基础而言，核心竞争力是构成企业生命肌体的要件。它为什么会存在、存在的真实与否，可以从死去的、初创的、发展中的企业中去寻找、去证明。

（一）企业的存活需要进行资源交换

在以交换为生活基础的社会中，自然人的生存与企业的生存有着很大的不同。

1. 企业需要较大基数的进出平衡

自然人依靠互换劳动来生存，生存的条件仅仅是劳动，因而获得最基本的生存资料的难度不是很大。差别在于生存状况，可以因其提供劳动的质量、数量的差别而有所不同。而企业的生存则不然，它要进出平衡，消耗与获取之间平衡才能够生存下来。由于企业的消耗有一个基数，远远高于单个自然人生存的基数，基数若与获取不对等，企业生存的条件就会被破坏。这就是企业存活的条件。

2. 平衡的条件是可供交换的资源

这个条件是什么？这个条件是独立拥有的、可供交换的、具有战略意义的资源，是能够吸引其他社会成员，或能够影响其他社会成员，或能够制约其他社会成员，与你进行交换的资源。这个资源是可与其他社会成员进行价值对等互换的对象物，可以是有形产品，也可以是无形产品——服务。这就是创业项目的核心竞争力，这个核心竞争力的有无与强弱，是进行任何一项创业首先必须考虑的头等大事。

（二）创业项目的核心竞争力是创业成功的重要保障

我们可以赞美失败，称它是人类进步的阶梯也不为过。我们也可以肯定地认为失败对任何事业、任何个人都具有不可避免性。

1. 创造出规避风险的条件

创业的失败对任何个人而言，后果都是残酷的。它不同于其他方面的失败，通常丧失的是机会成本、时间和精力。而创业的失败丧失的是金钱和可支配的资源，是"生死之地，存亡之道"。轻者身陷困境，失去再起之"东山"；重者倾家荡产，生活无着，妻离子散，债务缠身，背井离乡。因此，规避风险是任何创业者都必须首先考虑的问题。如何才能规避风险呢？先要清楚失败的后果，然后要运用未战先胜的原则，最后要落实到核心竞争力。保证未战先胜的办法是：先把不被战胜的条件，即投资不败创造出来。

2. 使创业者懂得创业的利害所在

《孙子兵法》开篇第一句，"兵者，国之大事，死生之地，存亡之道，不可不察也"。因为"亡国不可以复存，死者不可以复生"。该书把用兵之利害提到了安国全军、生死存亡的高度。它概括预知胜利的五种方法的第一条就是"知可战与不可战者胜"。正是在这样一个坚实一贯而又彻底的思想基础，才有"不战而屈人之兵"，才有"上兵伐谋"，才有"知己知彼"、"知天知地"，才有"兵贵速胜，不贵久"，才有"主不可以怒而兴师，将不可以愠而致战"，才有"知情必用间"，才有"未战而庙算"，等等。

在经济行为中，能与用兵相提并论的莫过于创业。把战争与经济活动、商务活动类比，最为贴切的也莫过于创业。但是，一个人有无创业失败的惨痛经历，对失败的感受是不同的；有无丰富的创业经验，对慎重创业的感受也是不同的；有无创业的实践，对兵法的理解就更为不同。《孙子兵法》中有一个融汇全书、贯穿始终、鲜明而彻底、可以被读者时刻感受得到、成为全部军事思想基础的思想：知用兵之利害。懂得这个道理，创业者就会知道创业的利害所在了。

3. 创业项目的核心竞争力是创业的不败条件

正是在知用兵之利害的基础上，才产生了一个非常具有创造性和极高战略价值，并演绎成战术原则的思想："未战而先胜"。就是在准备打仗之前，首先考虑的是如何保存自己不要被对方打败，在此基础上谋划怎样战胜对方。"昔日之善战者，先为不可胜，以待敌之可胜，不可胜在己，可胜在敌"。"是故胜兵先胜而后求战，败兵先战而后求胜"。"先为不可胜"的战略可包含相互关联的三层思想：一是使敌人不可能战胜自己；二是创造不被敌人战胜的条件；三是能否战胜敌人取决于多种因素，而不被战胜这一条是自己能够把握的。创业行为正是这样，创业项目最终能否发展壮大并赚到很多钱，影响的因素是有很多，尤其是市场的不确定性是创业者很难把握的。但是，创业者应该而且能够做到的是：防范把老本一下子赔进去，避免出师未捷身先死。为此，创业者必须意识到的是：任何项目都有一个核心竞争力的存在，它是创业者的投资能够未战先胜的保证。创业者应该而且能够做到的是：发现、创造、培育创业项目能够生存的核心竞争力。先把这个核心竞争力找到、抓住，这就是不败的条件。

（三）创业项目的核心竞争力使创业者务实

核心竞争力的观念本身就是创业的务实观念。务实就是做实事、静悄悄、不张扬，先把最要紧、最要命的事情，放在最首要的位置做好。

1. 核心竞争力的发育需要创业者汲取大量的营养

企业的核心竞争力同植物一样，由胚发育而来的过程是无声无息的。作为生命体的体轴部分通常是在地下，并不为人所知所见。在地下无声无息发育的根，一旦成熟，具有了能够吸收养料的功能，有了贮存与合成有机物质的功能，这时，也只有到了这个时候，才开始显露它的生机与英姿，才潇洒表现它的色彩与斑斓。尽管如此，也并非有意的而是自然的。

2. 核心竞争力让创业者由空想到实干

许许多多的创业者，急不可耐地要表现它的先机、姿态和色彩，注重的是枝叶的繁茂而无视核心竞争力的存在与发育。表现在创业行为上，热衷于轰轰烈烈，轻埋头苦干的有之；看重表面的虚荣气魄，轻资本质量与内涵的有之；先搞基本建设铺摊子，再充实完善技术工艺的有之；先进行固定资本投入弄出产品来，再找市场搞营销的有之；先买或租下门面堂而皇之，再磨炼服务内容的有之；先搭起架子完善系统，再寻找管理与经营模式的有之。凡此种种都是与核心竞争力对立的、空想的投资观念使然。

（四）创业项目的核心竞争力会让创业者走出茫然无措的困境

在创业和运作企业的过程中，总会遇到困难和麻烦。面对这些问题，通常有多种选择，这时，许多现成的、权威的、时髦的观点会冒出来干扰和影响创业者。

1. 创业者茫然无措的原因

创业中会碰到一系列问题，如小与大，慢与快，专业与多元，长远与短期，在竞争中降价还是不降价，面对产品开发进程中的困难是继续还是撤退，等等。几乎在每一组问题上都有来自专家的观点，完全对立的观点，并且都头头是道。在这一系列问题上，不论是有过创业经历的，还是搞过企业管理的，往往都有着各自的理解。不能排斥事实上的确存在多种选择的根据，但是，这些完全对立的观点与主张，让创业者、管理者在碰到很具体、很实际的问题时，无所适从，茫然无措。

2. 核心竞争力能让创业者做出正确的判断与选择

很多创业者在创业初期，在开发新产品时都会陷入困境，最主要的原因是在一整套营销计划未能奏效后，绝大部分的创业者都会开始怀疑这个产品行不行，就会使用犹太人经商中的撤退原则，即一旦发现某项业务不行，不管前期投入多少，赶紧撤出决不迟疑，以避免更大的损失。但是，台湾的王永庆面对此类情况有着完全相反的观点。他认为，新产品上市不被人接受是正常的，办法是通过扩大生产规模，大幅度地降低成本，才能通过瓶颈。同一种情况，犹太人和王永庆闹对立。此时我们该如何抉择？举个例子，小明亲历了开发全过程甚至每个细节，对于产品非常了解，销售的问题是价格。小明在深圳、北京和成都的销售终端都站岗过一周的时间，亲眼见到那些被自己产品的新颖与实用所打动的人，但他们都望价兴叹。经销商的积极性来自批零差价和走货量，核心问题也是价格问题。而价格的背后则是成本问题，这是这个项目生死存亡的核心。结果，通过一系列创造性实验与新材料的应用，小明把一个占成本80%的构件降低了80%。因此，整个局面焕然一新。

如果承认一个创业项目或一个企业的生存有核心竞争力的存在，那么，用核心竞争力的观点去思考这些问题，用核心竞争力的视角去看待这些问题，就会豁然开朗、云开雾散，纷繁复杂的问题会一下子变得清晰、简单又明了。创业者会突然发现，面对创业项目的核心竞争力的问题时，不再是对与错、应该与不应该的问题，而是只能这样，别无选择，必须如此。

三、 创业项目的核心竞争力的培育

【案例2-6】　　　　　　　　　　倒过来试试①

　　有一个青年画家，画出来的画总是很难卖出去。他看到大画家门采尔的画很受欢迎，便登门求教。

　　他问门采尔："我画一幅画往往只用一天不到的时间，可为什么卖掉它却要等上整整一年？"门采尔沉思了一下，对他说："倒过来试试。花一年的工夫去画，只要一天工夫就能卖掉。"

　　"一年才画一幅，这有多慢啊！"年轻人惊讶地叫出声来。门采尔严肃地说："创作是艰苦的劳动，没有捷径可走的，试试吧，年轻人！"

　　青年画家接受了门采尔的忠告，回去以后，苦练基本功，精心搜集素材，周密构思，用了近一年的工夫画了一幅画，果然，它不到一天就卖掉了。

　　思考：

　　1. 从一年卖一幅画到一年画一幅画，区别在哪里？

　　2. 你得到了什么启示？

　　作为一个创业者，从萌生创业投资的念头，到进行创业投资的策划，到着手创业投资的准备，再到创业投资计划的实施，自始至终都要有一个核心竞争力的意识和观念。从创业投资成败的意义上看，核心竞争力的观念是创业投资的根本观念。这个至关重要的观念有着深厚的社会渊源，对创业投资行为有着最为先导性的影响。

（一） 永存创业精神

　　当今企业不外乎以下三种类型：第一种，正如日中天；第二种，曾经辉煌过；第三种，仍在创业。第一种类型的企业大多保持着当年的创业精神，有的还提出了二次创业甚至三次创业的口号；第二种类型的企业大多是忘了本，或者是败在后一代手中；第三种类型的企业创业的激情正汹涌澎湃，如果能继续保持这种状态，就很可能成为第一种企业，反之，就会沦为第二种企业。

　　在承受了雪压枝头的重负之后仍然能够保持梅花的本色，是一份难得的境界。某食品公司的董事长王先生，从贷款300元开始创业，在开业的第一天，没有举杯庆贺，而是贴上一副对联，上联：今日开张，下联：何时倒闭，横

---

　　①　顾建平. 幸福属于每天努力的人 ［J］. 小读者，2011（9）：24-25.

批：开业大愁。经过几年的艰苦创业，现在企业每年销售额已经达到 2 个多亿，王先生却仍然保持着当年的忧患意识，开业大愁的警句至今仍张贴在公司的会议室里。

打江山需要创业精神，坐江山更需要创业精神。笔者认识的一个企业家，在天下大势已定之后，便辞退了功臣，开始了个人独裁和家族垄断，在其公司的 100 多名高级职员中，竟然 90% 以上没有受过高等教育，其财务状况混乱到继续为已去世的职工发放工资的程度，结果使竞争对手后来居上，公司亏损严重，濒临倒闭。

许多著名的企业家在拥有亿万财富之后，仍然保持着一种朴素的精神和合作的激情，松下幸之助、洛克菲勒、刘永行等莫不如此。身为大陆首富的刘永行，每天的日常开支竟然不超过 100 元，对于真正的企业家而言，创业精神，并不是对人生某一阶段的特殊要求，而已经成为一种生活态度和生活方式，贯穿于漫长的一生中。

（二）警惕细节魔鬼

对中国几乎所有企业来说，最艰巨的工作都是锤炼管理工序，苦练基本功，从不切实际地超越企业发展规律的高空状态中沉稳着陆。美国人在讨论一些有影响的成功或失败事件，或谈论立法政策时，常使用"魔鬼在细节"这句话，中国也有类似说法，如"不积跬步无以至千里"、"一屋不扫，何以扫天下"、"千里之堤，溃于蚁穴"、"见微知著"等。它们强调细小的东西可成大事，亦可乱大谋。世界建筑大师密斯·凡·德罗在被要求用一句话描述其成功的原因时，他也用"魔鬼在细节"做了回答。在设计大剧院时，他精确地测算了每个座位与音响、舞台间的距离及因此带来的不同听视觉感受，并根据每个座位设计了最合适的摆放方向、倾斜度、螺丝钉位置等。同样，华裔建筑师贝聿铭认为自己最失败的作品是北京香山宾馆。实际上，香山建筑上的失败并不应归咎于设计，贝聿铭对其里里外外每条水流的线路流向、大小弯曲程度都有精确的规划；对每块石头的重量、体积的选择及叠放位置都有周详的安排；对于不同类型的鲜花摆放位置、数量、随天气变化需要调整的颜色等，也都有明确的说明，但施工人员建造时却对这些细节毫不在乎，随意创新，难怪贝聿铭最后要痛心疾首了。

日本人的精细为其产品赢得了全球极高的美誉度，丰田汽车社长认为，其公司最为艰巨的工作不是汽车的研发和技术创新，而是生产流程中一根绳索的摆放，要不高不矮、不粗不细、不偏不歪，要确保每位技术工人在操作这根绳索时无任何偏差。

中国传统产业如中餐、中药、百货等，在历史经验方面绝不比美国、日本逊色，这些产业并不需要多少技术创新，其中的管理技术若逐一分解，也谈不上深奥费解，但为什么产生不了麦当劳、肯德基、沃尔玛那样的世界 500 强企业或百年老店？中餐中那么多以鸡肉为主料的辣子鸡、文昌鸡、白切鸡、手撕鸡、炖土鸡等，哪一个口味不比肯德基的麻辣鸡块好吃？肯德基在北京曾与中式快餐荣华鸡对阵过，但后者很快败下阵来。问题就出在细节的把握中，我们每去一家餐馆，总会发生诸多不称心和重复出错之事，我们的餐馆很少能够做到标准化、规范化操作。一个执行标准化、规范化操作的餐馆，应包括其配送系统的效率与质量，佐料搭配的精确分量，切青菜与肉菜的先后顺序与刀刃粗细，烹煮时间的限定，清洁卫生的流程，每日各环节差错检讨与评估等上百道工序，甚至对点菜、换菜、结账、送客等不同情况下的规范用语都进行了细究并形成了严格规定，且全部进行了标准化实施。

中国有着丰富的文化遗产，从不缺少大学说、大理论，但我们的文化内涵里却相当缺乏踏实求精的基本功，对细节欠缺强有力的执行力度，我们时常要么对诸多细节麻木不仁，从不细究；要么想到了却不去执行，没有严格的纪律管理制度和评价监督机制作保证。总之，我们没有把对细节的重视和执行当成一种生活与工作习惯，而对细节的重视程度，是一个人的敬业程度和一个企业基础管理技术水平高低的最真实的反映。

在探讨中国企业成长史时，一些数据颇能让人震撼。据美国《财富》杂志 2012 年报道，美国中小企业平均寿命不到 7 年，大企业平均寿命不足 40 年。据《中国中小企业人力资源管理白皮书》2012 年 9 月调查显示，在中国，中小企业的平均寿命仅为 2.5 年，集团企业的平均寿命仅为 7～8 年。另外，美国每年倒闭的企业约 10 万家，而中国每年倒闭的企业则有 100 万家，是美国的 10 倍。中国企业数量众多，但企业的生命周期短，重复走着"一年发家，二年发财，三年倒闭"之路，能做强做大的企业更是寥寥无几。

中国很多企业之所以稍微上规模就摇摇欲坠，筹资越多犯错越多，最根本的原因就是企业以精细为核心的基础管理能力薄弱，企业团队未能通过千锤百炼，把细节管理训练成一种习惯。企业的组织结构、风险控制、薪酬体系、业务流程、项目管理、财务监督等基础管理的具体要素，支撑不了高速成长所要求的应变，也与资本市场所赋予的资源机会及发展空间不相匹配。

（三）做好市场

大多数的经营者对创意都很敏感，也很兴奋，然而，一个很好的创意未必就是一个很好的市场机会，尽管大多数情况下，市场机会源于创意，一个市场机会必然是实实在在、能够用来作为企业发展基础的，这就是创意和市场机会之间最重要的差别。

一个好的创意仅仅是一个好的创业工具，而将创意转化为良好的市场机会却是一个非常艰巨的工作。人们常常过高地估计创意的价值，而忽略了市场需求是否真实可靠。比如，中关村一家经销商与北京大学的学生合作开发了能够在黑暗中发出荧光的键盘。这样，在黑暗中（如，有别人休息的夜晚），计算机的使用者不用点灯就可以敲打键盘。这个创意很好，但显然这样的产品成本一定比普通键盘高，而经常使用计算机的用户，绝大多数可以基本实现盲打，因而市场需求不会很好，正是这个原因，这个产品始终未能获得成功。

（四）小公司大管理

小公司创业就如运动员参加一场赛跑，起步就要找准姿势，做好各项准备工作，否则难于以最快的速度并在最短的时间内获得第一桶金，乃至完成资本的原始积累。当然，这里"姿势"的含义很广，包括企业机制体制、制度文化等诸多管理层面，这些层面对于创业企业来说一个都不能少，小公司创业也应以"大管理"的思想去运作经营和管理企业，不能因善小而不为，恶小而为之。创业阶段的管理看似简单，却是企业生命周期中在管理上最令人头痛的。

1. 独到的见解

要有独到的见解或独家技术。拥有独到的见解或独特的技术是走向成功的关键，但也是最难做到的一点。显然，你独到的见解或独特的技术（最好是有专利）是你的优势所在，就好比如果你掌握了苹果公司的麦金拖什微机操作系统，那么你就掌握了这个公司关键一样。企业家舒尔茨对此如是解释，"如果你能竖起一座屏障，挡住许多竞争者冒出来，不让他们在你立足之前抢走你的市场，你的成功机会就大大提高了。"

2. 经营得当，追求完美

吉姆·考克，波士顿啤酒公司的创始人，非常喜欢谈他与哈佛大学商学院的学生们会面的经历。考克应学生们的要求给他们讲述了他作为企业家的经验，考克问这些未来的工商管理硕士们一个问题：如果考克打算创建自己的公司，他首先应该做什么。学生们的回答非常具有商学院学生的代表性："做市场调查。"

如果你没有独到的见解或独家技术——即使你有——企业家们建议，只有经营得当，才能稳操胜券。对此，迈克尔·戴尔解释得更为详细：即使你拥有某种产品的专利而且对此严格保密，也不能保证你将来能赢利。真正的竞争仍佼者是那些经营得当的企业，企业成功的关键不是取决于一个伟大的观点或专利，而是取决于对某种经营策略不断地提高和改善。

看一看迪斯尼、沃尔玛和可口可乐，你就会明白所说的策略——其实它并不那么复杂。他们的经营策略并非深不可测，然而却没有几家公司能复制他们的成功。造成这种差别的原因是那些成功的公司无论经营某种产品还是提供某种服务，都力争掌握同行业的竞争状况，知己知彼，然后做得更好，从而使自己在竞争中获胜。此外，要想经营得当，不仅要做好大事情，而且也得注重小事情。戴尔说，他正是从戴尔计算机公司经营之初，每周一次的顾客辩护会上了解到这一点的。"如果你经常参加这种会议，你很快就会注意到一种倾向：所有的怨言都是抱怨一些对企业来说'很小的事情'，比如电源线是否入箱、箱子是否容易打开、我们是否会像承诺的那样送货等。我们开始意识到顾客们对我们所认为的'大事情'似乎并不那么关心，比如产品特征、所应用的热门技术等。也许是这些'大事情'早就很令人满意了的缘故。我们吃惊地发现对我们的顾客而言，小事情就是大事情。"戴尔认为，经营的关键是你期望的高低。你必须为你自己和你的员工设立一个有难度的目标。他这样写道："在设想打败你的竞争对手所运用的良策时，想一想自己的主要优势，然后充分地调动它。"

3. 走在竞争的前列

冰球明星哥瑞斯基，谈到他的成功秘诀时说，成功不是因为有往冰球所在方向滑的能力，而在于总是往冰球将要落脚的地方滑。如果你将其用于企业，你就掌握了成功的关键。那么你怎样确定你的商业落脚点呢？迈克尔·戴尔的建议是：考虑一下"顾客的购买习惯的变化、技术变化、现存的和潜在的竞争变化，以及最最重要的，你的企业和你的竞争者们都在做什么，你怎样才能做得与众不同"。

4. 扮演弱者

这句话让人脸红，因为扮演弱者听起来不像个好主意，有意地跟在你同行业的巨人后头似乎只会给你带来灾难。其实不然，联邦快递成功了（仿效美国邮政等），网景成功了（效仿微软），泰德·特纳成功了（仿效其他网络），理查德·布朗森成功了（仿效英国航空公司和可口可乐）。布朗森解释说仿效一家有名的大公司（比如可口可乐）的好处是，这些大企业往往已经吃得太饱，太自以为是，因而往往不堪一击。对这种企业，你可以既利用它的劣势，又利用它的优势。吉姆·巴克斯·戴尔说，他正是从创建联邦快递时学到的这点经验：小企业在与有名的大企业竞争的时候也有其优势。比如说，大企业想要迈大步子很难。他们的员工都比较保守，不善于接受挑战。并且他们有太多的事情要做、要担心。

与大企业竞争有两个秘密：第一，利用你小而灵活的特点，出手迅捷，偷偷袭击，在对手明白过来之前打他个措手不及，不让他们有喘息的机会。泰德·特纳如此形容这一点，"这是唯一一条行之有效的办法，也是唯一以小胜大的法宝。不要气馁。不要因为你弱小就害怕没有机会，因而止步不前。兔子也许可以逃脱狐狸的掌心，但更胜一筹的是弓起后腿，再跳出去进行更有力的反扑。"第二，避免迎头正面作战。你的策略应该是利用自己的优势与同一领域的大公司竞争，而不是硬碰硬。用巴克斯·戴尔的话说就是"从熊和鳄鱼的争斗中得到启示：它们的战斗结果取决于它们的战场是陆地还是水中"。举个例子来说，如果你是一个小零售商，想与超市巨霸沃尔玛竞争，那么你最好避免与大企业面对面作战。山姆·沃尔顿称："我建议这些小店主做我一直做的并引以为荣的事情：与顾客直接接触。让你的顾客知道你对他们有多么感激，亲自收钱找钱。这种人与人之间的直接接触对这些小店来说十分重要，它是沃尔玛这样的大店想做而又做不到的事情。"

5. 变劣势为优势

避免正面冲突的另一种说法是变劣势为优势。迈克尔·戴尔曾经在 20 世纪 80 年代中期运用过此策略：从一开始，迈克尔·戴尔就瞄准了一个他们的竞争者们所没有看到的售后服务的巨大机会，然后他们以此作为本企业的最初目标。1986 年，他们实施了第一个服务项目——上门修理计算机。如果你的计算机出了毛病，不管你是在公司、在家里或是在宾馆，他们都会上门服务。一般会在接到报修电话的当天或第二个工作日赶到。后来，戴尔还提供了 4 小时，甚至 2 小时内的及时上门服务。

相比之下，增强售后服务，使得竞争对手们的服务显得有些落伍，而且实在太慢。即使在今天，如果你把计算机拿到经销商的服务中心维修，维修时间可以达到两星期之久，这跟第二个工作日比起来时间未免太长。即使如此，也不能保证计算机完全修好。戴尔就是这样把计算机行业最初的劣势变成了巨大的优势。

纵观创业企业的发展，其成功或是失败的原因，从表面上看林林总总，但在其背后都有一个寻找核心竞争力、培育核心竞争力的问题。如果创业者在创业之始就有核心竞争力的意识，把寻找核心竞争力、培育核心竞争力当做企业从投资到成熟的一个阶段，情况就会大不一样。就会在计划的设计、阶段的安排、资金的分配，进而在创业的方式上做出别样的策划。

核心竞争力是创业主体的对象——项目的本质，它是一个真实的存在。核心竞争力对于初创和在成长中夭折的企业来说，是它们消耗有限资源来寻找和培育的。核心竞争力是对项目内涵挖掘后发现的，核心竞争力的认定是实践检验后的结果。

核心竞争力是创业中诸多问题的答案，核心竞争力的观念是创业思维的锋刃。在创业过程中，首先要发现、抓住关系项目生死的命脉；核心竞争力的观念引导你用生物的眼光看待项目，知道小中蕴涵着成长的基质，小中有大、有强、有明，从而安心于小、驻守于小，引导你务实而不张扬，把对风险的防范落到实处，在面对多种选择的时候有主心骨。

【本章问题思考】

1. 如何正确认识创业基本要素与创业成功的关系？

2. 创业核心要素是什么？

3. 作为大学生，该如何培养创业核心要素？

4. 创业项目的核心竞争力是什么？

5. 创业项目的核心竞争力为什么会存在？

6. 创业者该如何培育创业项目的核心竞争力？

第三章　把创业项目"生"出来

某个机构曾经做过一个调查，对于男人和女人来说，一生中最大困难或挑战是什么，百分比最大的分别是"创业"和"生孩子"。

"断头今日意如何？创业艰难百战多。"陈毅将军的这句诗恰如其分地表达了创业的艰难程度。创业和生孩子都是辛苦事，细细琢磨，二者有很多相通之处。走上创业之路，如同女人怀孕，就是选择了厌食、呕吐和步履蹒跚。从某种意义上说，二者是一模一样的。

● 要有优质的"精子"

种地要有优质的种子，生孩子则要有优质的精子。对于创业者来说，所谓的"精子"包含两个层面，分别是物质层面和精神层面。物质层面的准备包括启动资金等，精神层面则包括公司的战略等。

● 要有身体健康的"妈妈"

生孩子的时候是否会有危险，宝宝未来的身体如何，都和妈妈的健康状况有极大的关系。创业又何尝不是如此呢？记得经纬张颖曾经发过一条微博，说的是一个优秀的创业者必须具备的条件，其中一条就是"身体好，能长期拼命工作"。

● 要有团结和气的"家庭"

牙好，胃口就好；心情好，肚里的宝宝就好。孕妇的好心情，来自于一个家和万事兴的家庭。对于创业来说，这个"家庭"就是一个和睦团结的团队。一个团队只有能够处理好各种关系，才有可能成为一个彪悍的团队。

● 要有软硬件一流的"医院"

生孩子时，选择一家软硬件一流的医院非常重要。如果在北京，最好选择北医三院、海淀妇幼等。对于创业来说，"医院"就是创业环境。当然，环境包括大环境、中环境和小环境。大环境是指整个经济形势，中环境是指行业形势，小环境则是自己的资源环境。

---

① 佚名．创业就像"生孩子"［EB/OL］．［2011－11－03］．http：//www.zgnst.net.cn/news/1/news_ content2839.html.

●要有专业的"医生"

从怀孕前，到怀孕中，到孩子出生，医生在其中会起到至关重要的作用。创业过程中，顾问团队就是我们的"医生"，要时时帮我们把脉、诊断、下药。

●要有足够的"耐心"

生孩子的过程，要符合自然规律，万万急不得，人再多，钱再多，也没用。比方说，九个女人往一起使劲也无法在一个月内就生下个孩子。创业也是如此，要有足够的耐心。很多创业者容易着急上火，建议多些耐心。

思考：

1. 结合案例，谈谈"生"是什么意思。

2. 怎么个"生"法，激发创意的方法有哪些？

有些人认为，创业点子的产生归因于机会的垂青，也就是所谓的"无心插柳柳成荫"。不过，更多研究创意的专家认为，创意只是冰山上一角，没有平日的用心耕耘，机会不会如此的凑巧。无数人看到苹果落地，却只有牛顿因此而产生地心引力的联想。所谓的机会或第六感，主要还是因为创业者在平日里培养出了感受环境变化的敏锐观察力，因此能够先知先觉形成创意构想。例如，在旧金山淘金热形成之际，无以计数的人满怀着美丽憧憬奔向旧金山，李维公司创办人（Levi Strauss）却敏锐地看到"供应坚固耐用的帆布"这个商机。于是，他立即开展以帆布为布料生产牛仔裤的工作，把牛仔裤卖给众多淘金客，成为日后创业领域的美谈。本章着重介绍创意的来源，及激发创意的方法。

第一节　项目来源

一、消费者

未来的创业者必须对潜在的消费者给予高度重视，因为他们是新产品或服务的新创意的最终焦点。这种重视表现为让消费者有机会对潜在的创意和要求表达自己的观点。如消费者的抱怨，抱怨意味着消费者对现状的不满。例如，某些保险公司的经营者抱怨他们的驾驶记录软件不好用并且数据不准确，这就暗示着存在对于一种更好的解决办法的需求。

消费者遇到问题的另一种解释是对于无法满足需求的愿望的表达。一个无法满足的愿望意味着只要有可行办法的时候，消费者就很有可能接受消费。例如，很多消费者有实现太空旅行的愿望，但目前还不具备实现这种愿望的可能性。此时，创业者若能据此想出一种办法来提供"太空旅行"服务，就一定能够吸引消费者。因此，不要忽视潜在消费者给出的关于他们需要何种新产品和服务的线索。

（一）创意来源于为消费者"排忧解难"

对于消费者"苦恼的事"和"困扰的事"，如果能提供解决的办法，实际上就是找到了创意。例如，双职工家庭没有时间照顾小孩，于是有了托儿所；没有时间买菜，就产生了送菜公司。农民工文化程度低、就业难，于是就有了农民工创业和择业培训班。高层建筑的玻璃清洗难，而且费用高，于是就有人研制出了新型喷剂，借雨水清洁玻璃。这些都是从人们的"困扰"和"苦恼"中寻找创意的例子。

【案例3-1】　借雨水清洁玻璃解决消费者高层建筑清洁困难[①]

众所周知，高层建筑玻璃的清洁非常麻烦，而且中国目前的高层建筑很多，如果能为消费者解决这一困难，市场潜力一定会很大。基于这一点，张波成立了深圳市讯普法纳科技发展有限公司，通过与高校进行合作，他研制出了使用纳米技术的喷剂。张波的喷剂喷一平方米的玻璃，成本为50元，销售价为80元，利润为30元。用了这种喷剂以后，下雨时雨水就不会附着在玻璃表面上，还能带走玻璃上的灰尘，这样玻璃基本上就不用清洗了。

经过4年多的研究，产品研制成功。张波免费将他的技术应用在办公楼、交通标志牌等设施上，借助于这些设施的示范效应，他的技术渐渐为大家所了解。除此之外，张波还采取分期付款的形式扩大产品销路。目前，深圳多个公共建筑设施以及一些普通住宅都应用了张波的喷剂。深圳市南山区科技局大楼在2006年开始使用张波的纳米涂层，据计算15年之内可以省掉275万元的外墙清洁费用。这一产品，不仅给他带来了巨大商机，也为中国城市环境的提升做出了贡献。

张波能够从消费者的麻烦中看到商机，并闯出自己的一片天。可见善于为消费者"排忧解难"这一能力对于创业者的重要性。

思考：

1. 结合本案例，谈谈你认为张波成功的原因是什么。

2. 在日常生活中，消费者的困扰有哪些？哪些可以作为创业项目？请举例说明。

---

① 佚名.张波.借雨水清洁玻璃［EB/OL］.［2009-07-07］. http：//v.youku. com/v_ show/id_ XMTAzOTU0NDY4. html? f=3421787.

（二）创意着眼于部分消费者的需求

对于全体消费者的共同需要，因为容易被人们认识而难以找到创意的突破口，因此，很多时候创意往往不能从全部消费者身上找。根据消费者需求的差异性，仔细调查，认真研究，其创意就会层出不穷。例如，如果我们时常关注某个群体的日常生活和工作，就会从中发现一些商机。创业者在寻找创业机会时，应该习惯把消费者分类，如政府职员、菜农、大学教师、文学编辑、小学生、单身女性、退休职工等，然后认真研究各类人员的需求特点，就会得到很多创意。

【案例 3-2】　　　　鸵鸟枕：上班族最舒适的枕头①

上班族们经常会在午休时间趴在桌子上打个盹，但这样难免会弄得腰酸背痛。为了解决这个问题，聪明的设计师发明了一种神奇的套头枕——鸵鸟枕。具有"2012 年最牛的发明"之称的鸵鸟枕头，系由英国 Kawamura-Ganjavian 工作室推出的一款新式便携枕头，可以让人们无论是趴在桌子上，还是在机场，或是在火车上，都能随时随地想睡就睡。

鸵鸟枕是一件非常有用的产品，鸵鸟枕的发明无疑解决了上班族们的一大难题。如今鸵鸟枕的热销给创业者带来的收益不可估量。

思考：

1. 结合案例，说明为什么"鸵鸟枕"项目可以成功？

2. 从这个案例中，你得到了什么启示？

（三）创意存在于现有的产品或服务无法给消费者解决的问题

消费者期望解决的问题，如果现有的产品或服务还不能够解决，那么该需求会一直存在，这是最佳的线索。在日常生产生活中，潜在消费者也经常会提供一些线索，暗示存在着某个未解决的问题。创业者应该认真调研市场，仔细研究现有产品和服务，善于发现新点子。例如，以前人们必须去医院才能测量血压，没有办法自己对自身进行血压测试，很多消费者无法在高血压引起严重后果之前来治疗这种疾病。而现在，一种手表式的测试仪就满足了这个自测血压的需求。

---

① 佚名．"鸵鸟枕"：最舒服的枕头［EB/OL］．［2012－09－27］．http：//www.chinadaily.com.cn/micro-reading/dzh/2012-09-27/content_ 7121253.html.

【案例3-3】　　　　　　　　**爱国者充电宝系列横空出世**①

　　如今，智能手机因极佳的用户体验已然成为数码产品中最耀眼的明星，然而待机问题仍是其无法逾越的障碍。例如，三星 Galaxy 和苹果 iPhone 都有着极佳的用户体验和超强的个性展现，被庞大的粉丝群体所拥护，然而续航能力并未因不菲价格得到提升，大家急切盼望一款高端充电宝能来匹配自己的 Galaxy 和 iPhone。

　　近期，爱国者隆重推出只为高端智能手机量身打造 Aigo 充电宝 N 系列。N 系列在继承安全特性外，在功能技术上进行全新升级，机线一体精简设计，即插即充；高分子锂聚合物电芯，安全再升级；专属配备的三星 Galaxy 和 iPhone 高品质充电接口，全面满足高端智能手机用户的需求。爱国者充电宝出世为消费者带来更佳的充电服务而热销上市。

　　思考：

　　1. 充电宝的出现为何得到消费者的青睐？

　　2. 现实生产生活中，哪些产品和服务的不足可作为创业项目选择，试举例子说明。

（四）创意产生于能为消费者提供一种明显优于现有产品或服务的方法

　　如果消费者认为一种新的产品或服务在解决问题方面明显优于与之相竞争的产品或服务，这种新产品或服务将有非常广阔的市场前景。创业者在选择项目时，应该注意这种优势必须是明显的。如果新的产品或服务只比已有的好一点点，消费者往往不倾向于改变。例如，一种将汽车发动机的燃料功效提高一倍的设计可能会具有真实的需求，但是，仅将燃料功效提高百分之一的创意项目则可能不被消费者大量需求。善于大幅度改变，提供明显的优质服务，才能取得丰硕的经济利益。

【案例3-4】　　　　　　　　**城里干部打开手工面市场**②

　　一公斤挂面在市场上的售价不过2元左右，可在四川省蓬安县的一个小山村，一位农民却盯着城里人的口袋，做出了每公斤售价几十元的"贵族面"！而且，几年来这种"贵族面"已经远销到北京、云南、成都、大连等地，上了各大超市、百货商场的地方土特产专柜，每公斤售价达三四十元。

---

　　① 佚名. 为高端手机量身打造　爱国者充电宝 N 系列横空出世［EB/OL］.［2012-10-31］. http：//www. chinadaily. com. cn/micro-reading/dzh/2012-10-31/content_ 7389786. html.
　　② 佚名. 农民做挂面一斤卖几十元［EB/OL］.［2010-06-22］. http：//newpaper. dahe. cn/hnrbncb/html/2010-06/22/content_ 334085. htm.

创造这种"贵族面"的人叫周道杰。如今，周道杰已经成为当地的明星人物。

周道杰在乡敬老院工作时，借闲暇时间去给镇农贸市场上的拉面摊主周天脚打下手，开始接触拉面生意。当时一位在城里工作的干部回家乡时吃了他们做的拉面，觉得味道很不错，临走时还特意买了几十斤带回城里，送给一些熟人和朋友。

"这种手工面在乡里销路一般，但是城里的干部吃完后居然专门打电话回来再要，说明这种手工面在城里是受欢迎的，说不定这就是个机会呢。"自从接到城里那位干部要拉面的电话后，颇有点生意头脑的周道杰就在不停地想。他顺手多做了几公斤，利用进城给那位干部送拉面的机会，到城里卖卖试试，没想到几公斤手工拉面不到半个小时就售完了，而且每公斤价格竟然卖到了5元。

"机器面吃腻了，城里人想吃手工面呢，我们来办一个手工拉面加工厂如何？"回到家里，周道杰开起了自己的拉面厂，并到工商部门注册了"杨柳"牌商标。从此，周道杰便开始了他的创业路，最终成为一个成功的创业者。

思考：

1. 结合案例，请你谈谈对于创业人员选择创业项目时应注意哪些问题。
2. 请思考农村还有哪些创业点子。

二、现有企业

未来的创业者们可以通过对现有企业的评估，追踪和评估市场上现有企业的竞争性产品和服务。通过分析，揭示出改进产品和服务的方法，并由此开发出更先进的、更具吸引力的新产品。

创业者要善于利用社会关系、网络、书籍等工具收集相关的竞争企业信息，以清楚谁有可能会提供具有竞争性的产品或服务。同时，创业者应该积极通过风险投资家、潜在顾客以及业内其他人收集现有企业相关方面的信息，通常，风险投资家、潜在顾客以及业内其他人给出的反馈和提示比直接分析竞争企业更能提供较好的解决方案。创业者或者改进自己的产品或服务，使之优于竞争对手的产品或服务，或者放弃开发新产品或新服务。在开发新产品时，创业者需慎重考虑以下几个问题。

1. 你的新产品或新服务是否优于现有竞争企业的产品或服务？若回答为否定的，则不应开展这项业务。

2. 当你的产品或服务实际上并不优于竞争企业的产品或服务时，要敢于承认这一事实。

3. 不要忘记考虑和关注其他创业者通过现有企业评估而即将提供的新产品或新服务。

【案例3-5】　　从"嘉陵"和"建设"两大品牌中寻找突破①

1992年，尹明善不顾家人反对，以55岁"高龄"开始创业。尹某一上来便将创业核心指向了摩托车发动机。在此之前，尹某对摩托车一无所知。当时，重庆摩托车有"嘉陵"和"建设"两大品牌。尹某决心"背靠大树"。经一番琢磨，尹某指示手下将建设集团维修部的发动机配件买过来，自己装配成发动机再卖出去，成本仅为1 400元，而卖价高达1 998元。因为零部件系出名门，产品质量有保证，给尹某免去许多麻烦。尹某借助建设集团的名牌零配件，迅速将销路打开。为防止建设集团察觉掐脖子，"诡计多端"的尹某还指示手下化整为零，今天买1号到10号的零件，明天买11号到20号的零件，同时指示手下仔细研究哪些配件是通用，容易买到的，哪些零件是非建设集团不可的，然后积极联系配套厂，设计替代品。当4个月后，建设集团一夜醒悟，下令一个零件也不许卖给尹某时，尹某的替代品已经开发出来。尹某从摩托车行业掘的第一桶金达百万以上。

思考：

1. 结合案例，试说明尹明善如何利用现有企业创业。

2. 从现有企业出发，你觉得还有哪些创业项目，试举例子说明。

三、分销渠道

分销商也是新产品创意的最佳来源之一，因为他们直接面向市场，对市场的需求了如指掌。分销商不仅能经常对全新的产品提出建议，而且也能帮助创业者推广他们的新产品。例如，有一个创业者从他的销售代理人那里了解到，他们的针织品销得不好的原因主要在于颜色不合消费者的口味。在了解了这个信息并充分考虑了分销商的建议之后，他们对产品的颜色进行了适当的调整，最终，这家公司成为了美国地区非品牌针织品供应商中的领先者。

① 佚名. 55 岁"高龄"开始创业［EB/OL］.［2012－04－28］. http：//info. 1688. com/detail/1026294888. html.

四、政府部门

政府机构成为新产品创意的来源主要通过以下两种方式。

(一) 专利局的文档中蕴涵着大量的新创意

即使专利本身可能不适合开发成新产品，但它们常常能够启发创业者想出其他适销产品的创意。专利局或者其他出版单位的出版物，主要包括由国家专利局出版的正式公报，其内容包括每项已得到批准的、被许可和出售的专利名称。通过这些出版物，可以帮助未来的创业者对专利的申请情况予以跟踪。另外，政府专利部门还会出版一份目录，列出上千种失效专利的摘要，这也是一个很好的新创意来源。其他的机构，如技术服务中心，也能帮助创业者们获得特定的产品信息。

【案例 3-6】　　　　垂暮之年也辉煌——过期专利的妙用①

在中国入世的脚步中，步伐最大的当属我国制药业。当我国的西药产业还在蹒跚学步时，就已经被环境所迫不得不与国外的制药老大们比肩同行。尽管我们没有多少专利药品，但我们有机会，抓住了机会，就如同拿到了致富的钥匙。

知识产权的含金量使得专利药品很值钱，当它过了专利期时仍然不失价值。目前在全球市场销售领先的 100 种西药当中，有 50 多种药品在 2000—2005 年期间，专利将会到期。其中，许多产品都具有超过 10 亿美元的销售额。仅美国至少将有 20 种药品将在 5 年内专利到期，这些药品在美国市场的销售额达到了 213.2 亿美元。

在这 20 种畅销专利药中排名前四位的药物合计占总销售额的二分之一，它们一旦过了专利保护期成为通用名药，则意味着大家都可以仿制生产，对原专利持有人来说无疑是大块利润的流失。专利的终止不意味着其市场价值消失殆尽，它们仍是一笔财富，不过，它们已不仅是专利权人手中的财富了。

思考：

1. 结合案例，谈谈怎样才能从专利局的文档中发现创业项目。

2. 举例说明，现实生活中还存在哪些与此类似的成功创业的案例？你得到了什么启示？

---

① 杨杨. 闯入知识经济时代 [N]. 中国知识产权报，2011-11-1 (11).

（二）政府的有关政策规定导致环境的变化会给各行各业带来良机

政府的有关政策法规导致了生产生活环境的变化，这些变化包括产业结构的变化、科技进步、通信革新、政府放松管制和政策变化、价值观念与生活形态变化、人口结构变化等。这些变化在当今迅速发展的中国更具有适用性。

一些创业者对政策导向不予以重视，认为政策研究"假、大、虚、空"，没有意义，实则不然。对一个创业者来说，大到国家领导人的更迭，小到一个乡镇一级官员的去留，都会对自己有影响。创业者应该仔细研究政策导向。例如，在政策方面，国家鼓励发展什么，限制发展什么，对创业之成败有莫大关系。做对了方向，顺着国家鼓励的层面努力，可能事半功倍。例如，电信制度的变革使许多新的企业形成并推出了在传输声音和数据方面价格更为低廉的方法，这些方法对于企业和顾客而言是双赢的。反之，如果在国家正准备从政策层面进行限制、淘汰的时候，创业者从事了这方面的项目，则在很大程度上会创业失败。

【案例3-7】　　　　　**澳瑞特健康产业顺势而作**①

澳瑞特健康产业集团位于山西长治，是由做过矿工的郭瑞平在一个破产的小自行车厂基础上组建的。虽然时间只有短短十来年，其年产值现已超过上亿元。郭瑞平发财的秘诀便是"顺势而为"。本来山西长治地区就是个穷地方，一些人连饭都吃不饱，哪里有心思搞什么健身。郭瑞平在毫无经验的基础上，将创业定位在本地毫无市场的健身器材上，在当地许多人看来等于找死。但是郭瑞平有一个很好用的头脑，他利用了当时国家竞技体育与群众体育"两手抓、两手都要硬"的政策大势，将创业目标定位于"群众喜欢用的健身器材"，避开了与国内众多专业竞技体育器材生产厂商的竞争，又利用国家发行体育彩票，其中一部分收入指定用于群众健身器材投资的机会，凭借一直以来精心与国家体育总局官员建立并保持的良好关系，首先将一整套群众性体育健身器材安装在了国家体育总局龙潭湖家属院，然后又从这个家属院走向了中国。现在，走到北京街头，到处都是这种刷成黄色、红色、橙色的健身器，一组下来少的也有十来件，上面都标着"澳瑞特"的字样，仅这一单生意，就让郭瑞平赚了个盆满钵满。

思考：

1. 结合案例，谈谈你如何看待从政府政策导向的环境中激发创意。

2. 结合实际，你还可以举出哪些类似的成功创业的例子？

---

① 佚名. 郭瑞平—澳瑞特跑步机—山西澳瑞特健康产业股份有限公司总经理介绍［EB/OL］.［2012-04-19］. http://mingren. maigoo. com/5969. html.

五、研究与开发成果

创业者们可以从企业已有的研发成果溢出中获得创意信息，也可以从公共机构的研发成果溢出中获得创意信息。企业之所以会发生研发成果溢出现象，是因为这些企业无法抓住它们所有的研发成果，并将它们保留在企业内部。例如，像鼠标、以太网、计算机图形用户界面、平板显示器等都是施乐公司研发部门的独创，其中不少成果引发了计算机领域的革命，但都让别的公司从中大获其利。为什么这些研发成果会从施乐泄露出去呢？这是因为雇员将机会报告给高级管理层，但高级管理层选择了放弃这些机会。或者，雇员（或者顾客和供应商）根本不告诉公司的高级管理层有这些机会存在，而是自行利用这些机会。无论雇员、供应商和顾客是否将他们已经发现的机会告诉公司的高级管理层，对一个企业来说，要阻止创新知识从企业内部泄露出来通常是非常困难的。又如，某位供职于《财富》500 强企业的科学家研制出一种新的塑胶，可以用来铸成标准模具，该模具可以用来做杯子。当时，这位科学家供职的这家公司对这一发明却不感兴趣。于是，这种塑胶材料成了一家新企业的创业基础，这就是 Armoire Pallet 模具有限公司创业机会的来源。

创业者所用的信息也可能来自大学实验室或者政府公共部门开发的技术。以网络新企业为例，给这些小企业的创立提供契机的原始技术开发是国防部门的一个项目——美国国防部高级研究计划署网络（ARPANET）。许多创业者利用这种知识来创办新的技术公司，而基于这种技术提供网络浏览器服务的网景公司则是这些公司中最著名的一家。在中国，大专院校、科研院所每年产生的大量科研成果是新创意的最佳来源。

不同的行业往往在创新链的不同部分产生创新，这意味着有些行业比其他行业更利于新企业的创立。由于新企业更适合开发利用基于公共实体、供应商和顾客的创新机会，因此，在诸如医疗设备和计算机等行业中，新企业的绩效表现要优于在其他行业中的绩效表现。

技术变革通常是创办新企业的主要机会来源和原因之一，因为它改变了企业间的竞争模式。以网络电话协议对于电话业务的影响为例。这项技术使一种资本密集型业务转变成为一种只需要少量资金的业务，因此，它为在资本密集型行业中处于劣势的新企业提供了机会。

第二节 "生"的方法

众所周知，创造力是一个成功创业者必不可少的素质和能力。然而，据调查，创造力通常会随着年龄的增大、受教育程度的提高以及使用频率的下降而下降。同时，创造力还具有阶段性下降的特征。例如，把一个人跨入学校这一天作为起始阶段，在整个青少年阶段他的创造力会持续地退化，并且在30岁、40岁、50岁期间逐步下降。而且，一个人潜在的创造力还可能会因为感性的、文化的、情感的等各种因素的影响而被抑制。

心理学家认为，以下方法可以激发人们的创造力，产生创造性的创意和创新。这些方法是：头脑风暴法、反向头脑风暴法、集思广益法、参数分析法、强迫关系法、戈登法、列举清单法、自由联想法、集体笔记法、启发法、科学法、价值分析法、属性列举法、矩阵图表法、梦想法，共15种。

一、头脑风暴法

头脑风暴法又称智力激励法、BS法、自由思考法，是由美国创造学家A. F. 奥斯本提出的一种激发性思维的方法。头脑风暴法作为一种知名度很高的技术，被广泛运用于新构思的产生以及创造性问题的解决。这是一个非结构化的过程，在一个有限的时间内，通过小组成员的自发参与，针对某个问题产生几乎所有可能的创意。头脑风暴过程通常开始于对问题的陈述，而问题陈述的范围应该适当，不能太宽也不能太窄，太宽可能导致产生的创意过于复杂化，难以产生独特的创意，太窄了又会限制创意的产生。问题陈述准备好以后，接着就可以挑选6~12名具有不同知识背景的小组成员。为了避免对小组成员的反应有所抑制，小组成员不应是该讨论问题所属领域内公认的专家。讨论时间一般为20~60分钟，在讨论过程中，与会者应遵循以下原则：禁止批评和评论，也不要自谦；主张独立思考，不允许私下交谈，以免干扰别人思维；提倡自由发言，畅所欲言，任意思考；目标集中，追求设想数量，越多越好；与会人员一律平等，各种设想全部记录下来。所有的创意，无论多么不合逻辑，都应该记录下来，并且在讨论过程中不允许批评或评价。

【案例3-8】　　　　　　　　**使核桃裂开而不破碎**①

　　某蛋糕厂为了提高核桃裂开的完整率，对"如何使核桃裂开而不破碎"进行了一次小型的头脑风暴会议，会上大家提出了近100个奇思妙想，但似乎都没有实用价值。其中有一个人提出："培育一个新品种，这种新品种在成熟时，自动裂开。"当时大家认为这是天方夜谭，但有人利用这个设想的思路继续思考，想出了一个核桃可以被完好无损取出的简单有效的好方法：在外壳上钻一个小孔，灌入压缩空气，靠核桃内部压力使核桃裂开。

　　综上所述，头脑风暴是一种极为有效的开启创新思维的方法。头脑风暴通过集思广益，发挥集体智慧，迅速地获得大量的新设想与创意，对于创造性活动具有非常大的实用意义。

　　思考：

　　1. 通过案例，你得到了什么启示？

　　2. 据你了解，通过头脑风暴法产生的创业项目还有哪些？

二、反向头脑风暴法

　　反向头脑风暴法亦称质疑头脑风暴法，其与头脑风暴法类似，唯一不同的是：在反向头脑风暴的过程中允许提出批评，并利用这种极其严厉的环境，使项目方案得到进一步的完善。通常情况下，反向头脑风暴法是在召开头脑风暴会议的基础上召开的第二个专家会议，它要求与会专家对已经形成的设想、意见、方案提出质疑，尽量挑毛病，甚至达到吹毛求疵的地步，然后将质疑和评论的各种意见归纳起来，进行全面的分析、比较和评估。整个过程应该包括确定某个方案的所有问题，然后讨论解决这些问题的办法。由于这种方法是着眼于负面意见，因此需注意提出问题与分析问题的态度，注意保持小组成员的士气。

　　一般认为，反向头脑风暴法可以在其他刺激创新思维的创造性技术之前被有效地运用。其出发点是认为任何产品都不可能十全十美，总会存在这样那样的缺陷，可以加以改进，提出创新构想。逆向思考法的关键是要具有一种"吹毛求疵"的精神，善于发现现有产品的问题。其最终结果可以通过改变对事物的看法，发现意想不到的构想，这也是逆向思考法的要点。

①　新星. 头脑风暴的应用案例：让核桃自动裂开［EB/OL］.［2007－10－31］. http：//h. 795. com. cn/ac18c065/a/9131. html.

在组织实施上尽量是每周召开一次，每周安排一个时间，让团队成员谈谈自己上周都有些什么想法，敦促他们在灵感出现的时候立即记录下来，并且在一周之内和别人探讨这些灵感。每周的会议只是保证这些灵感不会沉没在日常的工作中，保证有人去倾听这些灵感和点子。预备一些与自己的任务、目标、观点相反的点子，不要急着争论，先听别人怎么说，让他们尽可能地解释一下这些点子是怎么来的。在这个阶段，会议的目的只是不让好点子溜走。

三、集思广益法

集思广益法是一个创造性的过程，它激发人们运用四种类比，即个人的、直接的、象征的、幻想的类比方法来解决问题。小组工作过程分为两个阶段，如图3-1所示。

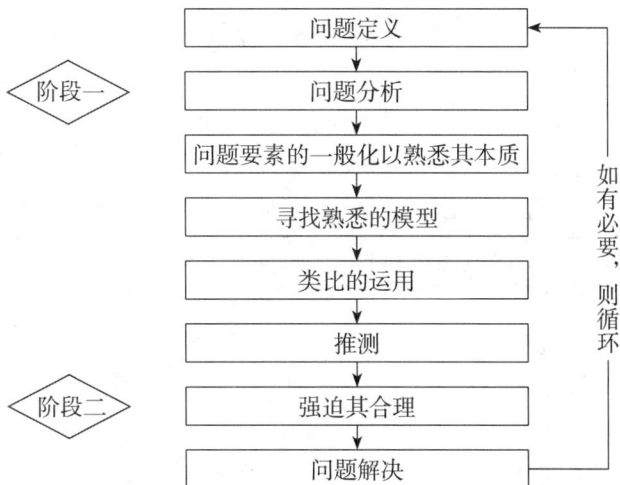

图3-1 集思广益法

第一阶段的任务是使得陌生变熟悉，这主要通过一般化或模型，有意识地改变事情的顺序，把问题摆在容易接受或熟悉的角度，以消除陌生感。一旦陌生感被消除，参与者进入第二阶段，即通过个人的、直接的或象征的类比，把熟悉的事物再变得陌生，通过这种方式产生唯一的解决办法。

【案例3-9】 集思广益，捕捉有机农业的创业机会①

为响应第十七次全国代表大会的报告中提出的"促进以创业带动就业"发展战略的号召，卧龙湖农业发展有限公司计划在450公顷的土地上建立一

---

① 姜蕾，王树进．用头脑风暴法捕捉有机农业的创业机会［N］．中国民营科技与经济，2008－09－1（9）．

个"卧龙湖有机农业创业园",在有机农业种植地块和有机养殖水面的周边荒岗上,建设一批袖珍农场和多组小型加工与服务院落,辅之以酒店式公寓和创业服务中心,吸引一农业和涉农院校的大学生和来自农村的大学生来此创业,围绕有机农业产业链条进行技术创新、产品开发和市场开发,从而带动项目地区和周边农民就业,提高农民收入,促进技术创新。

问题在于:有机农业能否提供那么多的创业机会?能否支撑起一个创业园的空间需求?

带着这个问题,该公司总经理来到某高校,与学校有关老师和研究生一起开展座谈研讨,集思广益。

首先,将"创业机会"熟悉化,即将"寻找创业机会"转化为"寻找有销售市场的产品";其次,借助常用的产品分类模型将"创业机会"分类;最后,结合其他已运营成功的案例进行推测及合理分析,找出创业机会——有销售市场的产品。

于是,我们得出如下四类创业机会(这些创业机会,也就构成了该创业园创业项目设置的重要依据),见表3-1。

表3-1 全椒卧龙湖有机农业创业园项目机会一览表

机会类别	可能的项目名称	简要评说
初级产品类	叶类蔬菜 10 种 果类蔬菜 8 种 水生蔬菜 5 种 根茎薯类 5 种 禽类 3 种 鱼类 5 种 水果 8 种 有机稻麦油 3 种 豆类 5 种 食用菌类 5 种 盆花盆栽 20 种	每一种产品都能形成大的产业,如合肥的种业就是由西瓜开步的。 台湾的蝴蝶兰在此就形成了亿元产业
加工产品类	有机靓汤(孕妇系列)5 种 有机靓汤(儿童系列)5 种 有机靓汤(养生系列)8 种 豆制品 7 种 有机糕点 15 种	小产品,大市场。 据调查,浙江千岛湖的鱼头汤已经形成了数以万计的产业。有了品牌产品,还可以带动更多的基地生产

续表

机会类别	可能的项目名称	简要评说
加工产品类	有机休闲食品 10 种 有机果汁 6 种 有机菜肴 100 道 外卖熟食 10 种 净菜组合盘 20 种	
生产服务类	有机肥生产 有机菌肥菌种开发 有机农园质量跟踪监控系统 园区安全监控系统 农产品质量检测技术开发 有机农业环境监测技术开发 有机农业生产者组织 技术培训服务 资金贷款担保服务 生物防治技术开发 防虫网技术开发与推广 灭虫灯技术开发与推广 抗病品种试验与推广 地热技术开发与推广 袖珍农场实用技术筛选与推广	生产服务包括技术的扩散，市场潜力可以超越本园区边界，所有的技术服务可以扩散到全国甚至全世界。因此，获得大院大所的支持非常重要
营销服务类	网站服务中心 有机产品消费者会所 有机农产品市场调查所 市场拓展策划中心 农村节庆服务中心 有机餐厅连锁经营网 有机农业发展城乡合作社研究中心 袖珍农场法律援助中心 网络营销服务中心 客户关系维护中心	在创业园里，被孵化者可能从此类服务中得到最大的实惠，而一部分创业者也可以以此为业，这种服务可以延伸到社会

　　从表3-1可以看出，围绕有机农业产业链的从田头到餐桌的生产销售和服务过程，至少有40多种创业机会，涉及的产品和服务数以百计。

　　思考：

　　1. 集思广益法的作用有哪些？

　　2. 通过案例，谈谈集思广益法对你有什么启示。

四、参数分析法

　　参数分析法是美国麻省理工学院教授李跃滋于20世纪70年代中期提出的。参数分析法包含两个方面：参数确定和创造性综合，如图3-2所示。第一步为参数确定，包括分析有关变量并确定它们的相对重要性，这些变量应成为调查研究的焦点。初步问题被确定以后，再考察描述潜在问题的参数之间的关系，通过对这些参数及其相互关系的评价，找出解决问题的方法，这个过程即为创造性的综合。

　　参数分析法认为参数的确定和创造性综合依赖于已有的专业知识范围内所形成的各种结构的基础，它在本质上是与设计并无区别的一种专业活动。然而在现实中，任何大的技术创新都不是用一个专业就能实现的，鉴于这种认识，参数分析法通常抽取各专业参数中的关键，即延用于不同专业的一些基本参数，以此建立起技术创新所需的知识单元结构。

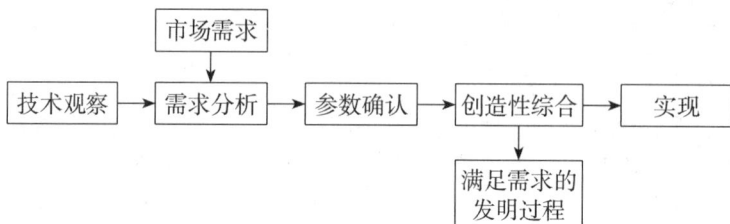

图3-2　参数分析法

五、强迫关系法

　　顾名思义，强迫关系法是指强迫在一些产品组合之间建立联系。这种方法针对目标或创意提出问题，试图开发一个新的创意。这种新的组合及最终概念的开发通常采用以下五个步骤。

　　1. 把问题的有关要素孤立起来；

　　2. 在这些要素之间寻找关系；

　　3. 以一定的顺序记录这些关系；

4. 对找到的关系进行分析以发现创意或类型；

5. 从这些类型中开发出新的创意。

下面将用"纸张与肥皂"的例子来对该方法加深理解，见表3-2。

表3-2　　　　　　　　　　**强迫关系法举例**

元素：纸张和肥皂		
形式	关系/组合	创意/模式
形容词	像纸的肥皂 像肥皂的纸	薄片 有助于在旅行中清洗或干燥
名词	纸肥皂	浸透肥皂的硬纸用来清洗表层
与动词关联的短语	上过肥皂的纸 肥皂将纸打湿 肥皂清洁纸	装订成小本的肥皂纸片 浸渍和上皂过程 墙纸清洁用品

六、戈登法

戈登法亦有译"哥顿法"，它是由美国人威廉·戈登发明的，是一种由会议主持人指导进行集体讲座的技术创新技法。戈登法与其他创造性解决问题的方法不同，一开始，小组成员并不知道问题的实质，这样可以保证问题的解决不受先入之见和固有行为模式的影响。戈登法的运用一般按照以下程序：一开始由创业者提出与问题有关的一般概念，小组成员对此提出一些创意；接着在创业者的指导下，原先的概念被进一步发展并提出其他的相关概念，使得实际问题被揭示出来；最后，小组成员对问题的解决提出各自的建议，并对最终方案进行改进。

【案例3-10】　　　　　　　　**开发新型剪草机**[①]

1. 确定议题

主持人的真正目的是要开发新型剪草机，但是不让与会人知道。剪草机的功能可抽象为"切断"或"分离"，可选"切断"或"分离"为议题。但是如果定为"切断"，则使人自然想到需要使用刀具，对打开思路不利，于是就选定"分离"为议题。

2. 主持人引导讨论

主持人：这次会议的议题是"分离"。请考虑能够把某种东西从其他东西上分离出来的各种方法。

---

① 黄刚，蔡高根. 创业学［M］. 南宁：广西人民出版社，2008.

　　甲：用离子树脂和电能法能够把盐从盐水中分离出来。

　　主持人：您的意思是利用电化学反应进行分离。

　　乙：可以使用筛子将大小不同的东西分开。

　　丙：利用离心力可以把固体从液体中分离出来。

　　主持人：换句话说，就是旋转的方式吧。就像把奶油从牛奶中分离出来那样……

　　3. 主持人得到启发

　　例如，使用离心力就暗示使滚筒高速旋转。从这个暗示中，主持人就可以得到这样的启发：剪草机是否可以使用高速旋转的带锯齿的滚筒，或者电动剃须刀式的东西。主持人把似乎可以成功的解决措施记到笔记本上。

　　4. 说明真实意图

　　当讨论的议题获得了满意的答案后，主持人把真实的意图向与会者说明，并与自己提出的设想结合起来研究最佳方案。

　　思考：

　　1. 结合案例，谈谈你对戈登法的理解。

　　2. 现实生活中还有哪些利用戈登法成功创业的案例？试举例说明。

七、　列举清单法

　　在列举清单法中，新的创意是通过对一系列相关问题或建议的列举而被开发出来的。创业者可以通过一系列问题或陈述清单来指导新创意的开发方向，以保证创意集中于某一特定的领域。清单的形式和长度不受限制。例如，问题清单可能列举如下：

　　● 可用于其他用途吗？有新的使用方式吗？修改后的其他用途？

　　● 适合吗？有其他相似的吗？还建议其他创意吗？过去有类似的事吗？可以模仿什么？可以效仿谁？

　　● 需要修改吗？有什么新花样？改变含义、颜色、状态、气味、形式、形状如何？还有其他变化吗？

　　● 扩大吗？增加什么？更多的时间？增加频率？更强壮？更大？更厚？额外价值？增加成分？复制？放大？夸大？

　　● 缩小吗？替代什么？小一点？压缩？小型化？低一些？短一些？轻一些？省略？精简？拆分？克制？

　　● 替代吗？替代谁？替代什么？其他成分？其他材料？其他过程？其他

能源？其他地方？其他方法？其他声调？

● 重新安排吗？交换组件？其他类型？其他布局？其他顺序？变换因果？变化条件？变化进度？

● 翻转？正面与负面交换？对立面怎么样？向后转？上面朝下？角色相反？改变境遇？转变形式？转到另一面？

● 组合吗？混合、融合、聚合还是集合？单位的组合？目的的组合？要求的组合？创意的组合？

【案例3-11】　　　全新概念的豆腐品牌——男前豆腐店①

2005年3月，日本京都的伊藤信吾接手父亲的豆腐店后，不满足于"三块豆腐100日元"的卖法，打破几十年做"标准豆腐"的传统，和几个华裔欧美人士开发了一种全新概念的豆腐品牌——男前豆腐。

下面我们用列举清单法来进一步阐述此案例。

首先，创业者需列举一系列问题或陈述清单来指导新概念豆腐品牌的开发方向：

● 新的产品原料需要改变什么？改变后的主要特点及销售对象是什么？

● 市场上有其他相似产品吗？过去有类似的事吗？可以模仿什么、效仿谁的？

● 外形需要修改吗？有什么新花样？改变含义、颜色、状态、气味、形式、形状如何？还有其他变化吗？

● 扩大生产规模吗？扩大后可以增加什么附加产品？扩大后可以增加哪些销售渠道？

其次，创业者要针对清单中的每个问题逐一做出改造产品的方案。

对于产品的原料，伊藤信吾选择减少固化剂的使用，使得豆腐恢复了其原有的香嫩的味道。而由于缺少固化剂，豆腐失去了原有的四方形状，但这却给了伊藤信吾另一个启发。伊藤信吾将豆腐的造型进行了改良，做成了水滴形等异形，将豆腐放入瘦长型或琵琶型的塑料容器里，并取了一个非常不像豆腐的名字：男前豆腐店，意即"男子气概豆腐店"。软软的豆腐变成了男子汉的象征，给消费者的认知和感官带来了很大的冲击。

这种做法在当时的日本是首例，于是，"男前豆腐"一下子从众多的日本豆腐品牌中脱颖而出，站在了时尚前卫潮流的前沿，许多日本人买不到男

---

① 刘拓. 豆腐为何能卖50亿. [J/OL]. 龙源期刊，2009（42）[2013-01-11]. http://www.qikan.com.cn/Article/zgsc/zgsc200942/zgsc20094239.html.

前豆腐，会预定购买，因为他们要的就是这种潇洒的感觉。

在打响品牌后，伊藤信吾锁定豆腐商品的命名和包装，开发出了各种独具创意的"男前豆腐"，比如，跟店名相同的"男前豆腐"，做成像桨一样的"吹风的豆腐店JOHNNY"，做成饭匙样的、春夏限定的"吵架至上凉拌豆腐小子"，秋冬限定的"吵架至上汤豆腐小子"，绿大豆制豆腐"OJOE"等。

有了特色的豆腐产品及家喻户晓的品牌，伊藤信吾开始思索扩大经营，并发展其他附加产品。先是豆制品的周边产品，如豆乳的摇滚乐、厚炸豆腐队长、豆腐丸队长等等，其种类可以说是应有尽有，甚至连用来沾豆腐吃的柚子醋和纳豆等都有在卖。

而这样的豆腐店也让日本玩具大厂BANDAI相中了他的独特性，计划将其8种豆腐产品制成扭蛋玩具，将豆腐店热潮蔓延到玩具上。除了跟玩具厂商的结合外，男前豆腐店也从网站跨足到手机上，将自身网站上的4首独特歌曲"JOHNNY联合"、"豆腐店的摇滚乐"等变成可以下载的来电铃声和来电歌曲，除此之外，"男前豆腐店"的商标图案也制成了用于待机的图案，甚至提供在网站上将JOHNNY的喊叫声变成来电铃声的服务。

思考：

1. 结合案例，说明男前豆腐店是如何利用列举清单法成功创业的。

2. 举例说明，试用列举清单法分析后得到的创意。

八、　自由联想法

自由联想法是通过一条由词汇联结的链来发掘创意的方法，是一种最简单的也是最有效的产生新创意的方法。自由联想法最初应用于精神病治疗，它是瑞士著名的精神病学家布楼勒发现的。他发现精神分裂症的精神病理核心为联想障碍，并从精神分裂症病人的特殊病理联想方面归纳出诊断该病的主要标准，后人亦称为"联想心理学"。在使用该方法治病时，医生往往会鼓励病人回忆从童年起所遭遇到的一切经历或精神创伤与挫折，并从中发现那些与病情有关的心理因素，发掘病人压抑在潜意识内的致病情结或矛盾冲突，从而能更准确地找到重建健康心理的有效治疗方法。

荣格最初是布楼勒的助手，在联想心理学研究工作中提出了一套"联想测验"的方法，这套测试方法不但对精神疾病的鉴别诊断有很大的实用价值，而且还可以在犯罪刑侦工作方面提供有用的线索。例如，有一个罪犯在夜间作案时，将一支蜡烛插在一个牛奶瓶内照明进行盗窃。在被警方拘捕后拒不交代事实经过，于是警方命令他作联想测验。具体方法是检验者说出一个词，令他立即回答所想到的另一个词。开始时，先用一些无关的词，如"天"，答以"地"；"父亲"→"母亲"；"鲜花"→"草地"；"黑"→"白"；"巴黎"→"纽约"等，然后突然提到"蜡烛"，这个盗窃犯即答以"牛奶瓶"。就这样，通过该测验最后侦破了这件盗窃案。这是利用联想测验来进行刑事侦查的一个典型例子，在被试者进行迅速联想时，往往会暴露出内心潜隐的思想。

自由联想法有助于对某一问题产生一种全新的观点。首先写下与问题有关的一个词或词组；然后由这个词或词组联想写出下一个新的词或词组，依此类推，每个词或词组都会增加一些新的东西，这样就产生了一个创意链；最后就可能出现一个新的产品创意。

九、 集体笔记法

集体笔记法是通过小组成员有规律地记录创意来开发新的创意的方法。运用集体笔记法时，参与者需要准备一个能够放进口袋里的袖珍笔记本，笔记本上写下对问题的陈述及有关的背景数据。参与者对问题及可能的解决方案进行考虑，每天至少记录一次创意，最好一天记录三次，月底汇总，进而产生一系列好的创意。这个方法可以由小组成员一起运用，每个人分别记录他们的创意，然后把各自的笔记本交到一个中心协调人手中，由他对所有资料进行汇总。汇总结果将作为由这些小组成员参加的聚点小组讨论的主题。

十、 启发法

启发法是一种通过思考程序来发掘创意的方法，依赖于创业者通过思考、洞察和学习来发现问题的能力。这一技巧的运用远远超乎人们的想象，因为创业者往往需要就某一问题做出预测性的决策，而不是确定性的决策。启发法不能保证问题解决的成功，但这种方法比较省力，它通常有以下三种策略。

1. 手段-目的分析：就是将需要达到的解决问题的目标分成若干子目标，通过实现一系列的子目标最终达到总的目标；

2. 逆向搜索：就是从问题的目标状态开始搜索直至找到通往初始状态的通路或方法；

3. 爬山法：采用一定的方法逐步降低初始状态和目标状态的距离，以使问题得到解决的一种方法。

有一种启发式方法叫做启发式创意法，该方法的第一步是确定与某特定产品范围相关的概念，然后形成一系列包含所有可能的组合形式的创意组合。在广告实践中，启发构思法的运用并不难看到。最典型的一个案例就是大卫·欧格威的 Hathaway 衬衫的广告创作。在构思 Hathaway 衬衫广告时，欧格威曾想出十几个创意，但是没有一个让自己感到满意。后来有一次在摄影棚里他看到一个黑色的眼罩，因而产生了闻名广告界的"黑眼罩男人"的广告创意。

在现代电视广告中，许多用象征性、借喻式或暗示性表现手法创作的广告作品都是启发构思的产物，这类例子不胜枚举。

【案例3-12】　　　　　　　让野猪表演，两年大赚二百万①

年轻人崔刚饲养的野猪，每天都是按部就班地吃食睡觉。随着野猪的长大，崔刚四下寻找起了销路，可没想到第一次推销就碰了个大钉子。餐厅的人都嫌这野猪跟家猪没什么区别，尽管崔刚好话说尽，人家还是不肯买。眼看着该出栏的野猪全都窝在手里，要想卖掉只能降价处理，可这样一来，一头就要少卖一半的钱。崔刚琢磨既然人家嫌猪的肉膘太厚，就实施一套减肥计划，除掉它们身上的这层脂肪。崔刚心想，"根据野猪在树林里的生活习性是不是能够让它们在树林里面跑起来，运动起来，是不是能让它们回到原生态，恢复它们的自然生活习性。"于是就开始考虑往树林里面放。

可野猪一旦放出来如同放虎归山，崔刚不敢贸然行事，决定先放出一头做个实验。没想到野猪一头钻进林子后，恶习不改，直奔着村庄的方向逃跑了，后来又跳到了河里。野猪居然能游泳，这个意外的发现让崔刚萌生了新的想法。游泳是消耗能量最快的方法，如果能让野猪天天游泳，那减肥的目标就指日可待了。但带着野猪每天来河里游泳，劳神费力不说，几公里长的河道也没法看管。想来想去，崔刚决定在自家的院子里建个游泳池，这样既安全又方便。

每天坚持游泳半小时，这样的强制锻炼，让野猪身上的脂肪明显减少。两个月后崔刚又一次跑到饭店，推销起了猪肉。这次去餐厅销售，没有像上次那样碰钉子，崔刚顺利地拿到了第一份供货合同。之后，崔刚开始琢磨着发展更多的客户，可新的一批野猪从小就在人工饲养的环境下长大，野生的本能已经逐渐退化。但饭店和经销商的标准不会因此改变，如何才能让它们恢复野性，崔刚绞尽脑汁，决定在院子里再进行一次改造。

2007 年年初，崔刚精心设计了一个训练场，不但添置了壕沟，还加设了障碍。本以为这种魔鬼锻炼能让野猪重新恢复本能，可谁想到，事情的发

① 佚名.靠野猪做秀来赚钱［EB/OL］.［2008-05-07］.http://www.xinnong.com/zhifu/sd/1210147918.html.

展却大出崔刚的意料。野猪看到壕沟就是不肯跳。平时跳圈渡河的劲头怎么一进了训练场都没了，崔刚怎么也想不明白，决定找个铜锣用声音刺激野猪一下。没想到，这下野猪受了惊吓，一心就想着拼命的逃跑，最终冲破了围栏，和在院子里放风的野猪搅为一团，局势也一下变得更加混乱。

很快训练场变成了角斗场，扎堆的野猪为了争夺地盘演变成了一场群殴。就连两三个月大的小猪也被激起了野性，参与其中。这下好了，野猪不但没训练出来，受了惊吓不说，还弄了个遍体鳞伤，崔刚的训练计划不得不就此中止。眼看着春节临近，这可是一年之中生意最红火的时候，怎么才能抓住机会，吸引经销商呢？就在崔刚发愁的时候，外面一串鞭炮声让他突然迸发出了一个灵感。

"古时候有一个火牛阵，用在战场上，这个野猪我考虑用鞭炮效果应该还好。自己试验了一下，拴在野猪上。野猪听见鞭炮响，当场就从壕沟越过去了，直接奔着独木桥，过去以后窜到水池里，鞭炮不响了。"

几次实验，野猪熟悉了路线，形成了条件反射。只要听到鞭炮、铜锣一响，马上就会窜向水池，拿出游泳的本事。

不经意间崔刚找到了驯化的捷径。而野猪日久天长也养成了习惯，每天都会出来沿着跑道跑上几圈。眼看着野猪都有了这样的本事，崔刚也动起了脑子，将表演纳入了自己的营销计划。经销商选猪之前，他总要先表演一番。这种做法，不但聚拢了人气，还逐渐成为了经销商选猪的衡量标准。

野猪现场表演，经销商当场选购。崔刚就是凭借着这套独特的营销策略，让他跨入养殖行业才仅仅两年，就发展到了存栏近千头的规模，销售网络更是遍及了全国20多个省市，每公斤野猪肉的价格也卖到了30元，让他赚到了200多万元。

思考：

1. 请分析崔刚是如何用启发法成功创业的。

2. 试用启发法策略，分析可以产生哪些创意项目，试举例说明。

十一、科学法

科学法是通过调查和测试发掘新创意的方法。科学法被广泛运用于调查的各个领域，依照一些原则和过程，通过观察和实验来验证假设。这种方法包括定义问题、分析问题、收集和分析数据、开发和测试潜在的解决方案、选择最优解决方案等内容，其具体步骤如下：

1. 在进行科学研究时，应当首先认识到问题的存在；

2. 要把问题的非本质方面找出来，加以剔除；

3. 要把能够找到的、同这个问题有关的全部数据都收集起来；

4. 有了这些数据，就用某种简明扼要的语言或者某种数学关系式来加以概括，尽可能简明地对它们加以说明，这也就是假设或假说；

5. 有了假说以后，便对以前未打算进行的方案的结果作出推测，接着可着手进行这些方案的试验，看看所提的假说是否成立；

6. 如果方案的试验获得了预期的结果，那么，假说便得到了强有力的事实依据，并有可能成为今后类似方案实施的理论参考，甚至成为一条"自然定律"。

【案例 3-13】　　　　　　　　产品创意的测试①

如果在新产品开发的创意阶段，提出了十几二十几个产品创意，若对每一个产品创意用详细的定性、定量研究方法进行测试，其费用是非常昂贵的。此时可以采取创意筛选测试方法，快速而经济地筛选出几个有潜力的、值得进一步详细研究的产品创意。

1. 测试问卷的内容

第一，创意筛选测试采用配额抽样街头问卷访问。将每一个产品创意做一张卡，让被访者将所有创意卡分为三沓，一沓是"有兴趣购买的"，一沓是"没有兴趣购买的"，一沓是"说不清有没有兴趣购买/不能确定的"。

第二，从"有兴趣购买的"一沓中，选出最有兴趣的和第二、第三有兴趣的创意卡，对每一张询问：①这个创意卡想告诉你一些什么？②创意中的产品是否独特？独特的地方在哪里？③创意是否可信？如果不可信，不可信的地方在哪里？

第三，从"没有兴趣购买的"一沓中，选出第一、第二不感兴趣的创意卡，对每一张卡询问不喜欢的地方。

第四，询问背景资料。

2. 数据分析

如何根据上述问卷回答的数据，从所有的产品创意中筛选出几个最有潜力的产品创意，通常有两种方法：市场潜力分析法和非参数统计分析法。

---

① 黄刚，蔡高根. 创业学［M］. 南宁：广西人民出版社，2008.

　　市场潜力分析法是通过将所有创意在一个两维坐标图上描点来评估各个创意的市场潜力，并进一步将这些创意分类。图 3-3 的 X 轴是创意被分到有兴趣购买组的百分比，这个百分比说明每个创意被接受的水平；而 Y 轴是该创意产品被选为最有兴趣和第二、第三有兴趣购买的百分比与该创意被分到有兴趣购买组的百分比之比值，它表示创意吸引力的深度。

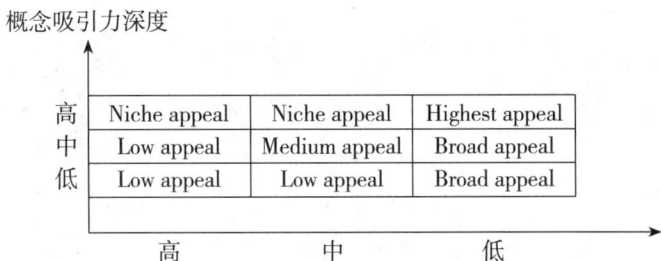

概念吸引力深度

高	Niche appeal	Niche appeal	Highest appeal
中	Low appeal	Medium appeal	Broad appeal
低	Low appeal	Low appeal	Broad appeal

高　　　　　中　　　　　低

图 3-3　市场潜力分析图

　　创意甲的吸引力深度=创意甲被选为最有兴趣，第二、第三有兴趣购买的百分比/创意被分到有兴趣购买组的百分比。

　　落在 Highest appeal 部分的创意接受水平为高、吸引力深度高；

　　落在 Niche appeal 部分的创意接受水平为中、低，但吸引力深度高；

　　落在 Broad appeal 部分的创意接受水平为高，但吸引力深度为中、低；

　　落在 Medium appeal 部分的创意接受水平和吸引力深度均为中等；

　　落在 Low appeal 部分的创意接受水平为低，而吸引力深度为中、低，或者是接受水平中等但吸引力深度低。

　　运用市场潜力分析法选出几个最有潜力的产品创意后，还要进一步对这些创意的独特性和可信性进行分析，前面五个创意被访者认为"非常/较独特"，"很/较可信"的百分比，见表 3-3。

表 3-3　　　　　　　　　前五个创意独特性和可行性结果数据表

创意	非常/较独特（％）	很/较可信（％）
SK	75	88
SN	80	86
SO	85	93
SP	83	90
SA	60	80

　　从表中可知，创意 SK，SN，SO，SP 除市场潜力较高外，其独特性和可信性也很高，值得进一步测试。

通过创意筛选测试选出几个市场潜力较高的创意之后，如果所选出的创意个数仍然较多，此时可以先应用定性研究来测试这些创意的吸引力，进一步选出少数几个吸引力较高的创意，然后对它们进行定量的创意吸引力测试。如果通过创意筛选测试选出的创意个数并不多，此时就可以直接进行定量的创意吸引力测试。

思考：

1. 结合案例，说明产品创意测试的步骤有哪些。

2. 用科学法激发创业有哪些优缺点？如何改进？

十二、价值分析法

价值分析法是通过评估创意的各个方面的价值来发掘新创意的方法。

价值分析法提供了为创业者和风险企业创造最大化价值的途径。为了使价值最大化，创业者通常提出如下问题："既然这一部分并不是问题的关键部分，那么是否可以降低一些这部分的质量呢？"在价值分析过程中，需要安排一定的时间对创意进行开发、评价和改进。

价值分析法在应用过程中，一般分为以下几个步骤。

1. 选定分析对象

为了提高价值分析的效果，首先要采取定性与定量相结合的方法选择好分析对象。

2. 收集情报信息

准确的情报信息是功能分析的依据，是发现问题、启发思路的重要基础，为改进与创新产品指明方向，最终使产品成为畅销产品。收集情报信息的内容，要针对产品对象的需要而定，一般来说，产品分析主要应从用户方面、同行方面、技术方面、经济数据方面、市场方面、本企业内部等方面收集情报资料。

3. 进行功能分析

功能分析就是要对产品的灵魂进行深入研究，从技术上、经济上加以具体分析，提高产品功能价值，保证以最低的总成本实现用户所要求的必要功能。

4. 注意成本分析

要确定原有产品中实现每项功能的现实成本，就要进行功能成本分析，这种分析的特点就是采用绝对值法，它直接用实现这一功能所需要的成本来表现功能，即用货币来表现某种功能，分别计算它们的功能成本费用，明确其是多少成本。

5. 搞好功能价值分析

在功能价值的比价方面，往往容易出现两种情况：一是如功能价值 V 等于 1，说明功能的现实成本与功能的最低成本具有一致性；二是如功能价值 V 大于 1，说明目标成本大于现实成本，这时，我们要检查最低成本是否定得合理。若功能重要性系数定得太高，存在过剩功能，应有根据地降低目标成本；若目标成本定得合理，就要检查现实成本是否过少。

6. 提出新方案

目标能否实现，取决于能否找出切实可行的正确方案。因此，制定新方案是极为重要的。我们以成本比较、功能提高与解决问题为中心，采用不同方法，从不同角度提出各种方案，然后经过比较研究，综合确定一个初步的新方案。

7. 评估新方案

在评估方案的过程中，可采用优缺点列举法、定量评价法，对制定的新方案从技术、经济、社会、综合四个方面进行评估。除上述外，还要进行全面、综合、整体评价，使方案不断克服缺点，发扬优点，逐渐臻于完善。

8. 试验和验证

为确保方案的实现，做到切实可靠，掌握未知数，必须进行试验与验证。经过试验与验证合格后，即可着手制定正式提案，写出专题报告，上交有关部门审核批准。

9. 方案付诸实施

方案批准后，价值工程小组成员应列入实施计划，作出具体安排，推动方案的实施。在实施过程中，如基本达到预期目标，可告一段落；若尚未达到预期目标，则要寻找原因，考虑重新再来。

【案例3-14】　　　黎明机械公司对洗衣机的价值分析[①]

国有黎明机械公司航空牌 1.5-1 型洗衣机是军工厂的民用产品，销路较好，1981 年年销 4 万台，1982 年年销 20 万台，批量较大，但成本高、利润小，成本远高于国内同类产品。为此，该公司组织价值工程领导小组对洗衣机进行价值工程的分析，以此来挖掘新创意。

---

① 佚名. 价值工程实用案例：对产品的价值分析［EB/OL］.［2007 - 09 - 11］. http：//www. pmec. net/bencandy-39-4838-1. htm.

1. 寻找价值分析目标

把洗衣机全部零部件按成本大小分类排队，对产品的成本构成进行分析，算出各类零件所占成本的百分比（见表3-4），寻找分析目标运用 ABC 分析法（如图3-4所示）。

表3-4　　　　　　　　　　　　**产品各类零件成本表**

零件成本/元	件数	件数百比（％）	成本/元	成本百分比（％）	分类
7.00≤C	10	10	186.15	74.6	A
0.60≤C≤7.00	30	30	49.192	18.5	B
C≤0.6	61	60	17.238	6.9	C
合计	101	100	249.58	100	

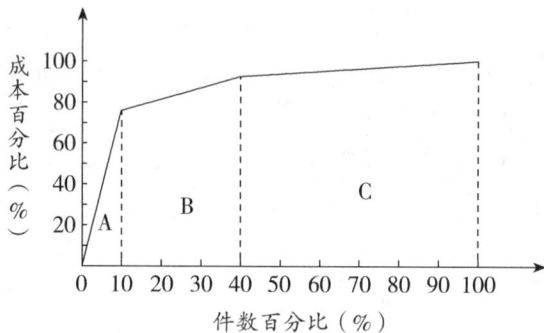

图3-4　ABC 曲线

2. 功能分析

对洗衣机的全部零件进行功能定义、功能整理、绘制功能系统图。经过整理，按功能体系排队，洗衣机分为四个功能系统：①控制分系统；②动力及传动分系统；③容器装置；④外观及保护分系统。依次绘出功能系统图，进一步明确了各零部件的基本功能和实现该功能的手段，明确了哪些功能是多余的，哪些功能是不足的。例如，设计中多处使用的防振胶垫，有几处是多余的，应予取消；洗衣机的外观装饰功能不足，应予加强。

3. 功能评价

对选为分析对象的 A 区 10 个零件进行评价。首先组织设计师、工艺师、老工人和车间干部根据各零件的基本功能、辅助功能和外观功能，利用强制确定法给各零件评分，计算出零件的功能系数（见表3-5）。其次是计算零件的成本系数值系数。绘制成本—功能的最佳适应区（如图3-5所示）。

Y

20

15

10

5

$\dfrac{F_i}{C_i}>1$

$\dfrac{V_i}{C_i}=1$

$\dfrac{F_i}{C_i}=V_i<1$

（非合适区）

合适区

0　3.162 5　　10　　15　　20　　25　　X

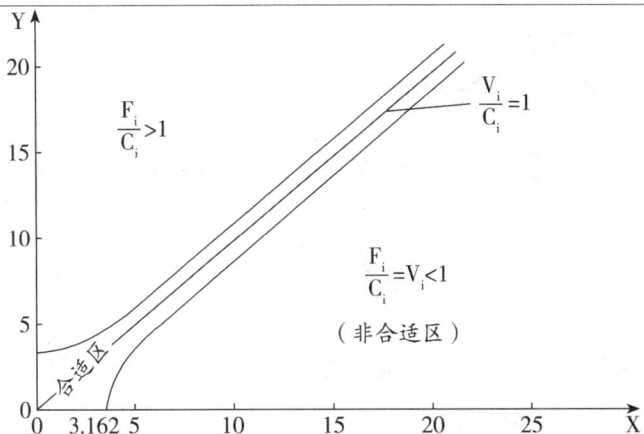

图 3-5　价值系数分布区

表 3-5　　　　　　　　　　　A 类零件功能系数表

零件名称	电动机	外罩	盖圈	内筒	定时器	V带	风扇轮	电容器	轴壳	上盖	得分	功能评价系数	现实成本	成本系数	价值系数
电动机	●	1	1	1	1	1	1	1	1	1	9	20	44.13	23.7	0.84
外罩	0	●	1	1	0	1	1	1	1	1	7	15.56	32.5	17.46	0.89
盖圈	0	0	●	0	0	1	1	1	1	1	5	11.11	32.45	17.43	0.64
内筒	0	0	1	●	0	1	1	1	1	1	6	13.33	25.05	13.46	0.99
定时器	0	1	1	1	●	1	1	1	1	1	8	17.78	13.9	7.47	2.38
V带	0	0	0	0	0	●	1	0	0	1	2	4.44	8.74	4.7	0.94
风扇轮	0	0	0	0	0	0	●	0	0	1	2.22		7.88	4.23	0.52
电容器	0	0	0	0	0	1	1	●	1	1	4	8.89	7	3.76	2.36
轴壳	0	0	0	0	0	1	1	0	●	1	3	6.67	7.2	3.87	1.72
上盖	0	0	0	0	0	0	0	0	0	●	0	0	7.3	3.92	0
合计											45	100	186.15	100	

通过价值分析法，该公司得出如下选择方案，见表 3-6。

表 3-6　　　　　　　　考虑用户意见的材料选择方案

序号	材料	成本（元）	用户调查	方案确定
1	塑料	3.20	担心老化	淘汰
2	搪瓷	4.60	易锈蚀	无条件
3	钢板	9.70	良好	工艺复杂
4	不锈钢 1Cr13	6.60	日久有锈斑	淘汰
5	不锈钢 1Cr18Ni9Ti	26.85	良好	费用高
6	不锈钢 0Cr13	9.42	良好	选中

最后，黎明机械公司制定实施方案。通过技术经济的综合比较，从中选择了三种性能最好、价格最低的电动机作为开发产品对象。

思考：

1. 结合案例，谈谈黎明机械公司是如何成功使用价值分析法的。

2. 谈谈价值分析法对你的启示。

十三、属性列举法

属性列举法即特性列举法，也称为分布改变法，特别适用于老产品的升级换代。属性列举法是通过从正面与负面观察事物而发掘新创意的方法。属性列举法要求创业者列举出问题的属性，然后从各个角度观察每个属性，通过这个过程，原先不相关的事物被联系在一起，从而形成一个新的组合或产生新的用途来更好地满足需要。例如：选择水壶为课题，把特性分为名词特性、动词特性和形容词特性三大类，并把各种特性列举出来，从这三个角度进行详细的分析，然后通过联想，看看各个特性能否加以改善，以便寻找新的解决问题的方案。

首先，以此列出的特性有：

◆名词特性：

全体：水壶

部分：壶柄、壶盖、蒸气孔、壶身、壶口、壶底

材料：铝、铜

◆形容词特性：轻、重、大、小、灰色、银白色……

◆动词特性：烧水、装水、倒水

其次，对各部分进行具体的分析。

最后，得出相关改进水壶属性的创意。

十四、矩阵图表法

矩阵图表法是通过在一个二维表格中列出要素进而发掘新创意的方法。它是一种系统方法，通过在一个二维的图表中列出某个产品领域的要素，然后针对每个要素提出相关的问题，并将这些问题的答案记录在矩阵的对应方格中，以寻找出新的机会。能够引出创造性的新产品创意的问题包括：该产品的用途是什么、该产品可以用于何处、谁在使用该产品、该产品什么时候用、该产品怎么用。制作矩阵图一般要遵循以下几个步骤：

（1）列出质量因素；

（2）把成对因素排列成行和列，表示其对应关系；

（3）选择合适的矩阵图类型；

（4）在成对因素交点处表示其关系程度，一般凭经验者进行定性判断，可分为关系密切、关系较密切、关系一般（或可能有关系）三种，并用不同符号表示；

（5）根据关系程度确定必须控制的重点因素；

（6）针对重点因素作对策表。

表 3-7 是矩阵图的基本形式，A 为某一个因素群，A1、A2、A3、A4……是属于 A 这个因素群的具体因素，将它们排列成行；B 为另一个因素群，B1、B2、B3、B4……为属于 B 这个因素群的具体因素，将它们排列成列；行和列的交点表示 A 和 B 各因素之间的关系，按照交点上行和列因素是否相关联及其关联程度的大小，可以探索问题的所在和问题的形态，也可以从中得到解决问题的启示等。

表 3-7　　　　　　　　　　矩阵图基本表

A		B				
		1	2	3	4	5
	1					
	2					
	3					
	4					
	5					

十五、梦想法

梦想法就是创业者就有关问题及其解决方案"做梦"，换言之就是进行幻想，以求开发出新的创意。使用"梦想法"时，尽可能地将每种可能的梦想记录下来，并进行进一步调查，不必考虑那些负面因素或是资源上的约束。每个创意都必须概念化，不带任何约束，直到创意最终被发展成一个可行的形式。

一旦在创意源或是创造性解决问题的过程中产生了创意，这些创意就必须经过进一步的开发和提炼，进而得到能进行创业的产品或服务。当然，我们不应仅考虑如何创造新的产品和服务，通过新的组织方式、使用新的原材料、利用新的加工程序并定位于新的市场来提供旧的产品和服务，实际上是更为可取的方法。创业者若要成功，就要开发令竞争对手无法迅速模仿的产品和服务。研究证明，简单地进入一个新的市场对于阻止模仿来说并不是一个特别有效的战略，而采用新的组织方法、新的加工程序、使用新的材料则通常能比单纯地推出新产品更易于防止模仿。除非创业者能够为保护新产品或新服务申请到专利，否则保密将是防止一种产品或服务被模仿的最佳方法。由于新产品或新服务是需要提供给顾客的，因此要对它们的工作原理进行保密是非常困难的。竞争对手总是能够买到新的产品，并反向推导出它的工作原理。但是，新的组织方法、新的原材料以及新的生产程序可以被隐藏起来，不为顾客和竞争对手所知。通过用新的组织方法、新的原材料以及新的生产程序来提供旧的产品，创业者可以保证新业务的有价值部分不为竞争对手所发现，因此可以提高新的风险企业的绩效表现。事实上，关于这个问题的学术研究已经表明，竞争对手模仿新的生产程序比模仿新的产品和服务要花费更多的时间，要更为困难，而且成本也更高。

对于创业者而言，通过以已有产品或服务来定位于新的市场，在向潜在顾客证明产品或服务的价值方面，可能比为旧的市场提供新的产品或服务来得更为容易。另外，在开发新的市场、推出新的产品，或利用新的材料方面，将产品或服务组织输送到顾客那里，要比那些基于新的生产程序或者新的组织方法的行为来得更为容易。

【案例3-15】　　　　　骆宇轩的网络游戏"梦"①

　　骆宇轩多年前在杭州大学读的专业是外语，但他的"让天下游戏爱好者都享受联机游戏的快乐"的"梦想"，让他成了杭州网吧业的开拓者。

　　骆宇轩读书的年代电脑还是个新鲜事物，MMX（多媒体芯片）、鼠标、Windows刚刚在国内出现不久，而电脑游戏更是绝对新鲜。出于对电脑游戏的共同爱好，骆宇轩和几个要好的同学七拼八凑买了一台电脑，沉迷于单机游戏当中。在与电脑的程序对抗日久之后，他们便对这些电脑产生了更大的想法，"为什么不能多人相互对抗"、"这么刺激的游戏为什么不让所有的游戏爱好者共同分享"，这让他们意识到，他们开创的是一个众人都感兴趣的事物，总有一天，它会成为一种流行。偶然的机会让他们初步了解到了"电

　　① 佚名. 大学生创业案例与实践指导创业人生［EB/OL］.［2011－11－08］. http：//www.eduzhai.net/jianli/214/30452.html.

脑是可以联机的",从而开始产生了"联机游戏"的概念,并买来了第二台电脑开始了他们所谓的"联机游戏"。联机游戏的刺激给了他们更大的动力,在购进更多的电脑之后,开始以提供游戏服务赚钱了。开始时因不懂得怎么经营导致起初的亏本,他们甚至不知道他们所经营的该被称为何物,但经过长期摸索,最终在收费、服务、成本上都形成了一个能获取较多利润的定式。

骆宇轩创业的经历让大多数人都认识到,"做梦"产生的创意很有可能成为创业者眼里成功的现实。

思考:

1. 结合案例,谈谈你对梦想法产生的创意有何看法。

2. 试举出你有哪些创业项目"梦"。

【本章问题思考】

1. 你会如何从消费者身上挖掘创业项目?

2. 追踪和评估现有企业提供的产品,这是开发创意的一种方法吗?请说明理由。

3. 请准备一张有关快餐业的问题清单,用来使用列举清单法。对一个未来的快餐创业者来说,这种分析所得出的结论有什么用?

4. 试讨论如何打破思维定势,试举出三种以上解决思维定式的策略和方法。

5. 请讨论创意产生后,如何选择项目。

第四章 创业过程

引入案例　微博营销加入本地化元素，咖啡馆里"烹煮未来"①

在兰州，提起"放下咖啡"，相信很多人都不陌生。精致的饮品、舒适的环境，让很多年轻人都喜欢上了这家不大的咖啡店。而从最初的一家店到现在的两家店，从开始的十几种饮品到现在的多达近百种饮品，"放下咖啡"不仅为兰州喜欢时尚的年轻人提供了一片自己的"小天地"，也正在成为引领兰州饮品市场的一种新时尚。从开第一家店到现在的两家店，"放下咖啡"的老板耿盛琛追求的是一种精致、成熟的发展步伐，这样的心态也让"放下咖啡"的生意越来越好。

生于20世纪80年代初的耿盛琛是一个看上去很斯文的小伙子，说起话来语速不快，声音非常好听，给人很舒服的感觉。见到耿盛琛的时候，他正忙着向新员工交代一些事情。闲暇之余，他和记者分享了自己的创业经历。2010年初，他放弃了自己在北京和朋友合作的咖啡店，带着在家乡创业的热情回到了兰州。一方面，他是想继续自己的梦想；另一方面，他也希望通过自己创业为家庭带来更好的收入。

回到兰州创业初期，通过家人的资金支持，耿盛琛开了自己的第一家咖啡馆。面对这个比较"小资"的市场，他受到了许多亲戚朋友的质疑，但是他知道，这些质疑都是善意的，所以他更愿意把这些质疑作为动力。在这种情况下，咖啡店终于进入了自己的运营模式。开店之初，耿盛琛遇到的最大阻力和困难还是客人对自己的产品不了解。对于咖啡，人们了解不多，对咖啡的定位、价格、品质都有不同程度的怀疑。耿盛琛没有泄气，通过和客人面对面地交流讲解，通过在微博上每天更新咖啡介绍，通过一次次让客人试饮，他终于让越来越多的人了解到自己所制作的咖啡的品质，也让新客人变成了回头客，而老客人的口口相传更增加了大家对他所制作的咖啡的了解。

通过三年多的努力，"放下咖啡"在兰州已经小有名气。回顾起这几年

---

① 根据颜娜文.兰州80后、90后的创业者：不走寻常路，辟属于自己的事业［N］.兰州日报，2013–04–23改编。

的创业经历，耿盛琛说，自己创业的项目还在积累和形成自己独特风格的探索中，他希望得到更多客人的认可和喜欢。而对于未来，他则希望更多的人能认识和了解他的咖啡和他的坚持。他不仅要让"放下咖啡"成为这个城市独特的咖啡馆，也要将兰州独特的人文和风情带给每一位来兰州的客人。

思考：

1. 兰州小伙耿盛琛是如何创业的？

2. 从案例材料看，耿盛琛创业成功的关键是什么？

第一节 识别市场机会和需求

识别有价值的机会是创业过程一个重要的组成部分。现有企业已经成功地满足了大多数市场需求，在缺乏外部变化的情况下，人们已经知道如何去满足潜在客户的需求。

一、从"生"项目到市场机会

一个好的创业项目可以通过多种方法产生，甚至可能产生于半夜做梦的一个灵感。它可以是异想天开的、漫无边际的，可以不注重实现的可能性。然而，拥有好的项目并能将之与市场机会相融合的却很少，这是因为一个项目未必就是一个市场机会。尽管处于机会中心的始终是项目，但并不是所有的项目都是机会。一个机会必须是实实在在的，是能够作为新创企业基础的。这是一个相当关键的差别。

在新的或者改进的产品与服务中，不缺乏各种各样的好项目。企业家、发明人、革新家、大学生的新主意层出不穷。但创业是一个市场推动的过程，市场实现是其成功的必要条件。所谓市场机会或商业机会，是指有吸引力的、较为持久的和适时的一种商务活动空间，并最终表现在能够为消费者或客户创造价值或增加价值的产品或服务之中。机会的出现往往是因为环境的变化、市场的不协调或混乱、信息的滞后或领先，以及市场中的其他因素。而对创业者来说，机会的有效利用则依赖于能否识别和利用这些变化与不完善。市场越不完善，相关知识和信息的不对称或不协调就越大，机会也就越多。

在此意义上，中国的创业机会应该远比发达国家要多，因为发达国家的市场已经相当完善，市场几乎没有"缝隙"，而中国的市场因其不完善、不发达而充满着各种"缝隙"。这大概就是"老外"纷纷到中国来"淘金"的基本动因。对创业者来说，其所面对的挑战就是能否识别隐藏于经常自相矛盾的信息和市场之中的机会。有经验的企业家可以在其他人很少或没有看到机会的地方、其他人或者太早或者太晚看到机会的地方辨识出或适时地创造一种机会。

（一）一个好的项目只不过是一个起点

对创业者来说，一个好的项目只不过是一个起点。项目的重要性经常被过高地估计，结果常常忽略了对创业更为关键的市场需求。此外，一夜之间辉煌发迹的新企业是十分罕见的。在一种尚未成熟但有发展前景的产品或服务成为顾客的确愿意花钱去购买的对象之前，通常需要经过一系列反复试验和不断摸索。

（二）企业最终生产的产品完全不同于其最初所设想的

由于环境和技术的变化，很多企业最终生产的产品完全不同于其最初所设想的。例如，大多数人可能并不知道，以一次成像摄影而闻名于世的宝丽来（Polaroid）公司成立的时候销售的是汽车前灯。20世纪30年代，埃德温·H.兰德博士开发并取得了偏振片的专利权。偏振片是通过使光发生偏振来减弱耀眼的强光的一种塑料物质。具有偏振特色的汽车前灯有令人信服的安全性，能减少驾驶员在夜间受迎面光直射而"眼睛发花"所引起的迎面相撞。然而，宝丽来公司发展到20多亿美元的规模与汽车前灯已经完全不相干了。

（三）第一个获得好项目并不能保证创业成功

第一个获得最好的项目也并不能保证你成功。第一台VCD是万燕公司发明的，而丹·布利克林则是第一个使用电子数据表软件的人，但他们都不是真正的成功者。毫无疑问，第一个获得好项目是一件大好事，但除非你能够迅速占有很大的市场份额或建立进入市场的不可逾越的障碍，从而领先于你的竞争对手；否则，第一个出现只不过意味着开拓了供竞争对手谋取的市场。

（四）顾客和客户的区别

1. 顾客不等同于客户

客户是产品的购买者（包括代理商、经销商、消费者），顾客是产品的使用者（包括最终使用者、消费者）。虽然两者始终是联系在一起的，但顾客不等同于客户。企业通常是通过客户这个媒介来满足顾客，所以首先要有顾客，然后才能有客户。很多创业者可能把这个顺序给搞颠倒了。

2. 顾客的需求才是真实需求

客户到底要什么？顾客要的不仅仅是一个产品，他要的是一个解决方案、一种被满足的需求。顾客要的不是一个冰箱，他要的是保鲜的食物；客户要的绝对不是更多的商品，而是更多的利润。没有一个商场会认为库存越多、商品越多，商场就越好。他要的是这个商品停留时间最短，销售数量最多。所以说，客户要的就是利润，而不是商品。顾客要的是满足需求，而不是产品。从这个角度来讲，我们所要做的就是帮客户赚钱，使顾客满意。

（五）市场机会的识别和判断

一般来说，当出现新型购买者群，或者有消费者没有满足的需求，或者出现满足消费者需求的新方法、新手段或新工艺时，就会产生市场机会。虽然市场机会的出现与消费者消费观念及消费行为有关，但更与企业的营销活动有关。在营销学中，有消费者需求的无限性假设，即认为消费者需求是无限的，产品或服务的营销障碍是营销工作本身的障碍所致。从这个意义上讲，市场机会是没有边界的。

对任何一家企业而言，市场机会的无穷性客观上为企业经营成功提供了可能性，但这种可能性只是一种必要条件而非经营成功的充要条件。企业要得到发展机会，更主要的还在于对这种市场机会的识别并判断其是否与自身相匹配。如果能匹配，则这种机会能转化为企业机会；如果不能匹配，对一个企业而言，最好的选择是放弃这种机会。

1. 市场机会的识别

虽然从理论上说机会是无限的，但具体到每一个企业或创业者，则确实需要一个甄别和选择的过程。要做好机会识别工作，至少应经过以下两个步骤：

（1）对企业自身经营范围的准确界定。不管是经营单一产品的企业还是同时经营多种产品的企业，首要的任务应该是确定自己的业务范围，即明确自己希望服务的顾客类别以及满足这些顾客的哪些具体需求，在此基础上，进一步确定通过哪些方法和手段来满足这些需求以及满足顾客需求的程度。对这一系列问题的清晰回答，实质上就是对企业经营范围的界定。需要注意的是，企业在进行战略调整时，经营范围的变化应保持一定的连贯性。这方面做得比较成功的有波司登集团。"波司登"在从一个手工作坊式企业成长为中国防寒服第一品牌的过程中，在其每一次战略调整时，都是围绕"民牌战略"展开，始终遵循"以民为本，服务大众"的宗旨。从经营范围看，它以工薪阶层为服务对象。羽绒服系列为其经营产品，质优价廉为其服务宗旨，可见其经营范围的界定始终是十分明确的。

（2）产品-市场分析。在明确界定企业的经营范围之后，则可以把对市场机会选择的范围缩小到与其经营范围相关的领域。此时，比较有效的方法就是进行产品-市场分析。即把相关产品的产品属性与消费者的需求特征罗列出来，通过对目标市场进行细分，然后比较现有产品或服务已经满足的消费者需求，寻找未被满足的消费者需求，亦即寻找市场"缝隙"，从而确定企业在经营范围之内的市场机会。

2. 市场机会的判断

经过了市场机会识别的过程后，发现了可能的市场机会。很显然，并不是所有可能的市场机会都是适合企业自身的机会，还必须有一个对机会进行判断的阶段，即检验市场机会是否与企业相匹配，是否能转变为企业机会。对市场机会的判断主要包括四个方面的内容：

（1）检验与企业要素的匹配。这主要是指与营销要素的匹配，包括要采用的营销渠道、营销沟通方式以及与企业定位和产品定位的一致性等方面的内容。如果存在市场机会的产品或服务需要的营销渠道、沟通方式与企业现有产品或服务的营销渠道和沟通方式越相似，则说明相互之间越匹配；如果存在市场机会的产品或服务与企业的形象定位、经营宗旨、产品定位等越一致，说明相互之间越匹配。当然，存在市场机会的产品或服务与企业要素完全匹配的现象较少，此时需要综合考虑企业的发展战略和经营战略，如果与企业的发展战略和经营战略一致，则即使与要素不是很匹配，也可以考虑把这种市场机会转化为企业机会，否则，最好放弃这种机会。

（2）进行 SWOT 分析。这是进行市场机会判断的重要过程。"S"表示对企业自身优势的分析；"W"表示对企业自身劣势的分析；"O"表示对市场机会的外部有利性分析；"T"表示对存在着的市场机会的外部威胁的分析。通过"SWOT"分析，客观评价企业与存在着的市场机会相关的各种因素的相关联系。面对存在着的机会，如果企业的劣势与来自外部的威胁是不可克服的和致命的，则这样的机会不能成为企业的机会，否则就可以转化为企业的机会。

（3）市场容量的预测。一个产品或一项服务，如果没有足够的市场容量，可以说肯定是没有市场机会的。但一般而言，市场容量又并不是一个确定的值，它受到两方面因素的影响。一个是企业自身的因素，比如企业的营销力度越大，营销活动越科学、越合理，则市场容量也会越大，这方面的因素是企业可以控制的；另一个是企业外部的因素，比如消费者的购买能力、政府的有关规定等，这方面的因素是企业不可控制的。所以，在预测市场容量时，应考虑两个变量：①愿意并有能力购买的潜在消费者数量；②与企业进行生产、经营所发生的各项费用、成本相对应的会计期间内潜在消费者的购买次数。市场规模等于上述两个变量的乘积，可表示为：市场容量 $M = Q \times B$。通过市场容量的预测，如果市场容量足够大，使企业能盈利，对企业而言则显然是一个机会，否则只有放弃。

（4）检验与企业能力的匹配。这是最关键的一个内容。企业能力主要指产品或服务的设计与开发能力、工艺与技术能力、生产与制造能力、营销能力等，这是把市场机会理论上的可能性转化为企业机会的实际可能性的关键一步。如果这些能力都具备，则企业有能力为潜在消费者提供满意的产品或服务。

市场机会在经过了对机会判断的四个方面的分析后，如果都能通过，则这种市场机会可以转化为企业机会，如果不能通过则需要慎重对待。

（六）识别与满足真实需求

1. 识别真实需求

（1）顾客可能并不明白自己对一种新产品或服务的需求。当顾客有了一种真实需求的时候，他很难简单地表达这种需求，或者将这种需求清晰地传达给创业者。这种现象的一个很好的例子就是对于网上购物的需求。在互联网最初产生的时候，人们确实不知道如何去利用它来满足自己的购物需求。结果，在一开始，创业者们无法将对人们进行调查并询问他们关于在网上购买汽车或者服装的问题来作为一种收集顾客需求信息的途径。那时，人们还不了解为什么他们会想在网上购物，甚至对网上购物的概念都不清楚。

（2）对于真正意义上的新产品或新服务，很难知道究竟谁是它们真正的顾客。以激光为例。在最初发明这项技术的时候，没有人知道它可以应用于什么市场。实际上，在 IBM，也就是激光的发明地，它们的专利律师甚至反对为此申请专利，因为 IBM 的任何人都不明白激光可以应用于什么特定的市场。当然，现在我们知道激光具有广泛的市场应用，从制作光盘到超市的扫描仪都有应用。

（3）要传达关于一种非常新颖的产品或服务概念的信息也是很困难的。以影印机的发明为例。当这种技术最初由 Halloid 公司即施乐（Xerox）公司的前身发明出来的时候，公司在评估潜在顾客是否会对此感兴趣方面遇到了麻烦。在发明这项技术的时候，人们还不能简单地、机械地复制图书馆、大学、办公室等里边的已有文件。结果，实质上公司的创始人不可能和最终使用这种产品的顾客讨论这种产品的概念。潜在的顾客不知道他们对这种产品具有需求，因为在他们真正理解这种产品能解决他们在复制文件上存在的问题之前，需要先把这种产品生产出来。

（4）识别真实需求最为困难的地方之一，是区分顾客绝对需要拥有的东西，最好能拥有的东西，以及不是必须拥有的东西。很多时候，顾客提供给创业者的是关于他们偏好的一些信息，而创业者需要将这些信息进行分类，了解哪些是必需的，哪些是有了更好的，或者哪些是非必需的。以手部消毒杀菌剂为例。杀灭细菌的功能对它而言是绝对必需的。如果不能去除大肠杆菌，那么它对于任何人而言都是没有用处的。如果它的成本低廉，那将更好，但这实际上不是必需的。即使它需要花费一些成本，顾客们也愿意承担。而用什么机械装置将这种化学药品装入容器则和满足顾客的需求无关。

有时候，在市场的不同部分之间，什么是必需的，什么是有了更好的，什么是非必需的，它们之间的差别是不同的。如果情况的确如此，那么你可能需要对市场进行划分，并为不同的市场部分开发不同的产品。例如，某一个市场部分可能暗示手部消毒杀菌剂容器的颜色根本就无关紧要，而另一个市场部分则可能认为具有恰当的颜色至关重要。这种区别将把市场分割成两个群体，对于一个群体，产品都以黑色容器包装；而对于另一个群体，产品的容器则是五颜六色的。如果对于黑色包装的产品而言，因为这种包装方式而使你能够提供一样有了更好的东西，而且价格更为便宜，那么这种分割可能是至关重要的。

2. 满足真实需求

如果你断定自己能够创造出一种符合顾客真实需求的产品或服务，那么整个过程中的下一步就是要决定是否能够经济地提供这种产品或服务。这是很多创业者无法跨越的一个巨大障碍。显然，如果要通过新产品或服务的提供来获取利益，则创业者需要以低于产品或服务的出售价格的成本来提供这种产品或服务。遗憾的是，很多创业者提出了符合顾客需求的解决方案，却不能用一种有利可图的方式来开发这些产品或服务。

针对顾客需求的经济解决方案的开发过程是很棘手的，因为它需要对两个相互冲突的概念进行平衡。你只能在能产生利润的交易中，通过顾客需求解决方案获取收益。如果每一项交易都导致一些损失，那么按比例增加多种交易将会产生更大的损失，并最终耗尽你的现金。这个问题曾经使20世纪90年代的许多新网络公司深受其扰——许多创建了这些公司的创业者从来没有建立起能让他们在每一笔交易上挣钱的商业模式，所以扩大规模只能使他们损失大量的钱财。

创业者将度过一段艰难的时期去了解满足顾客需求的替代品解决方案，这种需求并不存在于目前的市场上，而是在不久的将来出现。通常，在同一时期会有很多人同时致力于相同的技术，而他们中的每一个人都不清楚其他人有可能会比他们自己提出更优的解决方案。举例来说，有很大数量的人们曾经在同一时期开展网上食品递送业务。显然，在这些企业中，只有一家能成为最佳的网上食品递送企业。然而，很多最终提供了低质量递送服务的创业者并不知道，其他人正在开展优于他们所提供的服务的递送业务。关于满足顾客需求的替代品解决方案，最佳途径就是利用你的社会网络去收集有关可能的竞争者的信息，尤其是那些尚不存在的竞争对手，以搞清楚谁有可能会提供具有竞争性的产品或服务。

案例4-1	一个苹果，三种商机[①]

家乡的三个年轻人一同结伴外出，寻求发财机会。在一个偏僻的山镇，他们发现了一种又红又大、味道香甜的苹果。由于地处山区，信息、交通都不发达，这种优质苹果仅在当地销售，售价非常便宜。

第一个年轻人立刻倾其所有，购买了10吨最好的苹果，运回家乡，以比原价高两倍的价格出售。这样往返数次，他成了家乡第一名万元户。

第二个年轻人用了一半的钱，购买了100棵最好的苹果苗，运回家乡，承包了一片山坡，把果苗栽种上，头三年没挣上一分钱。

第三个年轻人找到果园的主人，用一元钱买走了一把种苹果树的泥土。他带着这把泥土，返回家乡，把泥土送到农业科技研究所，化验分析出泥土的各种成分、湿度等。然后，他承包了一片荒山坡，用了整整三年的时间，开垦、培育出与那把泥土一样的土壤。最后，他在上面种上苹果树苗。

十年过去了，这三位一同结伴外出寻求发财机会的年轻人命运却迥然不同。第一位购苹果的年轻人现在每年依然还要去购买苹果，运回来销售，但是因为当地信息和交通已经很发达，竞争者太多，所以每年赚的钱很少。第二位购买树苗的年轻人早已拥有自己的果园，但是因为土壤的不同，长出来的苹果有些逊色，但是仍然可以赚到相当的利润。第三位购买泥土的年轻人，他种植的苹果果大味美，和原来的苹果不相上下，每年秋天引来无数竞相购买者。

思考：

1. 同样的产品，为什么会呈现不同的市场销售与盈利状况？

2. 如果换做是你，你该进行怎样的"深加工"，才有可能赢得市场？

如今，许多企业都深感市场难找。这往往正是局限于对市场某种层次观察的结果。其实，人们需求的无止境，决定了市场是多层次的、无限的。只要善于沿着别人或自己的现实产品进一步观察潜在需求，进行市场"深加工"，新

① 中国创业招商网．创业思考：一个苹果三种商机［EB/OL］．［2009-03-13］．http：// stock. 591hx. com/www/Article/2009-03-13/0000006778s. shtml.

的市场就会出现在眼前。

二、 市场信息的收集与研究

创业者必须要做市场研究。在创业的早期阶段，信息对创业者来说非常重要。市场信息的使用会较大程度地影响企业绩效，因此，创业者有必要考虑进行一定层次的市场研究。市场研究开始于研究目的或目标的定义，这常常是最困难的一步，因为许多创业者缺乏市场营销的知识和经验，甚至不知道他们希望这种研究得到什么样的结果。然而，这正说明了市场研究对创业者来说意义非常重大。

（一） 市场研究的步骤

1. 定义研究的目的或目标

对创业者来说，开始市场研究的最有效方式，是先列出一个准备市场营销计划所需要的信息清单。例如，创业者可能会认为他们的产品或服务在这里存在市场，但他们不能确信。这样，一个目标便是向人们询问他们如何看待该产品或服务，他们是否愿意购买它，并了解有关人口统计的背景资料和消费者个人的态度。这是创业者需要研究的第一个目标。其他目标则可能是要确定如下问题：

● 有多少潜在的顾客愿意购买该产品或服务？
● 潜在的消费者愿意在哪里购买该产品或服务？
● 消费者预期会在哪里听说或了解该产品或服务？

2. 从第一手资料中收集信息

新的信息就是第一手资料。收集第一手资料包括一个数据收集过程，如观察、上网、访谈或调查、聚点小组或试验以及问卷等。

（1） 观察。创业者可以通过对潜在顾客的观察，记录下他们购买行为的一些特点。例如，中日合资米奇玩具有限公司用摄像机俯摄柜台，顾客每一个细小的挑剔都被完整地拍摄下来并加以研究。台湾有位经理列举顾客抱怨的诸多好处，倡导公司上下都应树立由衷"感谢抱怨"的观念。如此用心，不难发现顾客需求。

（2） 上网。上网是一种从该领域的专家那里获得第一手资料的非正规方法，也是了解市场的一种有价值而且低成本的方法。成功的企业往往能够有效地利用网络、商贸协会以及最新的出版物来获取有关竞争者、顾客以及行业的信息。那些不太成功的企业往往只是收集一般的经济和人口统计趋势的信息，因此他们对特定的目标市场上所发生的事情往往显得敏感性不足。

（3）访谈或调查。这是收集市场信息最常用的方法，这种方法比观察的花费要多，但却能够获得更有意义的信息。访谈可以通过面谈、电话或信件等不同途径。这些方法有各自的优缺点，创业者在使用时应该对它们作相应的评价。

作为收集数据的一种手段，创业者在使用时，还应该针对研究目标来设计特别的问题。问题应该是清楚而具体的，并且要容易回答，不应对回答者造成误导。由于问卷的设计对研究过程非常重要，如果创业者在这方面没有经验，建议寻求有关机构的帮助。

案例 4-2　　　　　　　科宝第一信息源于海外行路[①]

科宝整体厨房，如今在国内非常有名，但是科宝在起步时，并不是做整体厨房的，而是做抽油烟机的。后来科宝的创始人蔡明发现不少顾客在买了抽油烟机以后，还会向他们定做几格吊柜、橱柜，以便放置一些厨房用品甚至是冰箱等电器。这时候科宝才开始有意识地向整体厨房方面转型。"那时我们理解的整体橱柜就是做几个柜子，把燃气灶和其他厨房用具放在一块就行了。这种状况一直持续到 1999 年 5 月。我去德国科隆参加每两年举行一次的家具配件展，算是开了眼界。看了展会，我发现自己以前做的东西，那哪能叫整体厨房，简直就是垃圾。"蔡明说。

展会后，蔡明从德国直接去了意大利，雇了一个意大利司机，从北边的威尼斯出发一直南下。"我让那司机帮我安排好路线，一路上，只要门上写着 Cucina（意大利语厨房），我就进去看。看了几十个厂家，每个厂家都有几十个甚至是上百个款式。古典的，现代的，大众的，前卫的，各种流派都看了个遍。到最后，看到 Cucina 我就想吐。"

这一路看了二十多天，蔡明回到国内，下令把他们以前做的东西全部推倒重来。他将欧洲的各种流派、款式，融进自己的理念。科宝，或者说蔡明，在做整体厨房若干年后，一直到 1999 年的欧洲之行，才明白什么叫真正的整体厨房。开阔眼界后的蔡明，将原本平庸的企业带入了一个全新的境界。与此同时，他自己也进入了一个新境界，发现了一个新天地。

思考：

1. 为什么市场信息如此重要？

2. 从蔡明的欧洲之行，你学到了什么？

---

① 佚名. 眼界——谁更容易发现机会？ ［EB/OL］. ［2005-04-23］. http：//info. 1688. com/detail/5497033. html.

3. 从第二手资料中收集信息

对创业者来说，最明显的信息来源是已有数据或第二手资料。这些信息可以来自商贸杂志、图书馆、政府机构、大学或专门的咨询机构。在图书馆里可以查找到已经发表的关于行业、竞争者、顾客偏好的趋向、产品创新等信息，甚至还可以获得有关竞争者在市场上所采取的战略方面的信息。互联网也可以提供有关竞争者和行业的深层信息，甚至可以通过潜在消费者对"聊天室"中某些问题的反应直接获得重要的信息。创业者可以从很多方面获得关于互联网的信息，并可以对其加以拓展作为收集第一手资料以及购买第二手商务资料的一种方式。一些商务资料也是可以获得的，但对创业者来说可能成本较高。此外，商务图书馆可以向商务服务机构订阅有关的商务服务信息，如在美国有尼尔森指数、国内市场审计和调查指数等。在考虑第一手资料和商务信息资料之前，创业者应该尽其所能获取所有免费的第二手资料。创业者在开始需要花费更多成本的第一手资料研究之前，应先尽一切努力从第二手资料中收集信息。

案例4-3   **阅读得来创业灵感**[①]

比亚迪老总王传福的创业灵感来自一份国际电池行业动态，一份简报似的东西。1993年的一天，王传福在一份国际电池行业动态上读到，日本宣布本土将不再生产镍镉电池，王传福立刻意识到这将引发镍镉电池生产基地的国际大转移，意识到自己创业的机会来了。果然，随后的几年，王传福利用日本企业撤出留下的市场空隙，加之自己原先在电池行业多年的技术和人脉基础，做得顺风顺水，财富像涨水似的往上冒。他于2002年进入了《福布斯》中国富豪榜。

思考：

1. 你怎样看待阅读书籍、报纸、新闻等对创业的重要性？

2. 创业者该如何从二手资料中挖掘商机？

---

4. 结果的分析和解释

根据样本的规模，创业者可以把结果列表显示或输入计算机。应该根据在研究过程的第一步中所确定的研究目标对结果进行评价和解释。一般地，单纯对问题答案的总结可以给出一些初步印象，接着对这些数据交叉制表进行分析可以获得更加有意义的结果。例如，创业者可能希望对比不同年龄、性别、职业、地点等得出问题分析的不同结果。

---

① 佚名. 如何更容易发现创业机会 [EB/OL]. [2009 – 03 – 16]. http：//www. cnwnews. com/html/info/cn_ cykt/cyrm/20090316/85823. html.

（二）影响信息处理的因素

1. 人的智力能力的影响

人的智力能力会影响到对信息的处理，并帮助他们识别创业机会。有些人具有关于市场和市场服务方法的智力能力，这使他们能够以别人所没有的方法来理解和使用信息。有助于对创业机会加以识别的信息并不是以准备好推出的、事先包装好的产品或者服务的形式出现的，相反，它是在出现了新的技术、新的变革、新的行业结构或者新的人口趋势的情况下，以暗示或者引导人们可以采取某些行动来创办一家新企业的形式出现的。因此，识别有价值的商业机会是一个从少量的信息片断中进行推断的智力过程。

2. 创业者看待事物的不同角度对识别创业机会的影响

使人们得以识别创业机会的另一个影响因素是创业者看待事物的不同角度。某些创业者可能将信息看成是提供了机会，而不是产生了风险。但是某些创业者却看到新产品和新服务的推出具有不确定性：新的产品是否能被创造出来，人们是否愿意购买这种产品，或者竞争对手是否会通过模仿创业者的新产品或新服务来争夺收益。学术研究已经为这种观点提供了证据。例如，有一项研究对职业企业家和银行家进行了模拟测试。将相同的信息给企业家和银行家看，企业家说看到了机会，银行家说看到了风险。这些模式类型说明企业家采用了一种不同的方法来看待那些帮助他们识别有价值机会的信息。

3. 成功的创业者的创造力更加丰富

成功的创业者看起来比其他人更能想出办法，来利用他们所收集到的关于创业机会的信息，这有可能源于他们的创造力。创造力促进了人们综合信息的能力，也促进了人们领会提供给他们的信息模式的能力。因此，成功的创业者从关于新技术、市场需求以及行业结构的不同信息片断中识别模式，并根据这些信息形成新产品和新服务的概念，而这些信息却常常被那些相对来说不那么具有创造力的人所忽略。

三、 市场分析

（一）宏观环境分析

在获取了足够的资料之后，创业者就可以着手进行有关的分析研究。当然，如果在分析研究中发现资料仍不充分的时候，就有必要进一步采集所需的有关事实状况的数据资料。这里顺序并不是绝对的，而是要视具体情况而定的。对一个刚刚诞生的企业来说，外部环境往往是其没有力量去影响和改变的，因此，创业者首先应对市场环境进行分析。环境分析的目的，是试图使创业者对现有市场条件、创业者所不能控制的外部环境因素可能带来的影响有一个深刻的认识。这些变量的分析扮演着重要的角色，它们将使潜在的投资者确信，创业者不仅意识到这些因素所带来的影响，而且把这些因素考虑到对新的风险企业的销售预测中。这些可能对新的风险企业带来影响的环境变量主要包括政治、法律、经济、社会文化、科技、行业需求和竞争等各个方面。

1. 政治与法律分析

新的风险企业在创办过程中会遇到许多重要的法律问题，这里仅作简单讨论。创业者应该准备面对将来有可能出现的影响到产品或服务、分销渠道、价格以及促销策略等的法律和法规问题。新的法规，如取消价格控制法规、对媒体广告的约束法规（例如禁止香烟广告）、影响产品及其包装的安全条例等，这些法规都将对企业的产品开发和市场营销等产生影响。有关的信息可以从行业刊物或商贸协会获得。政府对市场的管制也是值得创业者重视的一个方面。例如，美国政府在 20 世纪 80 年代对电信和航空业的进入限制的放松就导致了大量新公司的组建。如果政府对某个行业的市场进入加以严格限制，那么新创企业就很难考虑以这样的市场为目标。

2. 经济环境

在经济方面，创业者应该考虑的主要变量包括目标市场地区的国内生产总值（GDP）总额和人均 GDP、失业状况、消费者的可支配收入等。这些数据很容易从政府机构获得。国内生产总值反映一个地区经济的规模，通常在不考虑人口因素的时候，GDP 越高，市场规模当然就越大。但是，市场的需求主要是由人们的购买能力所决定的，因此，人均 GDP 基本上决定了人均收入水平，从而决定居民的购买力，这是决定市场需求的基本因素。同样的，就业状况、可支配收入等都是影响市场需求的主要因素。

3. 社会文化环境

对社会文化变迁的评价也包括几个方面：人口变化趋势是一个重要方面，例如婴儿潮或人口老龄化会对创业者的市场计划带来影响；人们生活态度的变化，人们对安全、健康、营养及对环境的关心，都会对创业者的市场需求产生影响，特别是当创业者准备生产的产品与健康或环境质量等有密切关系的时候更是如此。有关的信息可以在杂志、报纸及各种商贸刊物中收集到。

4. 科技环境

科技环境包括社会科技水平、社会科技力量、国家科技体制、国家科技政策和科技立法，它们直接地影响着创业活动以及新企业的生产经营，因为科学技术的发展决定社会生产力水平。一种新科技的出现，必然导致新的产业部门的出现，使消费对象的品种不断增加、范围不断扩大，进而使消费结构发生变化。因此，创业者必须分析了解国家对科技开发的投资和支持重点，了解政府和企业对技术发展的关注情况，了解科技成果的商品化速度及技术的淘汰速度，选择先进的技术，保证创业项目相对的技术先进性。

（二）行业与市场分析

行业选择是创业活动中的关键环节。创业者应该正确把握好行业选择的机会，在适合自身创业的行业内进行创业。创业者决定进入某一行业是创业活动中最具有战略性的一个环节。准确及时地选择进入行业对新创企业是至关重要的一步，只有确定在某一行业开展经营活动，才能开始企业创建的其他活动。

在以往的创业活动中，尽管创业的诱因有很多，但通常最主要的是科技人员拥有了高技术项目成果，希望得到科技成果的转化，最终实现商业化。为此，项目所处的行业也必然成为创业者要进入的行业，而很少考虑到进入的行业是否适合创业者和新创企业。为此，有许多科技型中小企业的生存和发展受到了影响，这与其在创业开始时所进入的行业不适合有着较大的关系。

选择一个什么样的行业是一个关系企业成败的关键性因素，也是创业前必须要慎重考虑的重要问题。

1. 创业中行业选择的基本原则

（1）应选择符合社会经济发展趋势的行业。社会经济发展的大趋势决定了一个时代的产业类型、结构以及产业链条的发展方向。把握住了时代的发展，就把握住了行业选择的主动权。创业的行业选择，应该符合社会经济发展的趋势，应该符合国家、省、市政府的高新技术产业结构政策。

（2）应选择具有较大吸引力的行业。创业者进行创业活动的最主要目标之一就是实现商业价值。创业中选择的行业应该是至少具有潜在的较高盈利水平和商业价值的行业。行业的市场前景良好，并有望成为新兴产业。

（3）应选择具有进入成本较低的行业。创业活动的投入主要表现为创业者资金、智力和技能的投入，并需要有与之相匹配的外部环境条件。如果创业成本过高，尤其是所选择的行业需要以较高的成本进入，则会使得新创企业的前期投入成本高，造成新创企业盈利水平下降，这样的行业选择则不可取。

（4）选择具有技术创新性和市场前景好的项目。科技创业的最大特征是科技人员拥有科技成果实现商业价值。创业者所拥有的技术项目应该具有较强的技术创新性和良好的市场前景，这样，才能顺利地实现科技成果的商业价值。同时，要有技术创新性和难模仿性，对于新的或潜在的行业进入者形成了一定的技术壁垒，相对减少了市场上的竞争者。

（5）选择创业者具有资源优势的行业。创业者与行业相关的资源应该包括创业者在此行业拥有的技术优势、市场优势及相应的行业人脉优势，还应该包括与所选择的行业相适应的资源，比如研发方式、营销方式等。创业者具有了这些与行业相关的资源，才能够在行业内的创业活动中得心应手，如鱼得水。否则，"隔行如隔山"，如果要进入一个创业者自身不熟悉的行业，创业的成功率就会大打折扣。

2. 分析行业与市场

并不是所有的行业都适合中小企业的生存和发展，创业应该选择适合中小企业发展的行业。我们可以从五个方面来对行业和市场进行分析。

（1）行业特征性的分析

①对行业发展趋势的分析

行业的发展趋势分析是行业选择中的一项重要内容，只有了解行业的发展趋势，才能判断行业进入的价值和时机。只有符合宏观经济发展和社会经济发展趋势的行业，才具有良好的发展前景。

②对行业的规模与差异性分析

行业的规模是否适合中小企业的大量存在？经济理论认为，每一个产业都有其最佳规模，在此规模上，企业的生产成本最低。据此我们可推出，中小企业选择产业进入时要首选最佳规模较小的产业；而对于最佳规模较大的产业，中小企业宜选择市场范围较小的行业或市场进入，如市场需求较分散，此时规模经济优势不明显，中小企业才有机会与同行业的大企业抗衡。行业的差异性特点适合中小企业的发展。中小企业适合采取差异化的战略，行业选择细分化，服务人群特殊化，产品和服务个性化，形成企业的特殊企业文化。在可竞争性行业中选择差异化产品，与大企业的经营项目错开。从不完全市场论的角度来看中小企业，可以发现，"产品的差异性"对中小企业生存的重要作用。现在的经济理论认为，由于产品差别也会使小企业形成一定的垄断因素，得以与大企业共存。

③行业所处在的产业链的位置是否适合中小企业

通常，产业链的主要位置是由大型企业所占据，中小企业往往只能处在中游和下游的位置。创业中行业选择也应如此，占领一些大型企业不愿意做或者是做不了的市场和产品的位置，特别应该注重利用自己在技术上的优势，选择在产业链中独特的位置。

④行业的生命周期是否适合中小企业

通常，每一行业都要经历一个由成长到衰退的发展演变过程，即行业的生命周期。行业的生命周期一般分为初创期、成长期、成熟期和衰退期四个阶段。行业选择时应选择有力的行业生命周期阶段为进入时机。创业的行业选择以新兴和朝阳行业为宜，以生命周期为初创期或成长期为宜，特别是注意要选择有可能成为新兴产业的行业。

第一，新企业在行业处于初创期或者成长期的表现更好。生命周期会影响新企业的表现，因为当行业处于初创期或者成长期的时候，比起处于成熟期或者衰退期时，新企业的表现往往更好。顾客对于新产品和新服务的购买行为是典型的正态分布。一小部分顾客愿意成为新产品和服务的最初购买者，而大多数人则要等到这种新产品和服务已经经历了一段时间之后才决定购买。类似的，一小部分人往往要很晚才购买新产品和服务，因为他们在对于新产品和服务的观察上通常是落后者。购买者中的主体位于中间的位置，他们既不很早购买，也不很晚才购买。由于早期购买和晚期购买产品或服务的人的数量要小于中期购买的人的数量，因此，市场一开始增长缓慢，然后开始加速，最后速度又慢下来。最初购买产品或服务的人数较少，会导致市场增长缓慢，在中期购买人数的增加导致了市场增长的加速，而在晚期购买人数的减少则导致了市场增长的减速。

案例 4-4	中国喷绘行业的先驱者——大贺[①]

20 世纪 90 年代初喷绘技术传入我国，广告制作商和广告主开始接触和认识这种新的技术。由于当时引进的设备较少（主要集中在北京、上海），制作费用昂贵（每平方米千元以上），只有少数名牌企业能够承受。但是喷绘技术的高科技含量以及精良的画面品质、理想的宣传效果，让人看到了它的美好前景。与其他形式的广告相比，其生命的持久性、类型的多样性和广告的有效性，已成为品牌树立的最佳方式之一。

1996 年，南京大贺镭射喷绘有限公司成立，大贺正式涉足了喷绘行业。用贺超兵的话说："大贺进入得并不是最早，但进入的时机最好。"

1996 年、1997 年是我国喷绘行业大发展的时期，全国喷绘企业由不足十家发展到六七十家，大型喷绘设备由十几台发展到一百多台，制作价格更是下降了一半多。喷绘技术的普及极大地推动了户外广告媒体的发展，市场相对做大，做得起喷绘的客户相应增加了。

在喷绘技术的推动下，户外广告成为继电视、广播、报纸、杂志四大媒体之后又一新兴的媒体，并迅速崛起。户外媒体占全国广告经营总额的比

① 黄刚，蔡高根. 创业学［M］. 南宁：广西人民出版社，2008：54.

例，呈现翻倍增长。大贺集团对中国户外广告的发展乃至中国广告业的发展作出了积极的贡献。2000 年，"大贺"被评为中国广告业第一个著名商标。2001 年，大贺集团成为中国广告业第一家高新技术企业高起点、高层次切入"冷门行业"。

贺超兵对自己最为得意的就是"快半步"理论。他说"做市场一定要'快半步'"，即在这个行业尚未成熟时不做，而在其将要成熟时进入才是最合适的时机。他认为，某些行业在国外已经很成熟，而国内其他企业尚未进入，此时进入既可以与国外发达国家保持同步，也可以在国内领先"半步"。

思考：

1. 为什么说创业者进入某个行业早不如进入时机好？

2. 你怎么理解"快半步"？

第二，新兴的行业中企业面临着更少的竞争对手。新企业在新的市场上比在老的市场上表现更佳，因为当需求的增长速度最高的时候，新企业更容易吸引到顾客。在这些条件下，它们所面临的来自于企业的竞争是最弱的。

在一个行业刚开始形成的时候，还不存在什么企业来满足顾客对于这个新行业产品和服务的需求。随着时间的推移，开始有企业进入来满足这种需求，并为了吸引相同的顾客而产生竞争。另外，当行业成熟的时候，企业的退出速度与相应的需求减少速度相比要缓慢得多。这种退出胶着状态意味着成熟行业中的竞争通常非常激烈，已有企业为了阻止所有厂商共有的需求持续减少现象、维持它们的市场地位而奋力地战斗。因此，新企业在新兴行业中的绩效表现比起在老行业中的表现往往更佳。

第三，新企业在老行业中会处于更为不利的地位。大多数产品和服务有一条学习曲线。学习曲线使企业能利用它们在一个行业中的运营经验来改进它们的努力，尽量去满足顾客需求。诸如生产、销售以及对顾客投诉作出反应之类的事情都包含着在实践中学习，而这些都对已有企业有利。我们定义的新企业缺乏已有企业所拥有的这种运营经验，因此同已有企业相比，具有学习曲线上的劣势。由于通过运营活动取得经验是需要时间的，因此，在新兴行业中，新企业所面临的学习曲线的不利程度最低，而在老行业中，它们所面临的学习曲线的不利程度最高。所以，新企业在老行业中会处于更为不利的地位。

（2）市场前景分析

创业者进行创业活动的最主要目标之一就是实现商业价值。创业中的行业选择必须要考虑到所选择的行业是否具有良好的商业价值。我们可以从以下几

个方面来分析行业的商业价值:

第一,是否具有较高的行业平均盈利水平。通常对于新兴和朝阳的高科技行业来说,会有较高附加值的产生,行业平均盈利水平会较一般行业高。

第二,是否具有较大的市场规模及良好的市场成长性。所选择的行业应该有一定的市场容量,或者是有一定的潜在的市场容量,有良好的市场成长性。行业的细分度越大,其需求越多样化,创业企业在行业中的定位就会更明确,更具有特色。

①产品的需求,需求的增长速度和差异影响企业的表现

一个行业中的需求条件有三个方面是需要创业者去着重了解的:一是顾客对于产品或服务需求的大小;二是这种需求的增长速度;三是这种需求在不同顾客群体之间的差别。

这些方面对于创业者而言是重要的,因为它们会影响新企业的生存。顾客的大量需求对于新企业的表现具有正面影响,使新企业在更大的市场上表现得更佳。新企业在一个较大市场上为满足需求所产生的平均成本比在一个较小市场上的平均成本要低。由于已有企业早已为组织投入了固定成本,因此它们可以用边际成本来满足需求,而边际成本低于平均成本。在较大市场上,新企业和已有企业为满足需求所付出的努力之间的成本差距比在较小市场上的这种成本差距更低,这使得较大市场比起较小市场对于新企业而言更为有利。

案例4-5 差异化拉大利润空间①

朱呈曾是一家国企的普通女工。1997年下岗后,她在困惑中试探着自己的出路,她在任何人都不以为然的一串小小的糖葫芦上,演绎出了一个令人心动、令人惊讶的故事。为彻底摒弃一般冰糖葫芦的质感,朱呈把山楂果的核挖掉,采用巧克力、果酱、豆沙等原料做成夹心的糖葫芦,这种糖葫芦口感极佳,还可以通过塑封、冷冻的办法在夏季出售,具有雪糕所不能达到的特殊品味,投入市场后特别受到人们的喜爱。朱呈抓住机遇、扩大规模、迅速发展,先后在浙江、陕西、山东、河南等地创建了加工分厂,使糖葫芦的每年销售量达几千万支之多。很快发展起来的朱呈建起了大酒楼,而去那里就餐的顾客,都可以免费享受到赠送的冰糖葫芦,而这样的赠送又反映出了朱呈的差异化经营特色。在短短四年中,朱呈由一个普通下岗工人变成了拥有几千万元资产的且颇有名望的女老板。差异化战略,就是"你无我有,你有我精"的特色经营,是经过细分后市场制胜的奇策。

① 阿里巴巴家居. 朱呈与他的糖葫芦 [EB/OL]. [2012-04-28]. http://info.1688.com/detail/1026294727.html.

> 思考：
> 1. 你如何看待"小事业，大前景"？
> 2. 若你是朱呈，你会不会不屑于去卖糖葫芦？

②市场增长快所带来的状况

因为一个市场增长得越快，新企业需要为已有企业的顾客提供的服务就越少。为新顾客提供服务，而不是为已有企业的顾客提供服务对新企业而言是有利的，因为相对于获取新顾客的情况而言，已有企业在维护它们已有顾客的时候，其竞争更为激烈，这使得在增长迅速的行业中，对新企业的竞争激烈程度更低。

③新企业可以从细分市场中获益

市场细分的程度会影响一个行业对新企业的有利程度。市场细分可以用一个行业的顾客对产品或者服务的不同特性的需求程度为参考。一些行业比起其他行业来，它的顾客组成具有差异更大的偏好组合。服装行业是高度细分行业的一个好例子。服装不仅区分为男装、女装和童装，而且在质量、颜色和其他偏好方面也存在着巨大的差异。相反，净化水行业则几乎没有什么分割。每个人基本上都需要干净的水，而且在不同的顾客之间，对于净化水特性的偏好只有有限的差别。

新企业可以从细分市场中获益。以大多数新企业刚建立时的小规模而论，它们无法在刚进入时就立即为整个市场提供服务。分割的市场为新企业以小规模产量进入并服务于原有服务水平低下的一小部分市场提供了机会。通常，新企业在以这种方式进入市场时更少遇到已有企业的竞争。因为已有企业关注于它们的主流顾客，所以当新企业进入没有分割的市场时，它们常常会采取报复行动。

在这里我们需要注意的是：不要在一个小规模市场中开始开展业务，你可以在一个大规模市场中轻松地开展一项业务；不要在一个增长缓慢的市场中开始开展业务，你的竞争者将会给予报复；不要在一个未细分的市场中开始开展业务，来自已有企业的竞争将会扼杀你的业务。在这些市场上，已有企业感到新企业正在瞄准它们的主要顾客。相反，当新企业进入服务水平低下的一小部分市场时，已有企业不会感到它们的顾客基础受到了威胁，因此更容易容忍新企业的进入。

（3）行业进入成本分析

对新创企业的成本进行分析，新创企业的成本高低直接影响新创企业的盈利水平，并影响其生存和发展。合适的利润是行业进入所必须考虑的因素。如需要大量广告的行业不利于新企业的创立。

在广告密集型的行业中，新企业相对于已有企业处于更为不利的位置。广告是这样一种机制：企业通过广告来发展它们的声誉，从而帮助它们更好地出售商品和服务。若要通过广告建立商誉，则需要满足两个条件：

第一，必须随着时间的推移不断地重复进行广告。人类的能力决定了他们每次只能吸收其中的一部分信息，因此，新企业建立自己的商标需要时间，而在此期间，它们的名声不如已有企业那么响。

第二，在广告中存在着规模经济。无论一种产品售出了多少，广告的成本绝大部分是固定的，因此，广告的单位成本随着销量的增长而下降。新企业由于以小规模开始运营，因此它们的产量往往比已有企业少，这使得它们的单位广告成本高于已有企业。当然，在广告特别重要的行业中，这种广告上的不利条件对新企业来说就更为严重，这使得新企业在广告密集型的行业中比在广告不那么密集的行业中，更不具有对已有企业的竞争力。

案例4-6	巨额广告投入导致秦池没落[①]

1996年11月8日下午，中央电视台传来一个令全国震惊的新闻：名不见经传的秦池酒厂以3.2亿元人民币的"天价"，买下了中央电视台黄金时间段广告，从而成为令人炫目的连任两届"标王"。1995年该厂曾以6 666万元人民币夺得"标王"。中标后的一个多月时间里，秦池就签订了销售合同4亿元；头两个月秦池销售收入就达2.18亿元，实现利税6 800万元，相当于秦池酒厂建厂以来前55年的总和。至6月底，订单已排到了年底。1996年秦池酒厂的销售收入也由1995年的7 500万元一跃为9.5亿元。事实证明，巨额广告投入确实带来了"惊天动地"的效果。

然而，新华社1998年6月25日报道："秦池目前生产、经营陷入困境，今年亏损已成定局……"

秦池以6 666万元的价格第一次夺得广告"标王"后，广告的轰动效应，使秦池酒厂一夜成名，"秦池"的品牌地位基本确立，市场份额也相应增加。1996年秦池酒厂销售量的大幅度增加使经营杠杆产生积极（正面）作用，企业利润也以更大幅度增加。但这种局面并没有维持多久，1997年秦池的可持续发展已经成为十分突出的问题。其主要原因就是：1997年3.2

① 中国会计网."秦池"为何昙花一现［EB/OL］.［2006-08-07］.http://www.canet.com.cn/wenyuan/cwgl/cwfx/200807/18-18830.html.

亿元的巨额广告费用对秦池来说是一个巨大的包袱。它一方面使秦池的现金流动产生困难，另一方面大大地增加了企业利润对销售量的依赖程度。

　　思考：

　　1. 秦池为什么在这么短的期间就风光不再，而陷入困境？

　　2. 企业在增长销售量和树立品牌时，该如何制定广告的投入策略？

　　（4）行业进入壁垒分析

　　①生产过程的复杂程度

　　行业壁垒的一个方面是生产过程的复杂性水平，生产过程越复杂，越不利于新企业。一些行业中的生产要比其他行业中的生产来得更为复杂。例如，在航空航天行业中的生产过程要比纸袋生产业务中的生产过程更为复杂，因为在航空航天行业中，在生产过程中需要加以综合考虑的因素数量、产品制造的精确度水平、所需知识的复杂程度都比纸袋制造行业中所要求的更高。

　　包含非常复杂的生产过程的行业往往并不适合新企业。复杂的生产过程要求具有复杂的组织结构，来协调从事不同工作的人们的行为。这些复杂的组织结构在拥有更专业化的分工、更大的管理团队以及管理复杂操作程序的已有企业中更容易实现。因此，新企业往往比已有企业拥有更少的关于这些行动的知识。

　　②要求基础研究的数量

　　行业壁垒的另一个方面是提供行业产品和服务所要求具备的基础研究数量，基础研究的数量要求越多越不利于新企业。例如，制药行业非常依赖基础研究来提供它的产品和服务。缺少了基础科学研究，制药研究者们将难以创造新的药品。相反，干洗行业并不十分依赖基础科学研究来提供产品和服务，事实上，提供干洗服务根本就不需要很多新的知识。

　　③研究开发的费用

　　研究开发的费用越多越不利于新企业。按照投入于研究开发的费用占销售收入的比例来衡量，那些极度依赖于基础研究的行业对新企业而言更为不利。在知识密集型行业中，新企业的表现往往更糟，因为它们没有内部现金流可投资于基础研究，这种情形使新企业在知识密集型行业中面临着比在其他行业中更大的障碍。而且，基础研究常常是不确定的，它可能会导致以同最初的设想大相径庭的业务路径来提供新产品或新服务。具有规模经济的大型已有组织比之于新的小企业，将更有可能从对这种类型的不确定研究和发展的投资中获益。但这并不意味着你不能在一个研发密集型的行业中成功地开办一家新公司，许多生物技术公司的创建者恰恰已经这么做了。它仅仅意味着，你在知识密集型行业中更难以获得成功。

④知识的规范传播

在一个行业中影响到新企业表现的知识条件还与知识规范（书面的）有关，行业知识的传播越规范，越对新企业有利。在某些行业中，为促进新产品和新服务的发展所必需的知识可以通过书面形式获得。例如，关于计算机网络就有大量的书籍和文章。但是，在其他行业中，这种知识则存在于某些有经验的个人的头脑中，他们知道如何有效地采取行动，但他们不可能以书面形式详细说明导致优良业绩的因果关系。例如，线路设计的某些方面只有少数几个人知道。

将知识汇总编成规范有助于提高新企业的绩效表现，因为对于创业者来说，形成规范的知识比起隐性的（存在于一些人头脑中的）知识更为容易获得。因为形成规范的知识是书面的，因此在该行业中没有直接操作经验的创业者也可以获得这些知识。而相反，隐性的知识仅仅对于那些在行业中有直接操作经验的企业家或者雇用了那些有直接经验的人的企业家而言是可获得的。因此，在知识形成规范的行业中，学习曲线更为公开化，这使得新的企业更容易学习它们的前辈所学到的行业知识并在绩效表现方面迅速赶上它们。

案例4-7　　神舟电脑两年内进入全国台式机销量排名前五位①

在知识规范的行业中，新企业更容易生存并取得发展。比如在现今的品牌电脑行业，电脑硬件知识已进入知识规范时期，市场上存在 HP、联想、戴尔这些一线大厂，明基、海尔、清华紫光、长城、ACER、方正等二线厂商就在后面紧紧追随，神舟、TCL、七喜、浪潮、新蓝、同方等新晋者也能从市场上分一杯羹。其中神舟更是进入全国台式机销量排名前五位。

神舟电脑有限公司成立于 2001 年 1 月，隶属于新天下集团，注册资金 5 000 万元，是专门从事电脑系统及准系统的研发、生产和销售的高科技企业。2001 年 8 月 26 日，第一台自产的神舟电脑整机下线，凭着质优价平的竞争优势，到当年年底，月销量即突破 1 万台。次年 7 月，月销量突破 2 万台。10 月神舟电脑又被中国 IT 界第一大报《电脑报》评为"家用机消费者首选品牌"第三名。2002 年全年神舟电脑销量达 20 万套，销售额超过 10 亿元人民币，进入全国台式机销量排名前 5 位，一年走完了别的厂商通常需要 6 年才能走过的路。

---

① 黄刚，蔡高根. 创业学［M］. 南宁：广西人民出版社，2008：60-61.

2003 年 7 月，神舟电脑更是取得了月销售 5 万台的骄人成绩。目前家用机的市场占有率仅次于联想，位居全国第二，年销量预计达 50 万台。9月，神舟电脑获得中国质量万里行"全国微型计算机产品质量过硬服务满意放心品牌"荣誉称号和全国用户委员会"最佳性价比"奖项。11 月在中国商业联合会、国家认证认可监督管理委员会联合主办的全国名优产品售后服务先进单位评选活动中，神舟电脑有限公司再获殊荣，被评为"全国名优产品售后服务先进单位"。一系列来自消费者和国家权威机构双方的肯定充分证明神舟电脑的品质和服务在短短的两年内都已达到了全国一流的标准。

思考：

1. 在创业过程中，创业者该如何快速打破行业进入壁垒？

2. 神舟的成功，有什么值得我们借鉴的？

⑤新的产品和服务的创新

行业壁垒的另一个重要方面关系到形成新的产品和服务的创新是在哪里发生的。在某些行业中，例如半导体行业，企业和它们的顾客以及供应商产生了大多数的创新。

与产品开发和创新相对比，各个行业在从生产和市场营销活动中得来的附加值比例的分布上也是不同的。在某些行业中，例如汽车行业，多数附加值是从生产和市场营销中得来的，而不是从产品开发中得来的。而在其他行业中，例如软件行业，生产和市场营销在附加值中所占的比例要小得多，有些企业甚至根本就没有用于生产或者分销的资产。

在生产和市场营销占附加值比例很大的行业中，新企业往往表现得很糟糕。当企业推出新的产品和服务时，它们通常需要进行生产和市场营销的资产来利用这些创新。因此，已有企业可以决定如何有效进行市场营销和生产，并使这些行为规范化。新企业在和已有企业竞争时处于不利地位，因为它们还没有领会到如何使这些行为规范化，因此它们的生产和市场营销常常是相当低效的。

另外，生产和市场营销资产通常是非常昂贵的，而且难以寻求外部资源。因此，已有企业往往拥有开展生产和市场营销所必需的资产，而新企业则难以在创建之初即拥有相等的市场营销和生产资产，这对于它们和已有企业竞争所付出的努力是不利的。这样，比起在生产和市场营销资产不那么重要的行业，如计算机软件行业，新企业在这些资产占重要地位的行业（如汽车行业）中的绩效表现往往更为糟糕。

（5）行业的集中度及竞争对手分析

了解行业内的企业结构及相互依存关系和竞争对手的状况，有利于新创企业决定是否进入该行业及进入该行业后的企业竞争战略的制定。

①新企业在垄断性行业中处于不利的位置

新企业在垄断性的行业中，相比于已有企业处于非常不利的位置。这是因为行业垄断为大型的已有企业提供了市场支配力，特别是在高度集中的行业中，例如提供本地电话服务的电信企业，已有企业具有各种资源，可以阻止新的企业在该行业内建立据点，因此，它们可以利用自己的垄断优势或者供小于求的市场情况来阻止新的企业进入。

在高度分割的行业中，企业的规模较小，较容易受到攻击，因此可以更成功地对其进行挑战，而在垄断性行业中，仅有的几个竞争对手是规模很大、力量也很强大的企业。例如，当一个新的进入者进入该行业的时候，它们可以联合降价，直到该新进入者破产，然后再提高价格。由于只有在所有的联合者都参与的时候，这种联合行动才能奏效，因此，比之在一个行业中有许多竞争者的情况，当一个行业中只有少数几家企业的时候，这种策略更容易达到它的目的，正如同你难以与中石油、中石化竞争一样。

案例4-8　　　　　　　在两大垄断商面前民营运营商的无力[①]

2006年12月14日，《京华时报》头版头条说，北京32家加油站被中石化摘牌。这32家加油站都属于民营特许加盟站，这样的加油站在全国约有4万家。

当年，两大石油垄断公司起家时，靠国家的政策和资源优势建立销售网络，在大江南北开展抢占式地收购、参股、加盟。

几年间，由于两大集团的垄断，将本来身价只有几百万元的加油站抬高到了几千万元。民营加油站也是国家批准的有零售和批发资质的合法企业，有不少加油站不愿意被吃掉，但苦于没有油源，不得不采取特许加盟形式归属垄断公司，挂起了"中石油"、"中石化"的牌子。

现在，两大垄断公司为什么对特许经营加油站要扫地出门呢？一是垄断公司自有加油站已经自成体系，网络基本形成；二是"批零倒挂"加油站越多越赔钱；三是逼迫民营加油站吃他们的高于零售价近200元的批发价，以谋取更多的利润。

---

① 佚名. 批零倒挂的本质行业垄断? 为中国民营油企鸣不平［EB/OL］. ［2006-12-18］. http://finance.people.com.cn/GB/1038/59942/59952/5180980.html.

"批零倒挂"的本质是什么呢？是行业垄断。我国石油行业的产、炼、销全部流程都控制在两大集团手中，它们以"抽紧油品资源，联手推价"为手段，制造了油品市场短缺，从而谋取高额垄断利润。

近半年，在河北、山西、福建、上海、江苏、浙江等地，90%的民营和社会加油站处于没油卖、卖油赔的停业状况。中国民营油企是乘改革开放之东风发展起来的，是市场经济的产物。尤其是"非公经济36条"政策出台之后，民营油企成为国家石油战略的重要补充力量。然而，在成品油批发市场全面放开之前，两大垄断集团利用国家资源专控之便，百般挤压民营油企，使4万家加油站多数关门倒闭。

思考：

1. 对于行业性的垄断，你怎么看？

2. 为什么说创业者最好不要选择高垄断行业进行创业？

②企业平均规模大的行业不适合新企业的创立

在企业平均规模较小的行业中，新企业的表现更佳。新企业往往以小规模开始运营，以此作为最小化创业者估算错误风险的一种途径。也就是说，如果创业者以小规模开展业务，那么如果他们的估计是错的，他们的损失也将更小。在一个大多数企业规模都较小的行业中，开办一家规模较小的新企业相对于行业中的已有企业而言，不会处于非常不利的地位。相反，在企业平均规模都很大的行业中，开办一家小规模企业面临着许多不利条件，比如无法以批量进行采购，以及面临更高的生产和分销成本。

③大多数创业者都会面临大公司的潜在威胁

创业者应该时刻准备面对这些威胁而且应该意识到谁是竞争者，他们的优势与劣势是什么，以便制订可以实施的有效的营销计划。一般情况下，依靠经验，通过商贸杂志上的文章、广告，甚至电话号码簿的黄页等可以比较容易地识别大多数的竞争者。

首先是竞争厂商之间的竞争角逐。为了赢得市场地位和市场份额，他们通常不惜代价。在有些行业中，竞争的核心是价格；在有些行业中，价格竞争很弱，竞争的核心在于产品或服务的特色、质量和售后服务、品牌形象。一般而言，行业中的竞争厂商都善于在自己的产品上增加新的特色以提高对客户的吸引力，同时毫不松懈地挖掘其他竞争者的市场弱点。竞争厂商之间的竞争是一个动态的、不断变化的过程。竞争不但有强弱之分，而且各厂家对价格、质量、性能特色、客户服务等因素的相对重视程度也会随时间不同而发生变化。

其次是来自替代品的竞争压力。某个行业的竞争厂商常常会因为另外一个行业的厂商能够生产很好的替代品而面临竞争。例如，玻璃瓶生产商会受到塑料瓶和金属罐厂商的竞争。来自替代品的竞争压力其强度取决于三个方面：一是是否可以获得价格上有吸引力的替代品。容易获得并且价格上有吸引力的替代品往往会产生竞争压力，如果替代品的价格比行业中产品的价格低，那么行业中的竞争厂商就会遭遇降价的竞争压力。二是在质量、性能和其他一些重要的属性方面的满意度如何。替代品的易获得性不可避免地刺激客户去比较彼此的质量、性能和价格，这种压力迫使行业中的厂商加强攻势，努力说服购买者相信它们的产品有着卓越的品质和有益的性能。三是购买者转向替代品的难度和成本，包括可能的额外价格、可能的设备成本、测试替代品质量和可靠性的时间和成本、断绝原有供应关系建立新供应关系的成本、转换时获得技术帮助的成本、员工培训成本等。如果转换成本很高，那么替代品在生产上就必须提供某种重要的成本或性能利益，来诱惑原来行业的客户脱离老关系。因此，一般来说，替代品的价格越低，替代品的质量和性能越高，购买者的转换成本越低，替代品所带来的竞争压力就越大。

再次是购买者的权利。如果购买者能够在价格、质量、服务或其他的销售条款上拥有一定的谈判优势，那么购买者就会成为一种强大的竞争力量。一般来说，大批量采购使购买者拥有相当大的优势，从而可以获得价格折让和其他一些有利的条款。零售商常常在产品采购时占有谈判优势，因为制造商需要扩大零售覆盖面和争取有利的货架空间。由于零售商可能储存一个或几个品牌的产品，但从来就不会储存市场上所有品牌的产品，所以，厂商为了争取那些颇受大众青睐或大批量零售商的生意而展开竞争，这样就会给零售商创造明显的谈判优势。

再者是供应商的权利。供应商是一种弱势竞争力量还是一种强势竞争力量取决于其所在的行业的市场条件和所提供产品的重要性。一旦供应商所提供的是一种标准产品，可以通过开放市场由大量具有巨大生产能力的供应商提供，那么与供应商相关的竞争压力就会很小，可以很容易地从一系列有一定生产能力的供应商那里获得所需的一切供应，甚至可能从几家供应商那里分批购买以推动订单竞争。在这种情况下，只有当供应出现紧缺而购买者又急于保证供应时，供应商才会拥有某种市场权利。如果有很好的替代品，而购买者的供应转换既无难度，代价又不高，那么供应商的谈判地位就会处于劣势。

最后是潜在的进入者。一个市场的新进入者往往会带来新的生产能力和资源，希望在市场上占有一席之地。对于特定的市场来说，新进入者所面临的竞争威胁来自进入市场壁垒和现有厂商对其作出的反应。一旦新进入者很难打开这个市场或市场的经济因素使得潜在进入者处于劣势，进入市场的壁垒就产生了。

四、创业策略选择

创业者进入某一市场是需要讲究一些策略和技巧的，创业策略的选择体现了创业者的智慧、能力和勇气，也反映了创业的艺术性。

（一）创造性模仿策略

创造性模仿策略是指在一项新技术和产品即将投入市场或刚刚投入市场的很短的时间里，创业者在别人研究与开发的基础上，开发出真正使消费者满意的新产品和技术，并且以此迅速占领市场，并可能成为该类产品的标准。这一策略专门研究别人的成功，从顾客的角度来衡量某种产品或服务，着眼于市场而非产品，着眼于顾客而非制造商，是以市场为中心并由市场驱动的。这一策略并不是以掠夺原发明人的市场而赢得成功的，而是以充分满足原发明人开拓出来的而又能满足的市场而制胜的。也就是说，创造性模仿是进一步满足已存在的需求，而不去重新创造一种新的需要。这一策略适宜的条件需要的是一个迅速发展的市场。

如在互联网出现之前，个人电脑主要作为个人事务处理器，或者在单位中通过局域网络进行一些资料的交换，而微软的操作系统成为主导规格，微软所开发的软件基本上主导了整个市场。1991年一位年轻软件工程师提出了万维网（World Wide Web）的产品构想，两年后的1993年，万维网已引起业内许多人的注意。1994年4月，网景公司（Netscape）成立，并推出网络浏览器这项划时代的新产品，大幅提升了网络传输与浏览文件的便利性，因此引起极大的轰动。由于网络浏览器俨然成为万维网的新平台，极有可能威胁到微软操作系统作为独立电脑工作平台的地位。这时比尔·盖茨立即意识到万维网这项创新产品将具有巨大的市场潜力，因此1995年8月推出的95视窗系统就附加自己的浏览器Internet Explorer，以及提供联网的服务（Microsoft Network）。以后几年，微软使尽各种方法，极力争取自己在万维网市场的领导地位，不惜引发与网景之间的法律纠纷，甚至被美国司法部控告垄断。

（二）创业柔道策略

创业柔道策略是创业者以市场为中心，以技术为手段，并不是与行业中的现有企业进行硬碰硬的较量，而是借其力，顺其势，趁"虚"而入。这一策略不但需要模仿，还需要有独具特色的创新。一般来说，仅仅以较低价格来提供同样的产品和服务是不够的。和原有的产品或服务相比，需要具有独到之处。创业者采用这一策略，首先需要分析产业、已有的生产厂家、供应商以及他们的经营习惯与发展事态，特别是一些不良习惯和不合实际的政策；然后在深入了解市场的基础上，找出突破口。

创业柔道策略需要具备以下条件：

（1）一种发展迅速的新技术出现。

（2）在迅速发展的新市场或新技术上，市场或技术领先者一味追求大而全而不是最优化。

（3）市场和工业结构急剧转变。

（4）创业者具有较高的技术创新能力和市场营销能力。

（三）顾客导向策略

顾客导向策略是指创业者以顾客为中心，通过创造顾客效用、满足顾客实际需要以及向顾客提供真正的价值等进入市场的一种策略。在这一策略的实施过程中，创业者需要认真思考的是：对于顾客来说，真正的服务和真正的效用是什么？怎样才能做到真正为顾客服务？创业者应该清醒地认识到："顾客要买的并不是产品本身，而是产品的效用。"创业者要本着"向顾客提供价值"，为顾客解决问题，而不是向顾客卖你生产的"产品"。价格常常是营销中最敏感的因素之一，但在创造顾客效用时，价格并不是最主要的因素。因此，创业者应该认真地问自己，自己赖以创业的产品、技术或服务到底能够为顾客解决什么问题？让顾客切实感受到你创办公司的必要，不是你想创业，而是你的创业是他们的需要。

（四）利用特殊优势策略

在创业中，如果创业者拥有独特的产品、独一无二的技术以及与众不同的管理方法等，形成了创业者的特殊优势，进而利用这一特殊优势进入市场。在这一策略中包含三个方式：设置"关卡"，采用特殊技术，进入特殊市场。

1. 设置"关卡"

创业者设置的这个关卡必须是某个过程当中不可缺少的关键产品，关卡位置常常是一些创业者最希望的地位，但是关卡位置常常有十分苛刻的要求。比如，20世纪50年代后期，威廉·康纳想创办自己的公司，他发现了这样的一个机会：外科手术中最常见的是白内障摘除手术。手术的过程不太协调，因为要切除韧带、扎住血管，将引起出血和伤害眼睛。这一点给医生添了很多麻烦，即使是经验丰富的医生也难免心存畏惧。威廉·康纳想到了一种酶可以解决这一难题。经过几个月的苦心研究和试验，威廉·康纳获得了成功。几年后，世界上每位眼科医生都使用了威廉·康纳发明的配方。这里威廉·康纳发明的配方就起到关卡的作用。

2. 采用特殊技术

如果创业者拥有独一无二的技术，只有自己能做，别人做不了，那么，你就拥有了竞争优势。当然，这个技术必须是最先开发出来的技术，绝对与众不同或能够保持与众不同。很多创业者就是凭着拥有与众不同或先进或特殊的技术或技能开始了他们的创业之路。

3. 进入特殊市场

与特殊技术的主要区别在于特殊市场主要建立在对市场的特殊认知上。特殊市场位置和特殊技术位置要求的条件是相同的：对新潮流、产业或市场的系统分析以及特定用途的创新。与特殊技术一样，成功恰恰是特殊市场位置的最大威胁，尤其是当特殊市场变成大众市场时。

第二节　新企业创立

一、资金需求预测

（一）为什么筹资如此困难

大多数创业者会告诉你，创办新企业最难的地方就是筹集资金。事实上，研究人员询问创业者创办新企业最关注什么，最普遍的回答就是"筹资"。当研究人员询问创业者，在企业创立过程中哪类帮助最有价值，最普遍的回答是在获取资金上的帮助。

新企业筹资为什么这么困难呢？答案在于创业者要求投资者所做的事。创业者识别出的不确定的新企业机会是建立在别人无法拥有也无法识别的信息基础之上的。因此，投资者必须在信息少于创业者的情况下决定是否向价值非常不确定的新企业提供资金。这种不确定性和信息不对称导致了新企业融资的难题。

1. 信息不对称问题

投资者没有或不能识别到创业者所拥有或识别的关于商业机会的信息，这一事实导致了筹资的三个问题。

第一，创业者不愿向投资者透露信息，并要求投资者在有限的信息下做出决策。创业者需要对有关商业机会及其开发方法的信息保密。如果其他人知道这一信息，也将追逐同样的机会。此外，投资者拥有开发商业机会所必需的资金（否则创业者也不会和他们商讨融资事宜），所以创业者不想过多地告诉投资者关于商业机会及其开发方法的信息，以免投资者没有他们也一样能有开发机会。这样，创业者将他们手中的机会信息隐藏起来，投资者不得不在信息少于创业者的条件下制定对新企业的投资决策。

第二，创业者拥有的信息优势使他们有可能利用投资者。创业者能够利用他们的信息优势从投资者那里获取资金，用来谋取自己的利益而不是企业的利益。例如，假设一个创业者告诉投资者他需要一笔大额开支用于招待客户，投资者确实无法知道，创业者需要这笔开支是因为那个产业的客户如果不享受美食和好酒就不可能达成交易呢，还是因为创业者喜欢美食和好酒而将这笔开支作为外出吃饭的一种方式。是创业者提供关于需要这笔开支的信息，而这一信息可能并不真实。

第三，投资者由于创业者及其商业机会的有限信息可能会导致逆向选择问题。当某人不能区分在两人中哪一个具有优良品质，哪一个没有的时候，逆向选择就会发生。因为不能将两人区别开来，所以不具有优良品质的人就有动机为她或他的品质撒谎，声称自己具有优良的品质。例如，某些创业者具有成功创建新企业的能力而某些人没有，如果投资者不能将他们识别出来，那么没有能力创建新企业的人将会模仿别人的行为来获得融资。比如，他们假装拥有他们实际上没有的能力、信息或经验。为了保护自己，投资者不得不收取保证金作为当支持了错误的人而遭受损失时的补偿。由于有能力的创业者不愿意支付这笔额外的费用，因此他们退出了融资市场，只剩下那些投资者不愿意支持的创业者，导致了逆向选择。

2. 不确定性问题

新企业非常不确定，投资者也面临着多种多样的问题。

第一，投资者不得不在拥有很少事实依据的基础上评判机会价值和创业者能力。决定新企业将成为有价值的投资对象的因素（如新产品需求、企业的财务绩效、创业者管理企业的能力等）在创业者获得融资并开发商业机会之前不能被确切地知晓，因为如果没有投资者的资金投入，这些因素都不会发生。所以，如果创业者没有一项专利技术或者没有成功创办企业的长期记录（大多数新企业不具备这些），投资者就不得不在非常少的可靠证据的基础上对新企业进行决策，在这种情况下制定投资决策的风险非常高。

第二，创业者和投资者对新企业价值的认识经常存在分歧。因为新企业具有不确定性，没有人真正知道一家新企业会赚取（如果赚的话）多少利润。因此投资者会基于他们自己对新企业盈利能力和吸引力的洞察力来制定投资决策，这种认识通常会低于创业者的评价。为什么呢？创业者为了激励自己从事创办企业的艰苦工作，常常说服自己相信企业所开发的机会比实际情况更好。当他们与没有过分乐观的投资者谈判时，往往会面临关于新企业价值的艰难的讨价还价。

第三，投资者希望确认，当创业者的新企业被证明没有价值时，创业者能偿付全部所融资金，尤其当他们借钱给创业者的时候，这样投资者所冒的风险较小。很明显，如果新企业经营失败，创业者难以偿付投资者为新企业投放的资金，失败的企业是没有任何资金的。因此，投资者要求创业者提供抵押品或者其他当企业失败时能够出售的资产，如创业者的房产。这样安排的问题在于：许多创业者需要资金，正是因为他们没有任何有价值的资产，否则他们就自己为新企业提供资金了。

（二）启动资金需求预测

1. 启动资金

启动资金是指企业开业前期准备工作所需要投入的资金，包括企业设备、设施的前期投入和开业准备及初期运作所需的各种资金，用来支付场地（土地和建筑）、办公家具和设备、机器、原材料和商品库存、营业执照和许可证、开业前广告和促销、工资以及水电费和电话费等费用。启动资金一般有固定资金和流动资金之分。

固定资金是指为企业购买价值较高、使用寿命长的东西，是企业生产资金的主要组成部分。由于它可以在较长时期内发挥作用，其价值随着劳动资料磨损程度逐渐地、分次地转移到产品中去而与流动资金相区别。

企业固定资金包括：登记注册手续费、购买必需的办公用品、招聘员工费用、广告宣传费用；生产的工作机器、动力设备、控制检测手段，冷库、燃气、供水供电系统。这些都必须在开业前购置、调试好。这种投资属于长期投入，也记在启动资金之内。创业行业的选择不同，其固定资金的投入也不同，有的企业用很少的投资就能开办，而有的却需要大量的投资才能启动。创业者在开办企业时必须要有资金投入，但明智的做法是把必要的投资降到最低限度，让企业少担些风险。实际上，创业初期要从小做起，实事求是，量力而行。设备不必全部购置，可以节约资本。非核心机件的加工可交由他人加工制造，付加工费。只要不影响产品质量，可以尽量租赁设备。这样可以降低开办初期的资本投入，减轻企业融资压力。

广义的流动资金是指企业全部的流动资产，包括现金、存货（材料、在制品及成品）、应收账款、有价证券、预付款等项目。狭义的流动资金是指企业日常运转所需要支出的资金，包括：开业初期运营所需的商品进货资金，或者是加工制造的原材料采购费用；员工工资；交通、通信和水电煤等日常开支；有的还有项目洽谈费、促销、保险等费用。

以上两项资金的预测，应根据不同行业特征、经营规模和产销要求筹划。企业流动资金和固定资金的占有比例必须恰当，固定资金比例占有越大，企业的财务风险越高。

2. 启动资金预测方法

创业者需要多少启动资金才能将公司运营起来，才能达到企业生存的目的呢？这就需要进行资金需求的分析。一般来讲，启动资金预测方法有以下几种：

（1）咨询专家。通过专家的分析与帮助，弄清楚你所要进入的行业是否有准入机制，是否有资格限制，是否有特定的行规或进入门槛，这些条件对一个初次创业者来说是极其重要的。如果是一个有特殊要求的行业而你事先没有进行专家咨询，创业者则有可能成为新时代的杨白劳。通过请教专家，不仅可以解决行业要求与发展前景的问题，还可以大致估算出行业内同等规模企业的资金需求情况。创业者把公司注册下来，还只能算是创业的开始，还只是迈出创业的一小步，而真正的创业是必须使公司真正进入运营存活的阶段。

（2）行业分析。通过行业分析，可以了解到进入此行业的最低资本需求量。比如，如果要创办生产制造类企业，则至少需要上百万元的资金；而如果只是开一家快餐店，可能只要几万元甚至几千元就足够了。每个行业都有其特有的规律，创业者通过行业分析不仅可以了解行业的特点，还可以为今后创业经营积累基本的信息与相关知识。

（3）目标企业类比。在准备进入行业之前，创业者可以选择一家规模与自己准备开办的公司大致相当的企业进行类比分析。通过观察与了解该企业的资产状况、人员开支情况、经营现金需求等基本信息可以得出大致的资金需求信息。

（4）逐项罗列。资金需求预测的另一种方法是逐项罗列法。比如，公司场所、生产设备、办公设备及用品、人员工资、企业流动资金和基本准备金等。将所有必需的投入列出之后，你就可以计算出最基本的资金需求了。但是企业只有固定资产是不够的，还需要有进行商品流通的资金。那么你就要计算你的流通领域将会滞留多少资金，因为这也是必需的，没有这部分钱，你的企业就不会运转起来。

（三）资金的来源

1. 个人资金

创业者在初创阶段通常使用自己的资金，通过抵押自己的私人财产（像房子、汽车等）来获得这些权益资金；通过个人的银行贷款或信用卡借款等方式来获得权益资金。另外，从资金成本或企业经营控制的角度来说，个人资金成本最为低廉。

2. 家庭或朋友

对新创企业，除了创业者本人，家庭或朋友就是最为常见的资金来源，出于他们与创业者之间的亲情关系，也由于他们易于接触，所以他们是最可能进行投资的人。家庭和朋友能为新创企业提供少量的权益资金，部分满足大多数新创企业所需要的少量资本需求。有时候家庭或朋友的帮助并不是直接提供资金，而是通过提供担保等方式帮助创业者获得所需要的资金。

3. 银行

一般而言，银行并不从事向创业企业提供贷款的业务。但在适当的情形下，商业银行也为新企业提供多种类型的资金。首先，银行偶尔为新企业提供标准的商业贷款，特别是这些企业产生了正的现金流并且创业者能用财产、设备和其他资产为这些贷款提供担保时。商业贷款是一种融资方式，借款者要为借入资金支付利息。其次，银行有时候为新企业提供信用额度或协议，允许创业者在需要资金的任何时候以某一特定利率借入固定数量的资金。信用额度通常用于对存货或应收账款的融资。尽管有这些事例，但银行贷款对于很年轻的企业来说还是很缺乏的，正的现金流是支付贷款利息所必不可少的。

虽然新企业获得贷款的难度比成熟企业大得多，但是，如果创业者经验丰富或者拥有股权比例较高，或者能提交一份很好的商业计划，那么创业者还是有可能借到资金的。

4. 租赁

租赁，是出租人以收取租金为条件，在契约或合同规定的期限内将资产租借给承租人使用的一种经济行为。现代租赁已经成为企业融资、筹集资产的一种方式，用以补充或部分替代其他融资方式。对于新创企业而言，租赁是一种很有效率的融资方式。

5. 与他人合伙

与他人合伙也是一个比较有效的资金来源渠道。虽然已有大量的事例证明合伙创业会带来一定的好处，但对一个初次进行创业的探索者来说，如果采取合伙创业一定要慎重考虑。在合伙创业开始之前，务必要与合伙者将权利、义务以及如何经营、如何获取投资收益、如何区分工资所得与股东权益所得等一系列问题谈清楚。因为从实践情况来看，合伙创业是最容易产生分歧的创业组织形式。如果没有很好的信任基础，合伙者最终的结果肯定是不欢而散。因此，选择合伙创业最应该注意的问题就是合伙人之间是否具有诚实与相互信任的基础，如果仅仅是因为资金的缺乏而选择合伙，最有效的措施就是在合伙之前，与合伙人将所有可能发生的问题，全部用法律合同的形式约定下来，以免将来发生不必要的麻烦。

6. 风险资本

风险资本，是指由专业投资人提供的快速成长并且具有很大升值潜力的新兴公司的一种资本。风险资本通过购买股权、提供贷款或既购买股权又提供贷款的方式进入这些企业。

风险资本有两个基本特点，即"创新+金融"和"投资+管理"。

（1）"创新+金融"是指风险投资以金融的手段帮助企业实现"创新"，使"创新"从"萌芽"阶段飞跃至"实现价值"阶段，使利润提前实现。

（2）"投资+管理"是指风险投资不仅仅为项目提供资金，更要提供一系列的增值服务，在管理上帮助企业克服经营或者管理瓶颈，使之得以长远发展，这也是为什么风险投资总是被称为"Smart Money"（指那些有经验的投资商或善于赌博的人的投资）的原因。

7. 国家政策性扶持

为了扶持与鼓励创业活动，我国政府在近几年来连续出台了许多相关政策。需要强调的是，创业者可以充分利用这些有利条件进行融资或贷款。目前国家在创业小额贷款发放方面已经下了很大的力气，每年都有几十亿元的资金进入创业领域，创业者可以通过当地政府有关部门进行了解。此外，国家劳动部推行的"4050 计划"、科技部推行的"中小企业科技创新基金"、上海的大学生创业基金及非正规就业劳动组织等都可以为创业者提供相应的资助资金。通过当地中小企业服务机构，创业者可以获得相关信息。

二、　新企业的形式选择

当创业者把创业项目、创业资金确定下来以后，就要考虑企业形式的问题，即创办什么样的企业？是独资企业、合伙企业，还是有限责任公司？还是股份有限公司等？在现有的资源条件和目标约束之下，哪种企业形式对自己最适合？

根据我国《公司法》的规定，股份有限公司的注册资本最低限额为人民币500万元，这对绝大部分创业者而言是一个天文数字，因此在这里不作具体分析。在这里选取了我国中小企业普遍采用的三种企业形式作具体分析，即个人独资企业、合伙企业以及有限责任公司。三种企业形式各有优缺点，应根据不同条件进行选择。

（一）个人独资企业

个人独资企业是指由一个自然人投资，财产为投资人个人所有，投资人以其个人财产对企业债务承担无限责任的经营实体。简单地说，就是由一个人出资经营的企业。这种企业形式的最大特点是不要求有非常正式的企业组织结构和程序，而且税收与公司财务账目的处理也很简便。

当创业者作为一个独资企业主的时候，法律对你个人和对你的企业是不加区分的。在法律上，独资企业就像个人的房屋、汽车和其他财产一样，也是个人财产的一部分。因此，当独资企业经营失败时，创业者面临的往往不仅是企业的资产要付诸东流，而且个人的其他财产都可能成为抵偿债务的物品，这就是所谓的无限责任。

1. 个人独资企业的基本条件

按照新颁布的《中华人民共和国个人独资企业法》（以下简称《个人独资企业法》）的规定，设立个人独资企业需要具备下列条件：①投资人为一个自然人；②有合法的企业名称；③有投资人申报的出资；④有固定的生产经营场所和必要的生产经营条件；⑤有必要的从业人员。

新颁布的独资企业法及其相关规定，与传统的法规相比，使个人注册和经营个人独资企业变得更加容易了，资本要求和注册程序有了进一步的放宽。这使创业者设立企业变得更加便利。1999年8月31日《个人独资企业法》颁布后，很多媒体夸张地称"个人办企业只有一步之遥"、"一元钱可以当老板"等，也说明了关于独资企业的新法律在创业者心中所引起的震动。

2. 个人独资企业的基本要求

法律对个人独资企业的要求很有限，但在成立独资企业时应做好以下几件事：①在银行为企业设立一个独立的账户，这是税务机构所要求的，也是个人顺利经营业务的需要；②购买一份个人人寿保险和医疗保险，当我们在大企业工作时，医疗保险和人寿保险一般都由专门的企业部门代劳，但我们自己成为企业主后，最好能自己购买一份医疗保险和人寿保险，因为各种不确定性因素都是存在的；③为企业的设备进行保险，这也是减少风险的措施。

3. 个人独资企业的优点

之所以许多创业者在开始时选择个人独资企业这种企业形式，是因为它可以为创业者带来以下便利：

（1）容易组建。工商部门对个人独资企业的注册要求很宽松。创业者一开始不一定要有很强的资金实力，也不必租用高级写字楼，起步规模可以很小，不少创业者甚至是在自己家里开始做第一笔生意的。

（2）具有完全的决策权。你一个人控制企业，可以按照自己的计划、按照个人愿意的方式开展经营，并且可以随时对经营管理情况进行调整，而不必获得其他人的许可。

（3）可以从企业发展中获得100%的好处。没有人会提出与你分享企业利润的要求，所有企业利润都归你自己。

（4）不必对其他人如股东大会通报企业的经营情况。如果你觉得必要，你甚至可以不把经营情况告诉你的家人和好友。

（5）还可享有一些税收上的优惠。这种税收上的好处在中国各地是不一样的，在你做税收计划前，可以参考一下当地政府部门的具体规定。

4. 个人独资企业的缺点

虽然创办个人独资企业有诸多便利，但也存在一些缺点和不便，这包括：

（1）负有无限责任，即你必须对经营中所有的债务负全部责任。如果破产，债权人有权要求出售企业财产和创业者个人物品以抵债。《个人独资企业法》第十八条规定："个人独资企业投资人在申请企业设立登记时明确以其家庭共有财产作为个人出资的，应当依法以家庭共有财产对企业债务承担无限责任。"该法的第三十一条又规定："个人独资企业财产不足以清偿债务的，投资人应当以其个人的其他财产予以清偿。"

（2）信誉不高、地位较低。一般来说，个人独资企业的信誉与创业者个人的信誉是等值的。作为独资企业的企业主，其企业的信誉完全建立在个人信誉的基础上。当我们与大公司签订经济合同时，即使我们不喜欢与我们打交道的人，但我们还是会爽快地签下合同，因为我们知道，对方的公司是有信誉的。但是，与个人独资企业打交道就不一样了，如果我们发现企业主不值得信任，那么我们就不会签合同；即使企业主个人人品很好，我们还是会犹豫，因为个人独资企业的倒闭是司空见惯的事情。

（3）缺乏支持者。在合伙企业制下，你可以得到合伙人的鼎力支持，但是作为独资企业的主人，你只有一个人单枪匹马地工作，而员工的想法、利益很少与你完全一致。你或许可以得到家人的支持，但你还是可能产生孤独感。

在很多情况下，个人独资企业实际上是由夫妇俩共同经营的。在法国，以独资企业面貌出现的企业几乎都是由夫妇俩共同负责的；而在美国，夫妇俩共同经营的企业却需要按合伙制或有限责任公司方式组织；在中国，个人独资企业更多的可能是夫妇俩人共同经营的。但从严格的法律角度来讲，夫妇俩的财产又是可区分的，因此，如果从企业风险方面来考虑，为了避免经营失败后一无所有的情况发生，你可以从法律上将家庭财产的一定比例划归你的配偶所有。这样，你的债主就无权要求你用这部分财产还债。

（二）合伙企业

合伙企业就是由两人或多人共同出资创办经营的企业。国际上许多著名企业一开始便是合伙企业，比如微软公司是由盖茨和艾伦一起创办的，惠普公司是由休利特和帕卡德一起创办的。但在中国，成功的合伙企业的例子比较少，会计财务制度的不健全、社会信任度的低下以及中国传统人格中的缺憾都不利于合伙企业在中国获得巨大的成功。但这并不是说合伙企业无法成功，只要合伙人精诚团结，并且制定切实可行的合伙协议和制度，合伙企业成功的可能性还是很大的。

1. 合伙企业的基本条件

按照《中华人民共和国合伙企业法》（以下简称《合伙企业法》）的规定，合伙企业是指在中国境内设立的由合伙人订立合伙协议，共同出资、合伙经营、共享收益、共担风险，并对合伙企业债务承担无限连带责任的营利性组织。合伙企业要求全体合伙人协商一致，并以书面形式订立合伙协议。成立合伙企业要求具备的条件包括：

（1）有两个以上合伙人，并且都是依法承担无限责任者。

（2）有书面合伙协议。

（3）有各合伙人实际缴付的出资。

（4）有合伙企业的名称。

（5）有经营场所和从事合伙经营的必要条件。

合伙企业中合伙人的关系实际上是一种个人独资企业主的联合，通过这种组织方式共同承担与个人财产相关联的法律责任。由于合伙企业是共同经营、利益共享、风险共担，因此选择合适的合伙对象就成为合伙企业成功的关键。

2. 选择合伙对象的基本要求

（1）合伙者必须互相信任，做到密切配合。这一条在目前中国的国情下尤为重要。众所周知，中国目前企业经营过程中的制度还不是很健全，尤其是一直无法形成严格规范的财务与会计制度，如果合伙人之间无法相互信任，那么就很可能在一些非经营性问题上发生争执，有可能使得合伙关系破裂。

（2）性格相宜。当你要创立合伙企业时，应该考察一下你的性格是否适合当合伙人，是否适合与其他合伙人合作。有的人个性太强，不能平等地接受他人的想法，不能与人共享资源，就不适合于参加合伙；有一些合伙人都很优秀，但彼此之间是性格冲突，而不是性格互补，这样共同创业也很容易失败。

有这样一个例子，刘先生与别人合伙不到一年，就退出了合伙关系。他们的共同项目是经营一家书店，刘先生实际从事图书销售这一行有好多年了，他曾经非常成功地经营了一家小书店，但他希望扩大企业的经营规模，而没有足够的钱。于是他想通过找人合伙来解决资金问题。但是，新的书店开张后，他发现自己容忍不了合伙人对书店经营方式的干涉，他与合伙人在书店经营的很多问题上都有分歧。刘先生后来承认他的合伙者完全有权就书店经营提出自己的看法，而真正的问题在于他个人的性格，以及他与合伙人性格的冲突。

从合作的方式与风险的分担情况来看，"合伙关系几乎是如同婚姻关系一样密切。因此，选择合伙对象就像选择婚姻对象一样必须十分认真和慎重"。合伙人对企业责任承担无限连带责任，当企业破产时，不管谁的过失，所有合伙人都必须以个人物品抵债。因此，如果想选择合伙企业作为创业的开始，在选择合伙人方面要慎之又慎。在商业社会中，并不存在成功建立合伙企业的黄金定律，但从已有的商业实践来看，大多数成功的合伙关系建立时合伙人往往互相认识很长时间，可能是朋友，也可能是贸易伙伴，而且他们的才能和性格恰好能够形成互补。如果两个多年的老朋友一个精通技术、另一个精通管理，一个善于销售、另一个善于管理生产，那么成功的可能性就要大得多。

（3）要恰当地处理合伙协议问题。前面已经提到，《合伙企业法》规定，任何合伙企业成立都要签署书面的合伙协议。合伙企业的合伙协议实际在某种程度上就决定了合伙企业能否成功。一般来说，请律师起草合伙协议是一种比较稳妥的做法，可以确保合伙协议的质量。但对于创业初期的合伙人来说，律师费用过于昂贵，因此很多人愿意自己起草合伙协议。如果你在创业前能对《合伙企业法》进行一定的研究，并且能对合伙人的所有利益要求有充分的考虑，那么起草一份成功的合伙协议也不是一件很难的事情。根据《合伙企业法》第十三条的规定，合伙协议应当载明下列事项：①合伙企业的名称和主要经营场所的地点；②合伙目的和合伙企业的经营范围；③合伙人姓名及住所；④合伙人出资的方式、数额和缴付出资的期限；⑤利润分配和亏损分担办法；⑥合伙企业事务的执行；⑦入伙与退伙；⑧合伙企业的解散与清算；⑨违约责任。另外，合伙协议可以载明合伙企业的经营期限和合伙人争议的解决方式。

3. 合伙企业的优点

之所以有些人愿意选择合伙企业作为创业的企业形式，是由于合伙企业具有一些重要的优点，而这些优点是个人独资企业或有限责任公司所不具有的。这些优点包括：

（1）建立合伙企业的手续简单，非常便利。

（2）如果合伙人都对企业投入资金的话，合伙企业能够获得较多的启动资金，而这种资金的集合对创业者初期的创业活动可能是非常重要的。

（3）合伙人之间可以形成技能互补。如一个合伙人擅长技术，另一个合伙人具有管理才能，还有人善于理财和提出好的项目，这与一个人单枪匹马相比往往更能有效地利用各自的优势，而优势的整合往往就意味着成功。

（4）合伙人之间可以互相增强信心。一个合伙人可以从其他合伙人身上获得力量，而且合伙人之间能够分担责任。

（5）与有限责任公司相比，合伙企业在公司管理制度、会计财务等方面可以相对简单一些。

4. 合伙企业的缺点

合伙企业也存在不少缺点，这些缺点使很多人对合伙企业望而生畏。其中有些缺点是一般合伙企业共有的，而另外一些缺点是中国的合伙企业所特有的，这些缺点也往往构成了合伙企业失败的原因。合伙企业的缺点主要有：

（1）不管是谁的过失造成了企业的损失，每个合伙人都对合伙企业承担无限责任。《合伙企业法》规定，"合伙企业对其债务，应先以其全部财产进行清偿。合伙企业财产不足清偿到期债务的，各合伙人应当承担无限连带清偿责任"，"以合伙企业财产清偿合伙企业债务时，其不足的部分"，由各合伙人按照合伙协议规定的比例，"用其在合伙企业出资以外的财产承担清偿责任"。

（2）信任问题。合伙企业比较容易出现信任问题，而这一问题可能是中国合伙企业失败的主要原因。如果合伙人之间互相猜疑，或者的确有人出于自己利益的考虑采取了不忠于其他合伙人的行为，那么合伙关系就有可能破裂。

（3）意见分歧与个性冲突。合伙企业成功的前提往往是大家一致，对任何重大经营问题上的意见分歧，以及合伙人之间的个性冲突，都可能是合伙企业趋于解体的因素。在这方面有经验的人士都知道，在合伙关系中只要出现一个武断的人，这种合伙关系就极有可能破裂。

（4）由于以上（2）、（3）两个原因，以及某个合伙人破产或者去世等原因，合伙关系会较不稳定。所以对创业者来说，与人合作创办合伙企业，与创办个人独资企业相比，要更加谨慎。有利的合伙很可能成为一个人走向成功创业的第一步，而不利的合伙可能耗尽一个人的精力，使人陷于无所作为的境地。

（三）有限责任公司

有限责任公司是指公司所有权由若干持股人拥有。这些股东根据股份的多少对公司拥有不等的控制权，这是一种比较普遍的企业形式。所谓有限责任公司，是指股东以其出资额为限对公司承担责任，公司以其全部资产对公司的债务承担责任。一般的有限责任公司与股份有限公司有所不同，股份有限公司是将其全部资本分为等额股份，股东以其所持股份为限对公司承担责任，公司以其全部资产对公司的债务承担责任。

根据《中华人民共和国公司法》（以下简称《公司法》），注册的企业是独立的法人，即公司与股东、董事和管理人员相分离。股东责任限于已付或已认购待付的股本，公司有无限的生命。但《公司法》对这种企业形式有许多严格的要求与限制，比如公司必须保存有关账目，必须任命审计师，必须向工商管理部门备案公司年报，公司年报中应该包括财务报表、董事会组成、董事个人情况以及各种重大问题。

1. 有限责任公司的基本条件

按照《公司法》的规定，在中国境内设立有限责任公司，需要具备以下条件：

（1）股东符合法定人数。

（2）股东出资达到法定资本最低限额。

（3）股东共同制定公司章程。

（4）有公司名称，建立符合有限责任公司要求的组织机构。

（5）有固定的生产经营场所和必要的生产经营条件。

对其中的股东法定人数，《公司法》第二十四条规定：有限责任公司由两个以上五十个以下股东共同出资设立。第二十六条规定：有限责任公司的注册资本为在公司登记机关登记全体股东实缴的出资额。有限责任公司的注册资本不得少于下列最低限额：①以生产经营为主的公司人民币五十万元；②以商品批发为主的公司人民币五十万元；③以商业零售为主的公司人民币三十万元；④科技开发、咨询、服务性公司人民币十万元。特定行业的有限责任公司注册资本最低限额需高于前款所定限额的，由法律、行政法规另行规定。

在人类的商业活动史上，有限责任公司这种企业形式是近代才产生的。但一产生，这种企业形式就得到了很快的普及，人们从这种企业形式中发现了更便利、更安全的特点。从这个角度看，有限责任公司的出现与兴起，并最终在企业界占据支配地位是与它的优点分不开的。

2. 有限责任公司的优点

（1）公司成员（董事和股东）的财务责任仅限于所支付的股份资本。《公司法》第三条规定：股东以其出资额为限对公司承担责任，公司以其全部资产对公司的债务承担责任。这样，如果公司破产，股东和董事无须以个人财产作为债权的补偿。

（2）有明确规定的管理结构和正规的管理制度，董事与经理的任命、解雇和退休均有章可循。公司的经营与管理活动要求按照《公司法》的有关规定来操作，这些规定包括股东大会的组成、董事会的产生、职权与议事方式、经理的职权与义务等。

（3）有限责任公司需要额外资本时，可以通过出售股份的方式筹资，这样就便于接纳更多的成员。所以，从这个角度看，与个人独资企业、合伙企业相比，有限责任公司具有更大的开放性。同样，有限责任公司的全部或部分资产要转让时，也比较容易。

（4）某个股东的去世、破产或抽走资本不会影响企业的经营，使企业经营具有稳定性和长远发展的可靠基础。

（5）信誉和地位都比个人独资企业、合伙企业高。人们普遍认为，与某一个公司打交道比与某一个个人打交道时，往往有更大的信心。

3. 有限责任公司的缺点

当然，任何一个硬币都有它的两面，有限责任公司也有一些缺点，主要是：

（1）需要较多的注册资本。比如前文提到的以商业零售为主的公司注册资本要达到 30 万元，以生产为主的公司注册资本要达到 50 万元。不少创业者在创业初期未必有这样的资金规模。

（2）注册时要求提供比较详细的资料，要有公司章程。这些工作还需要专门的会计与法律方面专业人士协助，这就使得组建费用可能会比较高。

（3）需要在政府的工商管理部门严格注册并备案年度报告和会计报表等资料，这些资料必须经过审计。这样，公司有些信息不得不对外公布，丧失了一定程度的保密性。如果公司违反《公司法》或《会计法》等相关法规的要求，则可能受到惩罚。

（4）在与金融机构合作的过程中，由于金融机构越来越倾向要求公司股东提供个人担保，公司的有限责任性质在不断地被削弱。

（四）选择合适的企业形式

在了解上述相关企业形式后，创业者就可以选择自己企业所需要的法律形式了。创业者该如何选择企业的形式呢？创业者可以从以下几个方面考虑。

（1）采取该种企业形式注册手续的复杂程度及所需费用如何？

（2）从法律角度看，企业形式对经营有何影响？企业的资产是谁所拥有的？在公司作为被告或者原告时，谁将承担诉讼的责任？

（3）企业的持久性如何？是否会和所有者共存亡？

（4）创业者是想建立一个永久性的事业，还是想一等到企业经营顺利就把它出售？

（5）企业所有人想退出或购买企业的份额是不是会很容易？

（6）谁有权为企业作出决策（比如管理企业的日常运作，制定长期战略，决定重大投资项目，以及企业卖给其他投资人，甚至终止企业）？

（7）谁对企业的债务负责？如果出现资不抵债，所有者是否要用其在企业外的个人财产和其他收益来偿付债务？

（8）税负情况怎样？企业的利润要不要在分配给股东前就承担税负？

一般来说，根据创业者的具体情况，再比较企业法律形式的利弊，就有助于找到适宜的企业形式。

三、新企业的登记和注册

（一）工商登记注册

进行工商登记注册，是开办企业的法定程序。只有依照程序进行工商登记注册，企业的经营活动才是合法的，才能受到法律保护。随便开店办厂，属于非法经营，一旦被查处，要付出很大的代价。

工商注册需要到国家工商行政管理机关办理。创办个体工商户需要到营业场所所在地的区工商行政管理分局办理手续。创办企业需要到当地工商管理局注册分局办理手续。

创业需要名正言顺。名不正则言不顺，言不顺则事不成。开店办厂办公司，都要具有合法的营业资格，办理相应的手续。这些手续主要包括工商注册、税务登记、银行开户、各种行业相应的许可证等。

办理工商注册登记，需要办的事很多，要有耐心，不能急躁。应当认真阅读工商行政管理机关的办事指南，按程序一步步去做。

1. 登记注册的步骤

个体工商户和私营企业的开业登记注册，一般要经过申请和受理、审查和核准以及发照和公告这三个步骤。

（1）申请和受理

申请，是创业者的主动行为。在正式申请前，可以到工商行政管理局向有关人员咨询，了解申请的程序，认真听取有关要求，对于不清楚的问题要及时询问。

申请开业，需要填写开业申请登记表或开业登记注册书，还要填写有关人员履历表。申请开业时，要拟定经营实体名称（申办企业还要预先登记名称）；要在银行开设临时账号（注册资金达到一定规模的私营企业要取得会计师或审计师事务所的验资证明）；要取得有关行业管理部门的经营许可证等。创业者按照要求提供材料的清单，精心准备齐全，到相应的工商管理部门正式提交申请。

受理，是登记主管机关接受创业者的正式登记申请。需要申请者准备好各种文件、证件。受理登记需要申请者缴纳费用。

对于证件、文件不全的申请，登记主管机关会确认并视为无效申请，不予受理。申请人可以说明自己的准备情况，请求帮助和理解。登记主管机关需要讲清申请材料的缺乏项目，以便申请人补充。

（2）审查和核准

审查是注册审批工作的关键环节，主要由工商行政管理机关来完成。

注册分局或各区工商分局要审查申请者提交的申请书和各种文件，确定是否符合规定的程序，提交的批准文件或资格证明材料是否完备；审查核实申请登记的企业是否具备企业登记条件，企业登记主要事项是否属实，生产经营项目是否符合国家的有关规定等。

审查的另外一项内容是经营场地调查。个体工商户的场地调查由各工商局完成。申办企业的场地调查，由工商局注册分局企管科负责。

在审查过程中，工商机关可以提醒和帮助申请者补齐各种要求的文件。对于文件不具备的申请者，会说明理由，驳回申请。

经过审查，工商行政管理机关在规定的时间内做出核准登记或不予核准登记的决定。时间规定是：个体工商户 7 个工作日，内资企业 15 个工作日，外资企业 22 个工作日。

（3）发照和公告

在审查核准的基础上，工商行政管理机关填写《企业法人营业执照》或《营业执照》，颁发给符合条件的申请者。

创业者经过核准登记，领到营业执照，就标志企业已经取得了合法的经营地位，同时也取得了名称专用权和生产经营权，其正当经营、合法权益和资产受法律保护。

登记管理机关还要发布登记公告，将核准登记的企业，通过报刊等新闻媒体，向社会公开发布，使之被公众知晓，表示企业享有的权利，并接受社会监督。

开业登记公告的内容包括私营企业名称、住所、法定代表人、经济性质、企业类别、注册资金、经营方式、经营范围、注册号等。

2. 个体工商户登记注册内容

个体工商户的登记注册，由个体工商户向经营所在地的区工商行政管理分局个体科提交书面申请，填写《个体工商户申请开业登记表》，并准备有关材料。申请涉及下列问题：

（1）组织形式。个体工商户又称个体户，其生产资料归个人或家庭所有，以个人或家庭劳动为基础，劳动成果归个人或家庭占有和支配，在法律允许的范围内，经有关部门核准登记，从事工商业活动。个体工商户可以个人经营，也可以家庭经营或合伙经营。个体经营的，以个人全部财产承担民事责任；家庭经营的，以家庭全部财产承担民事责任；合伙经营的，按照出资比例或者协议的约定，以各自的财产承担责任，并对合伙人的债务承担连带责任。

（2）经营行业。个体工商户从事经营的行业有工业、手工业、建筑业、交通运输业、商业、饮食业、服务业、修理业和国家允许的其他有关行业。

（3）字号名称，即个体户开办的小店、小厂、小服务部的名称。首先，字号名称要考虑经营的宗旨与特点，与行业的关联要密切，使人看到或听到名称就能联想到经营项目。其次，字号名称所使用的字眼，要考虑百姓的语言习惯、民俗传统等。所起名字应该简单明了，不宜过长，也不宜用字生僻或拗口，要让人觉得耳目一新，读起来朗朗上口，容易让人记住，能与其他店、厂名称区别开来。最后，名称要符合有关法律的规定，受法律保护的名称还可以转让或出卖。

（4）经营者姓名和住所。经营者姓名应该与户籍登记相一致。住所需要登记户籍所在地的详细地址。个体工商户申请人在申请登记注册时需提交本地户籍证明；下岗、失业人员需提交下岗、失业证明；离、退休人员需提交离、退休证明。

（5）经营场所。经营场所是指生产经营场所的详细门牌地址。当前，城市建设速度较快，工厂区、街道楼群的变化较大，登记经营地址时要采用最新的地址。应及时向有关方面咨询，如市、区国土局或各街道办事处等。生产经营场地一经核准登记后，就受法律保护，任何单位或个人不得随意侵占。

经营场所若属自有物业，在申请登记时须出具房产证明；若属租用，要出具租赁合同，并同时出具出租方的《房屋租赁许可证》（复印件）。

（6）从业人数。从业人员是指参加经营活动的所有人员，包括经营者、参加经营的家庭成员、雇请的帮工学徒等。从业人员要有合法身份并符合计划生育管理的要求。

（7）资金数额。这是指申请开业的注册资金。对于个体工商户来讲，注册资金没有数额限制。

3. 私营企业登记注册内容

创业者要申领和填写《私营企业申请开业登记注册书》和《私营企业负责人履历》。

私营企业是指企业资产属于私人所有、雇工 8 人以上的营利性的经济组织。

私营企业登记注册的主要内容有企业名称、企业负责人姓名、经营地址、企业种类、注册资金数、经营范围、经营方式、从业人员和雇工人数等。

（1）企业名称。初步拟定自己创办企业的名称后，要在注册前，到当地的工商局注册分局进行电脑查询，确定自己拟定的名称是否与别人已注册的企业名称相重。这个程序称为"名称查重"。企业名称一般为"×××公司"，去工商局注册分局查询，主要是查询企业名称中的"×××"，与同一行业是否相重。要取得企业名称不相重的证明，拟定企业名称时，最好拟有 3~4 个名称备用，去工商局查询是否相重时，就有备无患了。

按照国家有关法律规定，企业名称具有专用性和排他性，一旦核准登记，在规定的范围内享有专用权，受法律保护，其他单位或者个人不得与之混用或假冒其名称。

（2）企业负责人姓名。在办理工商注册，填写企业负责人姓名时必须使用真名，不得使用别名或假名。按照规定，独资企业的负责人是指投资者本人；合伙企业的负责人是由全体合伙成员推举的负责人；有限责任公司负责人则指的是全体股东或股东代表大会选举产生的公司董事长或总经理。此外，还要涉及公司股东资格问题。要注册登记的公司股东中必须有一人为本市常住户籍人口，并持有下岗、失业、辞职等证明。

（3）经营地址。这项内容的要求与个体户登记的要求相同。

（4）企业种类。企业分独资企业、合伙企业和有限责任公司三种类型。

（5）注册资金。注册资金是指私营企业自有的固定资金和流动资金的总额。它是企业财产的货币表现，同时反映了企业生产经营能力和企业规模。一般而言，固定资本的投资不得超过总投资的20%。

企业在注册之前，先要在银行开设临时账号，并由会计师事务所或审计师事务所出具验资报告。创业者应通过咨询，知晓自己意欲注册企业所要求的最低注册资金是多少，做到心中有数。然后寻找一家合法的会计师或审计师事务所来为自己验资，并出具验资报告。对验资收费国家有统一的标准。

（6）经营范围。经营范围是企业生产经营的商品类别和服务项目。根据企业生产经营的商品类别和服务项目在企业中所占的比重大小，经营范围分为主营项目和兼营项目。经工商行政管理机关核准登记的经营范围是法定经营范围，企业不得擅自超越。如果在实际经济活动中，超越核准登记的经营范围，就属非法经营了。

（7）经营方式。经营方式主要包括自产自销、代购代销、来料加工、商品批发、商品零售、批零兼营、客货运输、储运、装卸、咨询服务等。

（8）从业人员和雇工人数。从业人员是指企业中的全体生产经营人员。雇工人数是指不包括企业投资者在内的企业生产经营人员数。

私营企业工商登记注册需准备的材料为：公司设立登记申请书；公司章程（须经股东签名盖章）；会计师事务所或审计师事务所出具的验资报告；股东资格证明；自然人要出具居民身份证（备复印件）及失业、辞职等证明；公司名称预先核准通知书；公司住所使用权证明、租赁合同、房产证复印件（没有房产证的由产权单位出证明）；按规定需要报批的项目要提交有关部门的批准文件。

工商行政管理机关自收到申请人提交的符合有关规定的全部文件起受理，在受理之日起30日内作出审核决定。符合条件的，经核准登记后，发给《营业执照》或《企业法人营业执照》。企业营业执照签发日期，为企业成立日期。对不符合条件的，不予登记，并应当书面通知申请人。

4. 筹建许可证和营业执照的领取

筹建许可证和营业执照，是国家授权企业登记主管机关颁发的准许开业证明。

国家工商行政管理总局，省、自治区、直辖市和市、县工商行政管理局核准登记的工商企业颁发的合法凭证，具有法律效力，其他任何单位和个人不得颁发、复制和复印，更不得对工商企业的筹建许可证和营业执照进行扣留、毁坏或没收。

创业者如果需要进行基本建设，应当向工商行政管理局申请筹建登记并领取筹建许可证，该筹建许可证仅在企业筹建期内有效，企业筹建完毕即应缴销。创业者可于投产或者开业前 30 日内，重新申请开业登记并领取营业执照。

营业执照分为正本和副本两种。正本为悬挂式，用于企业亮证经营；副本为折叠式，用于携带外出进行经营活动，创业者可以根据需要，申请领取所需本数。

私营企业领取营业执照后，始得经营。凭营业执照刻制图章，设立银行账户，符合规定条件的可以申请贷款。

（二）税务登记

创业者在进行注册登记，领取营业执照之后，应按照《中华人民共和国税收征收管理法》（以下简称《税收征收管理法》）进行税务登记。

创业者首先应明白自己属于何种纳税人。根据《税收征收管理法》的规定，税务登记分为开业税务登记、变更税务登记、注销税务登记和停业、复业登记。创业者创立企业，要进行开业税务登记。需要办理开业税务登记的纳税人主要分为两类：第一类是领取营业执照从事生产经营活动的纳税人，包括企业，即从事生产经营的单位或组织，包括国有、集体、私营企业、中外合资合作企业，外商独资企业，以及各种联营、联合、股份制企业等，还包括企业在外地设立的分支机构和从事生产经营的场所以及个体工商户和从事生产经营的机关团体、部队、学校和其他事业单位。第二类是指不从事生产经营活动，但依照法律法规的规定负有纳税义务的单位和个人。创业者应根据自己是个体工商户还是私营企业进行税务登记。另外，企业在外地设立的分支机构和从事生产经营的场所，其税务登记应由总机构统一办理，但创业者须注意该分支机构也应该办理注册税务登记。

1. 办税的步骤

（1）办理税务登记

税务登记，是税务机关对纳税人的开业、变动、歇业以及生产经营范围变化实行法定登记的一项管理制度。从事生产、经营的纳税人自领取营业执照之日起 30 日内，持有关证件，向税务机关申报办理税务登记。新办企业申办税务登记时，应先凭《营业执照》，前往市技术监督部门申领组织机构代码，这是办税的必备材料。具体办理税务登记步骤如下：

①纳税人须在规定的时间内，持《营业执照》（正本）向地方税务局税务登记分局提出办理税务登记申请，领取《税务登记表》一式三份。

②纳税人按要求如实填写《税务登记表》，并标明本单位或个人所在地位

置，加盖印章后连同有关证件、资料报送税务登记分局。

③税务登记分局对纳税人的税务登记表、工商营业执照和提供的有关证件、资料审核后，符合规定要求的，即可准予登记，并发给纳税人《税务登记证》或《注册税务登记证》。

个人所得税扣缴义务人，应按照规定期限，向所在地地方税务局办理代扣代缴手续，由主管征收分局发给扣缴义务人证书，不发税务登记证。

（2）办理纳税申报和纳税方式

纳税人应在领取《税务登记证》或《注册税务登记证》之日起15日内，不分经济性质和隶属关系，按照属地征收的原则，到主管征收分局办理纳税申报。纳税人无论有无经营和收入所得、无论有无应纳税款发生，均应按经营范围和经营项目的实际收入，依适用的税种、税目和税率向主管征收分局（所）报送纳税申报表、财务会计报表和税务机关要求附送的其他证件、资料。

根据经营规模大小和经营方式的不同，税款征收的方式有自核自缴、自报自缴、查账征收、查验征收、代扣代缴、代收代缴、委托代征、代征、邮寄申报等多种方式。经营规模很小又无力建账的个体户，常常采用"双定户"的征税方式。

"双定户"中的"双定"是指定期、定额缴纳税款。经税务机关同意，可以不设置账簿，并按照税务机关规定税额和规定时间缴纳税额的纳税人，就是双定户。

双定户的核定程序为：新办税务登记的纳税人，需要按定期定额纳税的，应在办理税务登记后15日内，向主管征收分局提出申请，填报《定期定额纳税申报表》；主管征收分局调查核实纳税人申请表，然后参照分局统一测定的标准，考虑同行业、同地段、同规模的纳税人的收入水平以及平时申报纳税情况，提出对纳税人定额核定意见；分局定期召开评税会议，对纳税人定额核定意见进行审核评议，确定纳税人月营业定额和应纳税额，经主管局长审批后，由征收分局向纳税人发送《核定纳税通知书》，通知纳税人有关纳税定额和纳税时间。

已按定期定额征收方式缴纳税款的双定户纳税人，应在定额期限届满前10日内向主管征收分局提出申请，并填报《定期定额缴纳税款申请表》。

对双定户定额核定与调整的期限，一般为半年，最长不得超过一年。纳税人在"双定"期内，每月应如实申报应税营业额。其生产经营范围、经营方式、经营地点和从业人数未发生变化，每月申报应税营业额无论低于或高于核定的定额，仍按核定的定额征收。

（3）办理税款缴纳

纳税人应该根据要求，在指定的若干家银行内，选择一家在市内实现本行电脑联网的银行，设立纳税账户，并与其签订委托银行划转税款协议书，将开户银行及账号报送主管征收分局征收科（所）。每月办理纳税申报前，纳税账户至少存足当月应纳税款。

已在银行开设纳税账户的纳税人，只需在征收分局规定的期限内通过上门申报或邮寄、传真、电子等申报方式将纳税申报表及其他有关纳税资料报送征收分局后，由征收分局通知纳税人开设纳税账户的银行，将纳税人本期应缴税金划入国库，并将税票交纳税人。

临时建筑安装、运输、装卸及其他临时经营服务和个人房产税、车船使用税，个人申报的个人所得税等纳税人，应采用上门缴纳税款的方式，到临时经营所在地的征收分局办理缴纳税款手续。个人所得税纳税人到居住所在地的征收分局办理纳税手续。

2. 办税的内容

（1）个体工商户纳税主要种类

①营业税。商业、建筑业、加工业、服务业、娱乐业等取得的营业收入，均要交纳营业税。个体户营业税的纳税起点：零售商业为月销售收入额200～400元；其他行业为月营业收入额120～200元；临时经营的为每次（日）营业收入额15～30元。纳税人的营业收入额，凡达不到起征点的，免征营业税。营业收入额超过起征点的，按收入金额计算缴纳营业税，征收标准分3%、5%、10%、15%四档。②增值税。生产西药、纺织品、农用机具和配件、轴承、机器等产品的，要按照产品的增值额纳税。增值额是指生产过程中新创造的那部分价值。例如，某商户加工西装获得销售额10万元，其中消耗原料及其他辅料6万元，增值额为4万元，对4万元部分就要纳税。在实际征税活动中，对于从事商业经营的个体户，通常按照其销售额的4%缴纳增值税。从事工业生产的，增值税征收率为6%。增值税的纳税期限分别为1日、3日、5日、10日、15日、1个月。具体纳税期限，由主管税务机关根据纳税人应纳税款的大小分别核定；不能按照固定期限纳税的，可以按次纳税。③个体工商所得税。2011年9月1日，新个人所得税法正式实施。在新个人所得税法中最直接的改变，应当数起征点和税率的改变了。在新税法中，个体工商户的起征点由24 000元/年（2 000元/月），调整到42 000元/年（3 500元/月）。个体工商户个税公式为：应纳税所得额＝收入总额−成本、费用及损失−

起征点，应纳税额＝应纳税所得额×适用税率。根据《国家税务总局关于印发〈个体工商户个人所得税计税办法（试行）〉的通知》规定，个体工商户的收入包括：个体户从事生产经营以及与生产经营有关的活动所取得的各项收入，包括商品（产品）销售收入、营运收入、劳务服务收入、工程价款收入、财产出租或转让收入、利息收入、其他业务收入和营业外收入。税前扣除的成本、费用及损失包括：个体户从事生产经营所发生的各项直接支出和分配计入成本的间接费用以及销售费用、管理费用、财务费用；损失是指个体户在生产经营过程中发生的各项营业外支出。④城市维护建设费。以实际缴纳的产品税、营业税、增值税为基数，纳税人所在地在城区的税率为7%，在县镇的为5%。上述各种税种，对于"双定户"来说，全部综合在一起缴纳。

（2）私营企业纳税主要税种

①营业税。从事商业、服务业的私营企业都要缴纳营业税。营业税的特点是税源广泛，税负较轻，按行业、多环节征收。营业税按企业经营的项目不同，划分为11个税目。征收标准分4个档次，与个体工商户的相同。私营企业所从事行业的税率，一般为3%~5%。营业税有起征点，按期纳税的为月营业额800元，按次纳税的每次（日）营业额50元。营业额若没有达到营业税起征点，免征营业税。有些经营项目免征营业税，如托儿所、幼儿园等提供的育养服务；婚姻介绍、殡葬服务；残疾人员个人提供的劳务；学校和其他教育机构提供的教育劳务等免征营业税。营业税的纳税期限，分别为5日、10日、15日、1个月。纳税人的具体纳税期限，由主管税务机关根据纳税人应纳税额的大小分别核定，如果不能按照固定期限纳税，也可以按次纳税。

②增值税。这是以商品生产流通和劳务服务各个环节的增值额为征税对象的一种税。企业的产品销售额扣除该产品所耗费的原材料、燃料、动力、包装、加工以及其他费用后的余额，就是增值税的应税部分。一般纳税人的增值税税率为17%；小规模纳税人的增值税税率为6%；贸易型的增值税税率为4%。

③企业所得税。这是对私营企业生产经营所得征收的一种税。企业每一纳税年度的收入总额，减去成本、费用、所得税前列支税金、营业外支出后的余额，为所得额，乘以一定的税率即为企业所得税。企业所得税交纳期限按年计算，分月或分季预缴。月份或者季度终了后15日内预缴，年度终了4个月内汇算清缴，多退少补。纳税人应当在月份或者季度终了后15日内，向主管税务机关报送会计报表和预缴所得税申报表；年度终了后45日内，向主管税务机关报送会计决算报表和所得税申报表。

④印花税。在经济活动和经济交往中书立、领受凭证的企业，需要缴纳印花税。凡在我国境内书立、领受印花税条例列举凭证的单位和个人都是印花税的纳税人，包括立合同人、立账簿人、立据人和受领人。税率最高为千分之一，最低为万分之零点三，固定税额每件 5 元。纳税人自行购买并粘贴印花税票。印花税采取"轻税重罚"的原则，虽然税很轻，但对于不纳税者要重罚。未贴或少贴的除勒令补贴印花税票外，可处以应补印花税票金额 3～5 倍的罚款；已贴用的印花税票据撕下重用的，可处以重用印花税票金额 5 倍或者 2 000元以上 10 000 元以下的罚款。私营企业需要缴纳的税种还有城市维护建设税、房产税、耕地占用税、能源交通基金等。

（3）税务登记内容

纳税人按要求如实填写《税务登记表》。其主要内容包括：①企业名称、法定代表人或业主姓名及其居民身份证或者其他合法证件的号码。企业名称应填写企业全称。②住所、经营地点。应按照企业详细地址填写。③经济性质。应按自己企业所属性质填写，如私营、个体经营等。④企业形式、核算方式。核算方式有 3 种情况，即独立核算、联营、分支机构。⑤生产经营范围、经营方式。经营范围应按照工商行政管理部门批准的自产自销、加工、修理、修配、委托收购、代销、批发、批零兼营、零售及服务项目等填写。⑥注册资金、投资总额、开户银行及账号。⑦生产经营期限、从业人数、营业执照号码。其中生产经营期限按主管部门批准的期限登记；从业人数按在册人数填写；营业执照号按工商机关核发的执照号填写，一般还要求填写发证日期。⑧财务负责人、办税人员。应填写企业财务主要负责人姓名、职业；办税人员一栏应填写纳税人指定办税人员的姓名和职务。⑨其他有关事项。

（4）办理税务登记需要的证件资料

报送税务登记表，申请办理税务登记时应根据不同情况携带证件资料，主要包括：①营业执照（正本）原件、复印件；②有关合同、章程、协议书复印件；③银行基本存款账户开户卡复印件；④法人代表或业主的居民身份证的原件、复印件；⑤技术监督部门颁发的组织机构代码证书复印件；⑥个体工商户、私营企业应提供自有房产证明或租赁房屋证明复印件。如果在领取营业执照后超过 30 日才去办理税务登记，应提供由工商机关开出的"办理工商执照工本费收据"原件和复印件。税务登记分局通过审核资料，对符合要求的，准予登记，并发给税务登记证件。税务登记证件分为两种：《税务登记证》及其副本，《注册税务登记证》及其副本。税务登记证是纳税人履行的纳税义务的书面证明，只限于纳税人自己使用。纳税人凭《税务登记证》（副本）可申报办理减税、免税、退税；领购发票；申报办理外出经营税收管理证明及税务机关规定的其他有关税务事项等。

（5）纳税申报内容

纳税申报一般包括报送纳税申报表、企业财务会计报表和有关纳税资料。应按照税法规定或税务机关核定的期限，填报纳税申报表或者代扣代缴、代收代缴税款报告表。其主要内容包括：①税种、税目；②应纳税项目或代扣代缴、代收代纳税款项目；③适用税率或单位税额；④计税依据；⑤扣除项目及标准；⑥应纳税额或应代扣、代缴税额；⑦税款所属期限；⑧其他事项。纳税人在填写纳税申报表时，一定要如实填写，计算数据要准确，填写项目要完整，递交手续要完备，填写报送要按时。在具体填写之前，应认真阅读申报表上的填表须知。

（6）纳税申报需要的有关凭证

纳税人办理纳税申报，在如实填写纳税申报表的同时，还要根据不同情况相应报送有关资料凭证。其主要包括：①财务、会计报表及其说明材料（年度申报的要附送注册会计师查账报告）；②与纳税有关的合同和协议书；③外出经营活动税收管理证明；④境外公证机构出具的有关证明文件；⑤税务机关规定应报送的其他有关证件、资料。扣缴义务人办理代扣代缴、代收代缴税款报告时，应当如实填写代扣代缴、代收代缴税款表，并报送代扣代缴、代收代缴税款的合法凭证以及税务机关规定的有关证件、材料。根据税法规定，纳税申报实行全面纳税申报，即纳税人从办理税务登记起，不论有无经营收入，是否亏损，或者享受减免税，都应在规定的申报期限内办理纳税申报。全面纳税申报内容包括：正常申报、减免申报、零申报、定期定额申报、延期申报等。

（三）银行开户

账户是用来连续、系统记录各个会计科目所反映的经济业务内容的工具。银行账户就是客户在银行开立的各种存款、贷款、结算等账户的总称，是办理信贷、结算、汇兑和现金收付业务的工具。银行账户包括基本账户、一般账户、专用账户、临时账户等。

1. 基本账户

基本账户是私营企业办理日常转账结算和现金收付的账户。企业工资、奖金等现金的支票，只能通过基本账户办理。一个企业只能开设一个基本账户。

开设基本账户的开户条件：申请开设基本账户的企业，必须是已经在工商行政管理机关注册登记，并已取得营业执照、实行独立经济核算的企业。

开户程序：私营企业申请开立基本账户的要凭营业执照、机构代码、法定代表人身份证到中国人民银行当地分行领取开户许可证；向银行提交开户申请书，在申请书上应写明企业全称、地址、企业性质、经营业务范围和申请开立账户的种类，同时提交开户规定的证件；提交印鉴卡片。银行同意企业的开户申请后，企业要填写"印鉴卡"。申请企业要详细填写企业全称、开立账户、企业地址，企业负责人和财会人员名称，同时印鉴卡片上必须盖预留银行印章，包括单位财务公章、专用章、财务负责人及经办人印章，并在印鉴卡的背面加盖单位公章，同时注明盖几枚章方为有效。账户启用日期等项目在单位送交印鉴时由银行填写，并告诉企业财务经办人员。各企业开户后要存入一定数量的存款，并陆续办理结算、汇兑、取款等业务，为此应向银行领取或购买各种空白业务凭证。

2. 一般账户

一般账户是指存款人在基本账户以外的银行借款、转存，与基本账户的存款人不在同一地点的附属非独立核算单位开立的账户。存款人可以通过本账户办理转账结算和现金缴存，但不能办理现金支取。

企业申请开立一般存款账户时，应填写开户申请书，提供相应的证明文件，递交盖有存款人印鉴的印鉴卡片，经银行审核同意后，即可开立账户。

3. 专用账户

专用账户是企业因特定用途需要开立的账户。根据需要，企业一般应开设纳税专用账户。开立纳税专用账户，应填写开户申请书，提供税务登记证及相关证件，递交盖有存款人印鉴的印鉴卡片，经银行同意后开立纳税专户。

个体工商户开立账户，应经工商行政管理机关批准，领有营业执照、拥有经营场地的个体工商户，都可以向银行申请开立账户。

（1）开立账户的手续。①向银行提交开户申请书，同时提交营业执照、个体工商协会出具的证明以及本人身份证等。②银行接受申请后进行调查、了解、审批同意。③个体户向银行提交"印鉴卡"，并加盖今后签发支票凭证时使用的印章。④银行发给办理存、取款项的结算凭证，凭此办理存取款。

（2）银行账户的使用要求。①银行账户只供本企业使用，不得出租、出借或转让给其他单位或个人使用。②保证账户内有足够的资金用来支付，不得签发空头支票。③保证多种收支凭证真实可靠，如实填明款项来源和用途，不得利用账户搞非法活动。④要及时记账、定期与银行核对账单，处理不符或错误账单。

（四）其他相关手续

创业者创办企业，除了需要办理以上手续外，主要需要办理的手续还有用工手续、供水申请以及用电申请等。

1. 用工手续

大部分的创业者在事业发展中都要雇用人手。雇用人应该规范，应办理相应的劳动用工手续，并应注意以下几点：

（1）向劳动部门出示营业执照正本或副本并附复印件，申请劳务工指标登记本并在指标有效期内招用劳务工。

（2）填写劳务工就业证，贴相片，单位盖章。

（3）填写暂住人口登记表（一式三份）。

（4）填写办理劳务工手续统计表。

（5）缴纳暂住人口管理费，凭劳务工指标登记本开具缴费通知书，到财政、银行设点处缴费。收费标准，按劳务工人数和上岗时间计算。例如深圳特区目前每人每年300元，审核盖章，审核盖章时需备如下资料：深圳特区劳务工指标登记本；缴纳暂住人员管理费凭证；《劳务工就业证》（每人一本）；暂住人员登记表（一式三份）；办理劳务手续统计表；其他规定查验证件（计划生育责任书等）。

（6）招用劳务工时注意所招劳务工应具备以下条件：年满十六周岁，身体健康，具有初中以上文化程度，现实表现好。

2. 供水申请

供水要向当地自来水公司填写用水申请表，用水申请表的主要内容包括用户名称、营业执照号码、用水地址、表后给水设计单位、表后给水安装单位、工程性质（新装、迁移、临时）、用水性质（商业、工厂、住宅、办公、其他）、建筑层数、建筑总面积及户数、用水量等。一般供水管所及的地区，用水申请都可得到批复。表前给水管必须由当地供水公司专业队伍负责设计、报建、施工，表后水管工程须经供水部门审批后，方能委托其他有给水施工资质的单位施工。

3. 用电申请

用电要去当地电力工业局填写用电申请书。用电申请书填写内容包括：申请户名、用电地址、行业、申请属性（新装、增容等）、经营性质（合资、个体、独资等）、用电性质（商业、工业、住宅等）、申报用电设备清单、用电说明等事项。申请时，要带申请人居民身份证。

用电批复后，用户要缴纳全部增容费用。室外线路由电力部门统一安装施工并结算费用，室内线路由用户自找持有省级电力设施安装许可证（如《××省承装（修）电力设施许可证》）的单位安装施工并结算费用。室内线路工程的设计资料送审，开工登记，申请验收及竣工报装均由承装单位统一办理。室外线路完工、室内线路完工并被验收后，电力部门合闸送电。

四、 商业合同

创业者应该熟悉的另一层面的法律知识是具有强制力的合同——法律上强制实施的承诺。合同法是一种旨在确保签订合同各方遵守法律规定的主体法。如果合同被违约，它也向受损害方提供补救措施。

合同并非写下来才具有法律效力并强制实施。实际上，许多契约是口头的。在美国，只有涉及下列事项的合同才必须书面描述商业合同的基本要素，并解释若不履行法定义务将产生什么后果：①房地产交易；②支付他人债务；③需1年以上时间履行的合同；④包含价值500美元或更多的商品交易合同。

（一）合同的基本要素

为使合同对各参与方具有约束力，它必须满足四项基本的必要条件：

1. 合法

合同必须是旨在完成一个合法的目标。例如，你不能签署一份销售违禁毒品的合同，因为这样做本身就不合法。

2. 一致同意

一份具有法律效力的合同必须包括合法提议与合法接受，这在法律术语中被称为意见一致。例如，如果一位创业者打算以某种特定价格向顾客出售一些产品，并且这名顾客接受此报价，这就是一项合同。如果顾客没有接受，那么合同就不存在。

3. 交换

有价值的事物必须在参与各方之间交换才构成一项合同。如果没有价值交换，那么双方一致同意的东西只是礼物，它不能构成一项合同。例如，假定一名顾客对创业者提供的产品或服务非常满意以至于她说："我非常喜欢你的产品，我要给它做免费广告宣传。"如果他没有遵照诺言去做，创业者在法律上不能要求他必须信守承诺，因为他提供的承诺不包含任何价值交换——它只是一件礼物。

4. 能力

并非所有的人都有能力合法缔结合同。未成年人、酗酒者或智力残障者不受合同约束。因此，如果创业者与一位明显醉酒的客户（一些目击者能提供证据证实这个事实）达成协议，那么他是不能坚持要求该客户承认此协议的，因为当时客户醉酒这一事实意味着合同无效。

（二）合同规定的义务

如果你与他人订有合同而他们没有遵守，你该做什么？法律上，这被称为违约。有一些备选办法可用。大多数情况下，受损害方可以起诉，要求得到金钱或另一方采取某些特定行为来补偿已遭受的损失。这样做的目的是，使受损害方恢复到他在协议签订前所处的状态。如果金钱被判给受损害方（原告），这被称为补偿性赔偿。大体来说，金钱数目反映了损害造成的货币损失程度。

如果单凭金钱不足以使受损害人恢复到他的初始状态，法官可能命令违约人强制履行。这要求违约人确实去做他起初承诺要做的事。例如，假定有一位创业者把企业卖给了别人，并签订了一份非竞争协议。该协议指明他在特定地域、特定时期内不能创办或拥有一家同类企业。然而，他后来改变主意，创建了一家这样的企业。这就违反了非竞争协议（此协议是一份合同）。在这种情况下，法官可能裁定金钱不足以补偿购买者所遭受的损害并发布禁止令——一种禁止该创业者在原有协议规定的期限内经营新企业的法院强制命令。

合同法是很复杂的，只有训练有素的律师才能起草确实满足上述要求的合同。然而，这引发一个有趣的问题：创业者如何选择一位好律师？尽管没有简单答案，但这里有一些明确的"该做"、"不该做"事项值得认真考虑：

（1）不要只是因为你认识他，就选他做你企业的律师。尽管此人可能是你的朋友，但他可能缺乏你在许多商业环境下所需要的技能和经验。

（2）不要因为他为你处理过其他不相干的事务，就选他做你的企业的律师（例如，房地产交易、财产规划、离婚）。此人可能在这些领域经验丰富，但不一定在商业法律方面精通。

（3）通过请求商界其他人的推荐来寻找律师。他们可能指引你找到具有你所需技能的律师或法律事务所。

（4）检查资格证书。请未来的律师叙述他们的经验。如果他们不愿这么做，就找别人。

这里列出的仅是一般指导方针，挑选律师是个人决策，应反映出你自己的偏好。但你一定要争取得到曾与创业者共事、从前在小企业工作过的律师所提供的服务。这样的人理解许多威胁新企业的法律陷阱，有助于你畅通无阻地经营企业。

最近几十年，政府已经颁布了许多旨在保护雇员和消费者的法律。如果你经营了一家新企业而且雇用了员工，那么你至少有必要基本了解这些法律。如果没有这些基本知识，当你回答针对你的控告时，你就只能到法庭上去查明这些法律意味什么风险了，如《劳动法》、《劳动合同法》。

一般说来，不懂法律不能成为借口。违反这些法律，随后声称"我不知道"的创业者，不会获得法庭的同情和免责考虑。为什么？因为熟悉这些法律是每个经营企业的创业者的责任。当创业者忽视这些法律，真正的危险就要出现。

一名和蔼的老妇向经营小型女式服装厂的创业者联系说，她请求得到一份工作，并且"只要能消磨她的时间，给多少工资都行"。这位创业者雇她清洗桌子。两星期不到，她请假去"照料家庭事务"。好心的创业者同意了，并告诉她，什么时候准备再来工作就打电话给他。她没有打电话，但她的律师打来了电话，并通知这位创业者：她正在起诉他，要求得到 20 000 美元补偿，因为在工厂工作引起她肺心病复发，现在病痛阻止她从事任何工作。尽管创业者后来知道这名妇女甚至在申请工作之前就已经安排好律师，但他还是耗用数月时间和巨额法律费用，与她达成了庭外和解。

第三节　新企业的管理

一、获得市场认同

新企业要想成功，企业的产品和服务必须获得大量顾客的认同和接受。这就需要创业者清楚在特定的市场中哪些顾客在什么时候希望接受产品的哪些特征。在有限的资源条件下，创业者通常必须专注于特定的顾客群，从而积累为这些顾客服务的专有技能。同时，新企业启动之前，创业者还得搞清楚他们服务的市场中当前或未来很有可能的主导设计或技术标准是什么。

（一）选择正确的目标顾客

由于受有限资源的约束，创业者需要集中策略来跨越鸿沟。资金对新企业来说很困难并且成本高，进而导致创业企业几乎没有足够的资金同时进入多个市场。另外，创业者需要获取市场和顾客的信息以开发市场，而他们没有足够的时间同时应付几个市场，即使再有决断力的创业者，也没有精力同时兼顾几个市场。

对创业者来说最关键的是正确选择目标顾客。创业者需要研究顾客需求，即识别出哪些顾客需要这些产品。当新产品能够提高顾客的生产力、降低成本或是提供了先前市场不能提供的服务时，顾客就会购买这种产品。

（二）理解顾客的接受模式

当创业者实现第一笔销售时会感到很兴奋，这可以理解。但是，新企业的真正成功还需要创业者继续做好很多事情，需要让这些新产品和服务获得广泛的市场接受。

产品如何获得广泛的接受呢？首先，创业者需要了解顾客是如何接受新产品的。最早接受新产品的顾客可称为创新者，他们的数量很少。跟随创新者接受产品的顾客可称为早期接受者，其后大众顾客开始接受这种产品，最后是较晚接受新产品的落后者，数量也较小。尽管由于个人偏好的差异，但是大多数产品的接受过程都呈现出这种模式。例如 DVD 产品的接受过程。你可能认识一些人，他们是 DVD 产品的创新者。你的朋友中也可能有早期接受者，他们先于大多数人购买了 DVD。你的大部分朋友很有可能在几乎同样的时间购买了 DVD，最后我们想，你身边也有属于落后者的人（比如你的父母），也许至今尚未买这种产品。

对创业者来说，为什么理解这种模式如此重要呢？因为它使创业者认识到该怎样引入新产品和服务。不同的顾客群体接受这种产品的原因不同。创新者认为他们需要市场上的每一种新发明，许多情况下，这些顾客在新产品正式上市前就开始购买，甚至花钱购买处于测试阶段的产品原型，他们对价格不太在乎，而是乐意尝试新的、独一无二的东西；早期接受者往往因为识别到新产品特有的价值而接受它，这种情况下不需要营销人员过多的推介，他们就会接受这些产品，尽管这些人不像创新者那样追求新意，但是他们比起大多数接受者，对新产品特征具有更强烈的需求，他们根据直觉而不是通过获取更多的信息做出购买决策；早期的大众顾客很在乎新产品独特的价值，但是他们的购买行为也受到实践的影响，在购买前倾向于参考满意顾客和名人的评价和建议；晚期大众顾客不太乐于接受新产品，而是出于其他考虑才购买这些东西，他们一般要等待，直到这些产品成熟了才购买，或者直到他们确定这些产品物有所值才购买；落后者回避新产品，他们尽可能不买新产品，很多情况下是买不到原有的产品才被迫购买新产品，比如电脑落后者在打字机买不到时才购买电脑。

正因为不同的顾客群体购买产品的原因不同，所以创业者需要清楚，在创建新企业和引入新产品时市场处于什么位置。如果早期大众顾客还没有接受这种产品，创业者依靠顾客满意度和名人的效应大力扩张新产品生产还为时过早。相对来说，如果晚期大众顾客已经接受了这种产品，说明此时产品已经获得了广泛认同，创业者应及时利用这种条件。另外，创业者需要及时为正准备接受这种产品的顾客提供相应的信息。一般地，当顾客群更多地向晚期接受者移动时，为他们提供更多的信息和支持是新产品营销手段的一部分，这有利于顾客做出购买决策。

（三）让顾客将你的设计作为市场标准加以接受

在许多产业中，创业者生产的产品或服务必须满足一定的技术标准。技术标准是指经营某种产品或服务所依据的广泛认同的基础。例如，火车轨道的轨距就是确保所有的火车生产商生产的火车能够在同样轨道上运行的标准。

对创业者来说，如果市场将你的产品设计作为技术标准加以接受，你就会变得非常富有。一个最著名的技术标准的例子是视窗计算机运行系统。比尔·盖茨之所以如此富有，主要是因为全世界 80% 的计算机采用了视窗操作系统。

如果想增加市场将你的产品设计作为技术标准加以接受的可能性，创业者应该做到以下几点：

首先，当新产品刚上市时，创业者应该使产品廉价一些，比起高价来这样能够吸引更多的顾客。由于许多供应商倾向于与拥有最大顾客数量的最大生产商合作，因此吸引更多顾客对于获得供应商的合作非常重要（比如，许多软件生产商更愿意与微软而不是 Macintosh 合作，并且只为视窗编写软件）。因此，迅速获得最大数量顾客的企业就跑在了竞争者的前面，从而其产品成为本行业的技术标准。

其次，创业者应该建立与互补性产品生产商的关系。互补性产品是指一起发挥作用的产品，像录像电影与磁带录像机、计算机硬件与计算机软件。在录像机（VCR）刚出现时，索尼（Sony）与 Matsushita 展开了争夺录像机技术标准的战争，索尼拥有盒式磁带录像机（Betamax），Matsushita 拥有卷卡式磁带录像机（VHS）。VHS 之所以最终成为录像机的技术标准，主要是因为Matsushita 的管理人员的英明决策，他们努力使全国春笋般涌现的录像带租赁商店接受他们的技术标准，而索尼公司却忽视了这一点。由于录像带是录像机的互补品，一旦人们租赁录像电影，这些租赁店就提供 VHS 磁带，大多数顾客接受了 VHS 标准而索尼却失败了。

最后，创业者需要迅速进入市场而不是等到生产出最优的产品时再进入市场。也就是说，创业往往起始于简单的产品，这些产品一般还不具备最优的技术特征；同时，创业者应该与现有的制造商签约来生产这些产品，而不是自己新建制造工厂。

对创业者来说，做到迅速进入市场而不是等到生产出最优的产品再进入市场，这是很困难的。但是，迅速进入市场是抓住技术标准的更好途径。一旦顾客有可能转向接受新产品，创业者最好迅速进入市场，尽管产品还不完善。时间久了，顾客就会采纳别的产品作为技术标准，而此时再强行进入对创业者更加困难。

二、早期成长的管理

（一）营销管理

新企业营销最主要的几个方面就是目标市场的选择及企业定位、产品定价和产品营销。一般来说，"酒香不怕巷子深"，而对新产品来说，情况不是这样的。创业者必须知道如何把产品卖出去，必须知道为了销售成功如何对新产品或服务进行定价。尽管在新企业营销过程中还有其他层面的问题，但是产品营销和定价是新企业的两项最主要的活动，是新企业初期决定营销活动成败的关键环节。

1. 目标市场的选择和企业定位

（1）目标市场的选择。为了使本企业的产品确定一个在市场上竞争的有利地位，即在目标顾客心目中树立适当的产品形象，做好市场的定位工作非常重要。目标市场是指在需求异质性市场上，企业根据自身能力所确定的希望满足的现有和潜在消费者群体的需求。通过对目标市场的选择，创业企业可以确定一系列营销措施和策略，选择对本企业有吸引力的一个或几个细分的小市场（子市场）作为自己的目标市场，实行目标营销。

（2）创业企业的市场定位。市场定位就是针对竞争者现有产品在市场上所处的位置，根据消费者或用户对该种产品某一属性或特征的重视程度，为产品设计和塑造一定的形象，并通过一系列营销活动，把这种个性或形象传达给顾客，从而适当确定该产品在市场上的位置。

企业通过与竞争者在产品、促销、成本及服务等方面的对比分析，了解自己的长处和短处，从而认定自己的竞争优势，进行恰当的市场定位。创业企业的市场定位主要包括产品特色定位、功效定位、质量定位、消费者定位、价格定位等。企业在做出市场定位决策后，还必须大力开展广告宣传，把企业的定位观念准确地传递给潜在的消费者。

2. 为新产品定价

新产品需要有一个价格。定价过程涉及以下几个方面：

第一，创业者需要决定产品的成本，并且给出一个高于成本的价格。否则，创业就会亏损。许多创业者没有做到根据成本来定价，其后果是尽管产品都卖出去了，而面对亏损的新企业不得不退出市场。

关于成本，创业者应确保包含了固定成本和变动成本。固定成本是指购买基础设施和设备等所花费这些成本不随产量的变化而变化。变动成本是指在一个产品生产过程中所形成的成本，比如销售人员的佣金和每一个产品的包装费用。尽管创业者善于估算变动成本，但他们往往面临估算每一个产品应该分摊多大的固定成本比例的难题。这主要源于创业者不清楚到底会生产多少产品。产品生产得越多，每一个产品应该分摊的固定成本就越少。事实上，创业者总是认为自己能够生产出比实际数量多得多的产品，结果导致每一产品承担了很高的固定成本，实际上超出了产品收入。

第二，创业者需要关注市场条件。多数产品的市场容量有限，这就给定了产品价格的上限和下限。创业者应该确保在这个市场空间里能够把产品卖出去。如果其产品的成本太高，以至于在这种市场容量里找不到合适的定价，那么最好不要启动新企业的创建，否则会因为价格太高造成产品卖不出去。

对于全新产品，这种定价原则适用吗？即使是全新的产品，创业者也往往不愿意高于现有产品或服务的定价。为什么？一是因为不存在没有替代产品的产品，合理的价格是吸引顾客转向新产品的必要条件。例如，电话刚被引入市场时，人们依然可以选择拍电报或者写信来沟通。同样，电子信箱出现后，人们依然可以选择传真和电话来沟通交流。如果这些新产品的创业者对产品的定价远远高于市场上的替代品，顾客就不会转移购买。二是因为前面提到的技术标准问题。只要创业者能从产品的广泛认同中受益，如流行产品成为技术标准，将价格定位在合理的水平都不失为正确的策略。三是因为与现有产品相比，多数全新的产品刚被引入市场时在运行效率方面往往处于劣势。如果定价再高的话，顾客将不会购买。

第三，创业者应该搞清楚顾客如何来权衡产品的特征与价格。由于不存在完全相同的两种产品，所以顾客往往愿意为某种产品支付更高的价格。这种价格的差异应该是源于这两种产品的不同特征。如果两种产品只在一个特征层面存在差异，问题往往简单得多，但是，如果它们在三个层面——使用范围、大小、品牌存在差异的话，评价每一个特征所代表的价格就会变得很困难。对创业者而言，准确评估竞争产品无形特征的价格确实很难。比如，由于 IBM 品牌的价值高，顾客也许愿意为 IBM 计算机支付更高的价格。像顾客服务或者品牌这样的无形特征往往造成了在其他方面类似的产品之间的价格差异。

第四，创业者应该将隐性成本或折扣因素考虑进来。比如，如果竞争者为现场付款的顾客提供 2% 的折扣，而对 90 天之后付款的顾客不提供这种折扣，那么这一折扣对现实价格就造成影响。同样，如果竞争者向顾客提供赊销，那么为提供赊销而筹集资本的成本也应该考虑到价格里来。简而言之，为新产品定价将会涉及以下几个问题：计算成本且不要低于成本，了解现有产品的特征且新价格不要高于它的价格，计算出产品的不同特征给顾客带来的价值并利用这个信息准确地为新产品定价，将任何源于赊销性质的隐性成本或折扣考虑进来。

3. 产品营销

一提到营销，人们一般会想到做广告、打造品牌，以及组建销售队伍等策略，而这些方面通常在新企业成立相对较晚的阶段才得以运用。在起始阶段，企业营销的着力点多放在劝说顾客购买新产品上。因此，了解哪些活动会影响到新企业营销的有效性至关重要。

成功的创业者认为，有效的营销过程包括以下几个步骤：

第一，激发顾客对新产品或服务的兴趣。这就需要让顾客了解到这种产品将会满足他们的某种要求。比如，目标顾客是建筑师，他们需要一种比泡沫橡胶的建筑模型更好的方式来观察建筑设计的效果。如果创业者让顾客了解到，他开发了一种支持三维建筑图像的软件，他就能够激发起目标顾客的购买兴趣。

第二，识别出顾客为了购买这种新产品会有什么要求。比如在建筑师顾客的例子中，顾客是否了解计算机的基本知识？是否需要设计软件的指南和服务热线？通过明确这些要求，创业者能够搞清楚顾客希望新产品或服务具备什么特征。这是销售过程的重要环节，而往往被创业者忽视。在极力劝说顾客购买的过程中，创业者经常忘记询问顾客的这些要求，其结果是阻碍了新产品的销售。

第三，应对顾客的异议。顾客几乎不可能在没有任何疑问的情况下购买新产品。在销售过程中，创业者需要对顾客的反问、迟疑做出满意的回答。比如，建筑师可能会问：创业者是否能够提供充分的顾客服务？这种软件能否与现有的计算机辅助设计与制造（CAD/CAM）软件连接？操作起来是否很容易？通过充分的、可信服的解释，创业者会使顾客愿意购买这些产品。

第四，结束销售过程。许多创业者忘记了这个环节，往往在顾客做出购买的有条件承诺后，还继续讨论产品本身。结果，讨论跑了题，让人感觉在浪费时间。那么，如何结束销售过程呢？在顾客表示喜欢或是想拥有这种产品时，也就是做出了购买的有条件承诺，创业者应该结束这个销售过程。一般可以通过提出以下问题来结束整个过程，比如，你喜欢用信用卡还是现金来支付？你希望自取这些产品，还是送货上门？你需要一个还是两个？

解决企业规模成长过程中出现的问题是企业实现向一个富有生机的组织转型的核心。企业规模成长的实现意味着一个企业很好地适应了外部环境，因为销售额增长应该正确地理解为企业有效地满足了市场需求。但是，善于开拓市场的企业可能会忽视内部组织系统中的协调一致性，一些企业因为过分专注于适应外部环境的变化，以至于内部组织系统的相对协调从来没有达到过。因此，企业顺利成长的关键是重组企业内部系统以达到相对独立的部分之间的磨合，内部的完善管理是企业在相当长时间内保证活力的关键。许多企业是在它们消亡之前达到其规模的顶峰的。

由于企业成长之前的组织结构没有考虑到企业成长过程中增加的因素或活动，在企业成长的过程中完全可能处于一种分崩离析的状态。因此，企业成长带来的另一挑战就是企业必须采用崭新的企业组织形态、内部流程或者员工行为来适应成长的需要。一句话，企业的成长往往需要企业内部组织的创新。在企业的成长过程中，创业者需要具备相当的管理才干，来从内部完善组织的运作或者加强企业组织系统，采用新颖的组织形式和组织过程，从而消除企业内部不必要的混乱紧张状态或者企业组织内各个部分之间的矛盾。

（二）人力资源管理

新企业在进入劳动力市场吸引高绩效员工时处于明显的劣势，因为对于求职者来说新企业是不稳定的、容易倒闭的，而且不能像现存企业那样提供安全或"品牌熟悉感"。新企业如果不能成功地克服这些障碍。就可能会遭受失败。毕竟，如果不能吸引和留住重要的和敬业的员工，企业就不能成长。那么，创业者如何完成这一重要的任务呢？

1. 寻找高绩效的员工

有句谚语说得好："如果不知道想去哪里，你就很难到达那里。"换言之，如果不能清楚地确定目标，你就难以实现目标。雇用高绩效的员工也是这样，在开始寻找这样的人之前，关键是先要决定新企业要寻找什么样的人。在人力资源管理领域，这意味着两项准备工作：一是职务分析，决定该职位在具体知识、技能和能力方面包含和要求什么；二是职位描述，总体描述某个职位在职责、责任和工作条件方面包含的内容。在大企业中，职务分析非常具体，因而职位描述也非常具体。但对于创业者来说，特别是在新企业紧张忙碌的创业阶段，创始人不得不做每一项具体的工作。他们通常只需要对于想要找的人或者这个人实际要做些什么有一个清晰的想法，以及对要做的工作和承担的责任有一个简要的全面描述就足够了。

为什么这些前期工作如此重要呢？因为它们为在求职者中挑选最适合特定工作的员工提供了基础。在其他因素相同的情况下，最好选择那些知识、技能和能力与工作要求最相匹配的求职者。如果没有对特定的职位进行分析并形成一份清晰的职位描述，创业者（或是授权做这项工作的人）依然要进行挑选求职者的工作，这是必须完成的任务。然而这时，挑选符合工作要求的求职者就会更加困难。例如，创业者可能会选择更志趣相投或更有魅力，或是"出众"的申请者，而不是最适合这项工作的人。正因为如此，在开始寻找和选择过程之前最好是对职位的特定要求形成清晰的认识。

然而在某些技术进步很快的产业，可能难以准确地描述不同职位的要求，因为环境变化很快，人们从事的工作也肯定会改变。但在条件允许的情况下，在开始寻找新员工之前尽可能准确地确定需要什么样的人很有必要。一旦准确地确定了需要什么样的员工（企业成长需要员工具有什么技能和能力），寻找这些员工的工作就开始了。

新企业经常通过创始人的社会网络来满足最初对人力资源的需要。换言之，创业者倾向于雇用自己了解的人，无论是通过个人接触直接了解，还是通过他们熟悉和信任的人推荐。在这里，我们发现来自现在或以前雇员的推荐，在雇用员工方面特别有帮助。但如果新企业持续成长，这些来源可能就不够了，从这些来源中无法找到足够数量的潜在雇员或具有新企业所需要的知识和技能的人。这时，创业者必须扩大寻找范围。一种方法是通过精心选择的媒体发布广告，因为新企业往往缺乏资源来审查大量求职者，因此对它们来说，在发行量大的媒体，如大的地方报纸上发布广告往往用处不大（当然，也会有例外）。另一个有效的来源是拜访学院和大学的就业机构。

近年来，大部分企业都已经借助网站（如马赛克求职网 Career Mosaic 和猎头网 Headhunter）寻找员工，求职者也通过网站来找工作。同时创业者也不应忽略企业现在的顾客可能成为新员工的一个来源。顾客了解新企业的产品，熟悉其运作。因此他们可能是非常有效的推荐来源。最后，职业"猎头"也非常有用，能够帮助企业获得管理人才。

2. 选拔高绩效的员工

微软公司总裁比尔·盖茨曾经说过："若是有人从我们公司抽走 20 名最重要的员工，那么我们的公司将变得一文不值。"

如果你在经营管理一家公司，或者管理一大群员工，你也会有深刻的体会，一个公司在竞争中立足、获胜的希望往往寄托于少数优秀员工的身上。这些关键的员工为公司创造最大的价值、拥有最高的业绩、拓展最大的客户群，致力于开发最新的产品和服务、提高质量、为公司争得声誉等。这比较符合80/20 法则的含义：公司中 80% 的工作是由 20% 的员工完成的，他们就是"公司最有价值的员工"也就是所谓的高绩效员工。

对于致力于追求卓越的创业者和企业来说，甄别与选拔高绩效员工是至关重要的。除了依据 80/20 法则外，资源的稀缺性也是甄别选拔高绩效员工的主要原因，这些资源包括管理层精力、对人力资本的投资以及晋升等，所以必须以有限的资源来创造最大的价值，这样，甄别选拔高绩效员工来为公司创造最大化价值就成了追求卓越公司的理念。

另外，高绩效员工可以成为公司员工的标杆，成为每一位员工职业生涯发展的最高目标，拓宽他们在公司的职业发展通道，鼓舞和激励公司内部的员工都朝高绩效员工方向发展。

选拔高绩效员工包括两种方式：内部选拔，也称为内部培养；外部选拔，也称为外部招聘。内部培养，就是通过诸如职业生涯规划、职业发展通道等，从企业内部培养选拔高绩效员工。如今，有诸多内部选拔高绩效员工成功案例，比如松下电器的人才梯队培养制度。但是，从外部甄别选拔高绩效员工，引进新鲜血液是公司保持长久发展活力的一个重要手段。

选拔高绩效的员工需要注意以下几点：

（1）高学历员工不等于高绩效的员工

在价值创造链中，经常是 20% 高绩效的员工利用其所拥有的知识、能力和技能等创造了 80% 的价值，这些员工往往拥有某种学历，比如说拥有某名牌大学的博士、硕士学历等。这样就导致大多数创业者混淆了概念，把学历作为了创造价值的因素，以至于成为选拔条件中很重要的一个门槛，实施一刀切，过不了这个门槛的员工就不提拔，这种现象是很普遍的。

（2）老资历员工不等于高绩效的员工

一般来说，创业者都很照顾一些"老"员工，在一些岗位出现空缺时，总是先考虑公司一些元老级员工。但是这种选拔提升方式，有时候给其他员工造成了一种误解，以为公司任人唯亲。这样就为资历老的员工排斥新员工创造了条件，老人欺负新人也是职场上不成文的惯例，甚至为潜在的高绩效的员工的选拔创造了无形门槛。

（3）知识型员工不等于高绩效的员工

彼得·德鲁克预言性地提出，在 21 世纪知识型员工将是劳动者的主体，对知识型员工的管理将是管理研究中的主旋律。但是，企业内高绩效的员工并不完全等同于知识型员工，高绩效的员工只是知识型员工中的一部分。

高绩效的员工发自内心喜欢自己的工作，而不需要管理者刻意去激励鞭策他们。兴趣和爱好是他们长时间维持较高工作质量的关键因素。要成为高绩效的员工，既需要有精湛的业务技能和专业知识，还需要有高度的责任感来驱使他们自发地为公司创造价值。

（4）优秀的员工不等于高绩效的员工

优秀的员工是一个很笼统的概念。工作不合适、不满意会让优秀的员工感觉窒息、挫败，丧失激情和梦想。优秀的员工只有在适当友好的环境里才能发挥潜力，成为公司的一名高绩效的员工。而高绩效的员工对自己的能力非常了解，知道什么样的工作会让自己获得成功。

交流空间公司的总裁兼 CEO 戴安娜·赫森发现："有很多人，他们工作那么出色。部分原因是他们的特殊才能，部分原因则是高绩效的员工相信自己能够成功并成为高绩效的员工。"

（5）完美的员工不等于高绩效的员工

高绩效的员工的业务水平很高，凭着他们积极进取勇于创新的精神成就了公司的伟业。但是，他们并不是完美的员工，他们也会犯错误，给公司制造麻烦。高绩效的员工因其自身巨大的价值，可在行业各公司之间自由选择职业。他们如果决定离开，可能会给公司带来极大的损失，而给竞争对手创造极大的便利。

3. 留住高绩效的员工

优秀的人才总是供不应求，因此新企业面临所有企业都要面对的难题——如何留住高绩效的员工。留住高绩效的员工对新企业来说特别重要，主要原因有两点：一是接替优秀人才需要时间。二是如果他们离开，有可能带走重要的信息，很可能带到竞争对手那儿！

对新企业来说，留住关键员工尤为重要。在这方面许多策略都极为有效，其中最重要的两点就是：①制定有效的薪酬体系；②使员工具有很强的责任感、主人翁感和忠诚度。

（1）制定薪酬体系

当聪明、有才能的人来到新企业工作时，他们实际上承担了风险，这样的人在大公司也能找到好工作，而大公司能提供更好的工作保障。那么为什么他们会选择加入相对有风险的新企业呢？可能有几个因素起作用：创始人的承诺和热情，他们对企业及其潜在发展前景所做的美好描述，对所供职大公司的环境感到不满。另一个关键因素，也正是我们要关注的，是潜在的报酬。优秀人才来到新企业工作，是因为在这一环境中他们有可能得到更多回报。如果确实是这样，那么对创业者来说，实现这些信念或者至少保持实现的可能性是极为重要的任务。怎样能实现这一目标呢？很大程度上可以通过制定有效的薪酬体系，即新企业中对良好绩效进行认可和奖赏的系统来实现。

总的说来，最适合新企业的薪酬体系是在人力资源管理领域中所说的绩效付酬体系（Pay For Performance System），这种薪酬体系认为雇员对企业成功的贡献不同，而且他们的薪酬应该与其贡献大小相一致。这种薪酬体系有几种不同的形式，最常用的一种是绩效工资计划（Merit Pay Plan），根据员工绩效的提升程度来增加他们的基础工资。对其绩效的评价越高，得到的回报就越多。另一种个性化的绩效付酬计划是红利。在这种计划下，员工根据各自的绩效得到红利，这种计划的另一种形式是奖励——有形的奖赏，包括带薪假期或其他人们想要的东西。在新企业中，创业者也会向员工提供企业的股份或是股票期权。很多向员工提供股份的新企业比那些不这样做的新企业成长更快，并能获得更大的成功。

如果设计和执行得当，所有这些绩效付酬计划都能取得良好效果。其优势主要在于这些计划可以增强员工的主人翁感，同时增加员工对公司目标的责任感，使员工获得了公正感（在贡献和所得之间取得了平衡）。

然而，像其他管理方式一样，绩效付酬计划也有其不利方面。其中最重要的是可能会使员工出现"只做能得到报酬的事情"的心态。换言之，员工可能只注意薪酬体系中所包括的绩效指标，而忽视其他的事情。

绩效付酬另一个问题是，在经济萧条时期难以坚持这一计划。当用于提薪和红利的资金实在有限或根本不存在时，可能就不能提供给员工有意义的奖赏，即使他做出真正出色的成绩。在这种条件下，创业者需要创造性地留住一流的员工。如果没有实际的报酬，人们往往不会努力工作，这时与员工进行有效沟通是非常必要的。员工应当充分了解当前的形势及创业者有助于改善形势的计划。其间，创业者应尽一切努力来证明自己确实做出了卓有成效的业绩，使有抱负的、工作努力的员工能够容忍暂时的困境，包括绩效与报酬之间的差距。但要保持他们的积极性，重要的一点就是使员工确信这种情况不会持续很长时间。如果员工认为这种情况不会改变，工作积极性就会下降，一旦有机会他们就会离开企业。

另一种薪酬体系依据团队绩效而不是个人绩效进行激励。在这种计划中，团队中所有成员依据团队的整体绩效获得报酬。这能带来绩效的提升和团队成员之间高度的凝聚力，但对许多喜欢根据自己的业绩决定事业升迁的人来说可能会感到不满。同时也鼓励了"搭便车"的行为，某些团队成员付出更大的努力而其他人没付出努力的人却因此得到了好处。

对新企业来说，可能最有用的是全员绩效付酬计划。在该计划中，所有员工都可以分享企业的利润。利润分享计划将企业赢利的一部分分配给员工，员工持股计划是用股票或以特定（优惠的）价格购买企业股票的期权来奖励员工。这些计划使员工成为企业的股东，这对保持员工的积极性非常有效——他们的期望与企业一致。

当新企业不断成长，雇用员工越来越多时，构建一个有效和公正的薪酬体系是新企业留住优秀员工的重要保证。

（2）建立员工承诺

在企业成长过程中，创业者该如何留住那些高绩效的员工呢？另一个关键的因素是组织承诺——个体认同并参与一个组织的强度。它不同于个人与组织签订的工作任务和职业角色方面的合同，而是一种"心理合同"，或"心理契约"。在组织承诺里，个体确定了与组织连接的角度和程度，特别是规定了那些正式合同无法规定的职业角色外的行为。高组织承诺的员工对组织有非常强的认同感和归属感。

组织承诺主要有三种不同的类型。第一种是持续承诺，主要是指离开的成本。如果辞职会使个人失去很多。如某种养老金计划，与亲密朋友相处的机会等。员工会衡量这种成本，从而继续留在企业。同时持续承诺中的员工持股计划（ESOP）所分配的股权也需要经过一段时间之后才能完全属于员工自己，这样做有助于提高持续承诺。第二种承诺是情感承诺，主要是指对组织正面的感情。如果接受并高度认同他所在组织的价值观，那么这种员工比那些持负面意见的人更不易离开组织。第三种是员工留在企业还可能是规范承诺的结果——他们会因为对由于其离开而受到负面影响的其他人怀有责任感而选择留下。这三种形式的承诺对于新企业来说都很重要，因为每一种承诺都有助于留住员工。新企业的员工通常认为三种承诺是一样的，因为他们信任企业——这正是他们最初来到企业的原因！如果能够加强这种信任感，新企业就能够留住最优秀的员工。那么该如何增强信任感呢？

首先，使工作有趣而且给予员工某些工作自主权是非常重要的。其次，可以通过将员工利益与组织利益结合在一起来提高情感承诺。在这方面员工持股计划能使员工成为新企业的"合伙人"而取得较好的效果，从某种程度上来说，他们感觉在新企业中有个人利益，从而不愿意离开。最后，积极倾听员工的建议（认真地采纳他们的观点和建议）能够提高情感承诺，当创业者认真倾听员工的意见时，他们的态度传达出一个员工关注的信息——企业是对员工负有承诺的。反过来，这样做鼓励了员工方面的承诺。

员工承诺越高，离职的可能性就越小。毕竟，创业者所希望的是留住那些经过一番努力才雇用到的、对企业持续成长必不可少的员工。

（3）将权力下放

对创业者来说，尽管他们雇用了出色的员工，但通常却难以"放手"，授权给他人。其原因是可以理解的。创业者对于自己的企业有特殊的感情，就像溺爱的父母对待子女一样，他们感到难以授权而让其他人进行重要的决策或制定战略，从而控制新企业的命运。然而，这就存在矛盾：如果他们不能及时授权，就会使成长中的新企业前景暗淡。

创业者必须随着企业的成长改变他们的领导方式。首先，他们要担当团队领导，带领一群干劲十足的人们朝着共同的目标努力，这一目标就是创业者所描述和承诺的愿景。随后，他们必须变成多个团队的领导者，关键决策的制定者，要将大量的职权和自主权授予企业中领导不同团队（如不同的部门或是综合性的跨职能团队）的人。不论企业成长过程中发生什么事，创业者必须注意权力下放，做到真正的"放手"。

（三）财务管理

初创企业的财务管理是创业企业对其资金的获得、积累、分配、支出等进行规划、核算和监察等工作的总称。创业企业要想生存发展和存活，必须管好钱，算好账。创业者在企业成立初期必须要严格管理财务。

1. 账簿设立

（1）从事生产、经营的纳税人应当自领取营业执照或者发生纳税义务之日起 15 日内，按照国家有关规定设置总账、明细账、日记账以及其他辅助性账簿，其中总账、日记账应当采用订本式。

（2）生产、经营规模小又确无建账能力的纳税人，可以聘请经批准从事会计代理记账业务的专业机构或者经税务机关认可的财会人员代为建账和办理账务；聘请上述机构或者人员有实际困难的，经县以上税务机关批准，可以按照规定，建立收支凭证粘贴簿、进货销货登记簿或者使用税控装置。

（3）纳税人、扣缴义务人会计制度健全，能够通过计算机正确、完整计算其收入和所得或者代扣代缴、代收代缴税款情况的，其计算机输出的完整的书面会计记录，可视同会计账簿。纳税人、扣缴义务人会计制度不健全，不能通过计算机正确、完整计算其收入和所得或者代扣代缴、代收代缴税款情况的，应当建立总账及与纳税或者代扣代缴、代收代缴税款有关的其他账簿。

（4）账簿、会计凭证和报表应当使用中文。民族自治地方可以同时使用当地通用的一种民族文字。外商投资企业和外国企业可以同时使用一种外国文字。

（5）从事生产、经营的纳税人应当自领取税务登记证件之日起 15 日内，将其财务、会计制度或者财务、会计处理办法报送主管国税机关备案。纳税人使用计算机记账的，应当在使用前将会计电算化系统的会计核算软件、使用说明书及有关资料报送主管国税机关备案。

2. 财务管理的内容

创立企业要涉及大量的财务问题，包括日常的销售收入和各项经费支出。作为经营者要建立一套完善严密的财务制度，有序地进行财务管理。创业企业的财务管理可大体分为 3 大类：记账管理、财务核算管理和资金管理。

（1）记账管理。记账管理就是账本管理，即对创业企业收入和支出的钱、物进行登记。可在会计用品店买到账本和创业企业会计登记表。每日认真记账是做好账本管理的关键。从某种意义上说，一些小店的生意非常简单，每日的收入和支出金额都一清二楚，而且，其中大多是现金收入。因此，这样的创业企业记账方式很简单，故可以做到日清日结，把每天的收支情况在当天记录整理好。

（2）财务核算管理。财务核算管理是对创业企业经营活动的过程和结果以货币为单位进行计算和统计，然后编制出具有一定格式的会计报表。通过这些会计报表了解创业企业的经营情况，评价经营和出现的问题，是经营者决策的重要依据，所以财务核算一定要严格。在财务核算时，成本费用分为固定费用和可变费用，有效控制成本费用，需从可变费用着手。

（3）资金管理。资金管理是建立一定的制度确保资金合理、安全地运用，有计划地周转资金，使创业企业的经营正常进行。

三、创业失败及处理

（一）创业失败类型

企业经营失败的类型主要有经济性失败和财务性失败两种。

1. 经济性失败

它是指企业生产经营所实现的全部收入不足以补偿生产经营过程中包括资本成本在内的全部成本，从而使企业处于亏损状态而走向失败。当企业出现经济性失败时，如果其投资者愿意接受较低的投资报酬率（甚至是负的投资报酬率），并继续向企业投入资金，则这类企业可以继续经营下去。但是，当企业长期亏损，且扭亏无望，而投资者又不肯继续投入资金时，企业的资产将由于无法更新而逐渐减少，最终要么宣布企业终止，进入清算，要么缩小规模，在一个可以产生利润的、资产数额较低的水平上继续经营。经济性失败的最终结果往往是企业终止与清算。

2. 财务性失败

通常是指由于财务上的原因而使企业不能清偿到期债务，或不能履行对债权人的契约责任，所以，又称作契约性失败。根据失败的程度和处理程序的不同，财务性失败又可分为技术性无力清偿和资不抵债两种。

（1）技术性无力清偿。它是指企业由于理财不当，而使某一特定时点的现金流出量超过现金流入量所产生的不能清偿到期债务，通常表现为企业的某一项债务或某一时点的债务不能按时偿还，与企业经营是否盈利无关，也就是说营利性企业也可能不能及时清偿到期债务。例如，某企业需在 2003 年 10 月 1 日偿还 200 万元的债务本金和利息，而其 10 月 1 日的账面现金流入量，或可用于支付的现金只有 100 万元，则该企业将无法支付剩余的 100 万元债务本金和利息，即使该企业到 12 月 31 日可实现税后净利 1 000 万元也无济于事。当企业处于技术性无力清偿时，如果债权人能够宽限一段时间，或实施债务减免，则双方可达成和解协议，待企业筹措到足够的资金时即可用来偿还债务，企业将继续生存下去。但是，如果这种技术性无力清偿同时又是企业经济性失败的前兆，则企业必须尽力挽救，否则即使渡过了目前的难关，也必将被迫终止经营，面临失败与清算。

（2）资不抵债。它是指企业的全部资产的市场公允价值低于其负债的账面价值，使得企业的净资产出现负数。这是由于企业收不抵支而导致的全部债务不能偿还。这不仅使债权人的权益难以保障，而且使企业所有者承担巨大的压力和风险。当企业资不抵债时，一般应按照法定程序进行破产清算，但当企业承诺在一定时间彻底扭转这种局面，并制订出切实可行的重组计划时，经债权人同意，也可以不进行破产清算。

（二）创业失败处理

1. 企业重组

对企业失败的处理方式，取决于财务危机程度的大小和债权人的态度。如果企业失败即宣告（或被宣告）破产，不仅会给企业的投资者、职工、债权人造成严重后果，而且会对社会稳定造成威胁。因此，当企业失败是属于暂时的经济失败、暂时的资不抵债以及技术性无力清偿时，企业及其所有者和债权人之间往往会通过谈判达成和解协议，要求企业进行重组，帮助失败企业走出困境，尽可能使企业有机会生存下去。所谓重组，也称重整或整顿，是针对企业亏损严重、无力偿还到期债务的情况下，由企业及其所有者双方达成和解协议并经过法院认可，对企业的生产、技术、管理等诸方面进行调整、改进和完善，以达到扭亏增盈、恢复正常偿债能力之目的。

我国《破产法》规定：企业由债权人申请破产，上级主管部门申请整顿并且经企业与债权人会议达成和解协议的，终止破产程序。这就是说，在法院受理债权人申请债务人破产的情况下，允许企业与债权人之间进行和解，并给予重组的机会，从而尽量减少破产案件的发生。

2. 清算破产

企业清算是在企业解散过程中，为保护债权人、企业所有者等利益相关者的合法权益，依法对企业财产、债务等进行清理，以终止企业营业的行为。

任何企业的终止，都必须进行清算工作。只有通过清算，才能对企业现存的各种债权债务关系予以了结。由于企业规模不同，经济关系的复杂程度不一样，清算有简单和复杂之分。简单的清算，如企业成立不久即告终止，只需将收到的资本金扣除开办费和清算费用，余额退还股东即可。

根据有关研究，以清算破产方式退出的企业其收回的资金仅占投资额的64％左右。以破产清算的方式退出，对于创业家来说，都无疑是件痛苦的事，但是与其痛苦地维持经营，还不如趁早清理，因为对于一些企业，尤其是发展到一定阶段的公司，"死掉"（被清理）反而比"活着"更值钱，因为土地、建筑、机械设备以及其他资本，通过清理要比它们在不良运行的企业更值钱。公司被清理，还可以使风险企业家从困境中抽身，拿到清理出来的资金，再对其他项目进行开发，进行再创业。因而对于创业家来说，破产清算虽是无奈之举，但也是在困境中的唯一选择。

（三）再创业

破产和清算对创业者来说并不必然是其事业的终结。市场竞争欢迎任何人的参与。即使企业倒闭了，但是作为一个创业者，仍然受到市场的欢迎。只要能重拾信心，刚刚经历的失败不会是自己事业的终结，反而是一个新的开始，这其中关键在于，创业者能够重新站起来吗？重新站起来继续挑战市场的创业者无疑会更有魄力和冲击力。

只要他们能够认真分析自己失败的原因并总结错误的所在，他们的这个经验会成为再创业成功的强大后盾。再创业要求创业者必须更熟识投资行业，再创业者要在二次创业中一击即中。

第一次创业，冲动和盲目是多数创业者的特征，对利润率的凭空猜测，对销售的主观美好想象，不切实际的收入计算，对费用和意外考虑的缺失，是其主要特征，而在第二次以后的创业中，如果继续冒失急进，急于求成，再创业只会再失败。那么创业者该如何降低再创业失败的风险呢？

1. 在企业成功时避免过度乐观

人是一种很被动的动物，很容易在权力、金钱、荣誉面前失去自我，在创业成功后，很容易会被眼前的一切迷惑而满足于现状。创业成功者要避免失败，避免出现二次创业的窘困局面，企业对自身的定位和发展目标是非常重要的，这对于企业家来说是不可避免的。一旦脱离了，就很容易在自己成功、高峰或者低谷中作出错误的定位。

2. 具有清晰目标的市场营销计划

世界经济无时无刻不在发展变化，市场必须跟随经济的变化而变化，不同时期市场有不同的要求。企业要长久发展，一定要紧密关注市场的任何风吹草动。企业要打造自己的品牌，在激烈的竞争中立于不败，就要明确本企业的战略目标，有了清晰明确的目标，为其所作的市场营销计划才是正确的。投资者在决定上马一个项目时，应该对市场和政策的各种变化作出预测，并有针对性地应变。具有清晰目标的市场营销计划不仅仅要对自己有一个正确的定位，对目标产品的耐心、对市场变化的适应、对政策的运用等方面都将影响到企业的成功，特别是对于再创业者来说，一定要加以关注。

3. 制订良好的资金运作计划

创业失败对创业者来说最痛之处是"血本无归"，本钱都付诸流水，对创业者的再创业会是一个障碍。在上次创业失败之后，资本的压力会在无形中加重，所以他们在再创业的过程中必须有一个良好的资金运作计划，也就是追求成本更低、风险更小的经营之道。

企业资金如何分布和占用是重要的，同样的资金，占用不同，效果大不相同。因此，企业经营者必须按照市场经济的规律，科学地优化资金的占用和分布。在这里我们为企业经营者提出几点建议：

（1）要清醒地认识到企业负有沉重的债务压力。不论是债务资金还是自有资金，对企业经营者而言都是债务，对前者必须还本付息，对后者必须保值增值。

（2）要注意保持流动资产和结构性资产的合理比例。结构性资产若过大，则易造成企业日常运作的沉重和滞缓；而企业的利润主要是靠流动资产的周转来实现的。

（3）掌握科学合理的资金投向。学会将资金直接投向资本市场的运作，以获取增效回报。

4. 跟踪并随时关注市场走势

左右自己营销策略的不仅仅是自己的目标，更多的是千变万化的市场。随着资讯的高速发展，现在要得知市场的走势已经不再困难。创业者需要注意获取足够的市场信息。对于再次创业者来说，如何辨清这些信息的真假显得尤为重要，毕竟不可能保证每条信息都是准确无误的。

创业路上不可能一帆风顺，总会在不同的时间与地点出现某些小事大事令自己的企业陷入困境。对于再创业者来说，因为经历过失败，有了经验，所以在这些事情的判断上会更为准确和果断。当然，谁也不希望自己的判断错误，因为往往小小的一个错误就可以令企业陷入万劫不复的境地。市场竞争中的任何人不会祝福自己的对手，他们甚至会耍些小手段来击垮对手。因此在与竞争者的角逐中不仅仅需要留意市场变动，还要对你的对手保持高度警惕，分清朋友与敌人，提早识别任何可能将企业推入危险境地的时间、人物和事件，并对此做出适当的防御或挽救措施。

创业失败的人比成功的人肯定要多，创业多次失败后的成功比直接成功也要多得多，在创业失败后选择放弃的人最多。

从上面的事实，可以看出创业成功和失败之间在次数上的必然联系，可以得出这样的结论：创业的成功多数是多次创业失败后的结果。这个结论的得出有无数成功者的验证。通过创业—失败—再创业这个过程的分析，可以反观第一次创业的错误决策。当失败者整顿好自己，重新昂起头开始再一次的创业历程时，首先必须认清自己，肯定自己该肯定的地方，否定自己该否定的地方，像蝉蜕一样剥去那层过去的伤感和畏惧。这个过程，饱含着痛苦和惆怅，也一样有着新肉长好的"痒"、"痒"得让人无比快乐的踌躇，这种感觉，无异于一次自我的重生。

再创业，总有更大气的想法，总有更稳妥的考虑，少了第一次创业的那种无限激情，多的是周密严谨的商业计划书和未来设计。一个成熟的企业家首先肯定是一个敢于脱掉鞋子走路的人，一步一个脚印的做法才是创业守业的根本。这时候的脚步，是坚实而自信的，是旁观者都不敢轻言否定的。

【本章问题思考】

1. 创业过程主要有哪几个阶段？
2. 创业者如何选择创业策略？

3. 创业者该如何选择企业形式？

4. 新创立企业需要进行哪些管理？

5. 如果创业失败，你该怎么办？

第五章　财经类院校大学生创业及项目评析

大家对淘宝一定觉得不陌生，通过开淘宝店创造的财富神话我们也没少听到。在义乌就有一个这样的村子，它的名字叫做青岩刘，可大家更喜欢称它"淘宝村"。一个看似默默无闻的小村庄，吸引了中国众多专业电子商务人士的目光，目前已经开出了 2 000 多家的淘宝网店，现在就让我们一起走进青岩刘村。

义乌电子商务协会秘书长刘文高，青岩刘村目前已经进驻了 2 000 多家淘宝店。道路两旁，一排排五层高的新式农民房底层几乎全部都用作了仓库。"像这个地下室都是我们淘宝村的仓库。一共有 1 800 间。"记者走入一幢楼房的地下室，发现 200 多平方米的空间摆满了各式日用家居商品，七八个工作人员拿着写满商品种类和数量的单子，忙碌地在货架前穿梭；又或者坐在小板凳上，拿着纸板纸盒和胶带，快速地打着包。

也就是在这样的环境中，诞生了不少的创富神话。张峰便是其中一个，他目前正经营着一家淘宝店，主营创意产品。2008 年 10 月，张峰辞去了工作，开始了他的创业之路，而首站便是青岩刘。毫无存款的他，做出了大胆的决定。张峰销售的第一个产品叫做阳光罐，罐内装置自动感光器，在黑夜中可以发出不同的光。

回忆起创业初期的日子，张峰只能用"苦"字来形容。为了推广产品，他和女朋友跑遍义乌所有店铺。每天早早起来打包发货，然后接单，到下午 3 点后又开始打包发货，晚上还要接单到深夜 2 点。"都是自己做，当时没有请工人，更加累更加辛苦。像这个瓶子，我们当时住在四楼，要自己扛上去，一箱有 26 公斤左右。因为当时没有仓库，就只能扛上扛下。"

在进入正轨之后，张峰网店的业务量开始迅速增加。现在张峰有了自己

---

① 根据佚名．成长在义乌"淘宝村"，毕业 3 年赚上千万［EB/OL］．http：//www.xpshop.cn，2008-10-10 整理。

的工厂、批发公司、零售店。还建立了自己的批发网站。就这样，坚信付出总有回报的张峰，在青岩刘彻底改变了生活和事业的轨迹，现在一年的销售额应该在1 000万元左右。

一对刚毕业才3年的情侣，在短短两年时间内，从借钱开淘宝店到现在的年收入超过一千万，演绎了最生动的创富神话。而像张峰这样的年轻人，在青岩刘村还有很多。这也印证了电子商务正在兴起一场新的经济浪潮。

思考：

1. 张峰和"淘宝村"是怎样做到从无到有的飞跃？

2. 面对飞速发展的电子商务创业潮流，创业者又该如何应对呢？

第一节　财经类院校主要专业分析

截至目前，国内对"财经类院校"没有明确的界定，比较多的是"财经、经贸"等字打头、也最引人注目。这类院校的特点是多以经济、管理紧密联系的专业为主，经济学、国际经济与贸易、金融学、财政学、保险学、投资学、工商管理等主干学科挑大梁，兼顾法律、计算机、公共管理等学科。

根据院校隶属关系为主线，国内财经类院校可以分成5类：

第一类，原隶属于中国人民银行的财经类院校：西南财经大学、中国金融学院（2000年并入对外经济贸易大学，成为对外经济贸易大学的金融学院）、湖南财经学院（2000年并入湖南大学，成为湖南大学的金融学院）、陕西财经学院（2000年并入西安交通大学，成为西安交通大学的经济与金融学院）等。

第二类，原隶属于财政部的财经类院校：上海财经大学、中央财经大学、中南财经政法大学（2000年由中南财经大学与中南政法学院合并而成）、东北财经大学、江西财经大学、山东财经大学（2012年由山东经济学院与山东财政学院合并而成）。

第三类，原隶属于其他部委的财经类院校：对外经济贸易大学（原外经贸部直属）、北京工商大学（原北京商学院，与北京轻工业学院、机械工业管理干部学院合并）、兰州商学院、天津商业大学、重庆工商大学（原重庆商学院与渝州大学合并，原内贸部直属）、浙江工商大学（原杭州商学院，原内贸部直属）、山西财经大学（原中华全国供销合作总社直属）、安徽财经大学（原安徽财贸学院，原中华全国供销合作总社直属）等。

第四类，综合性大学的财经类专业：北京大学、中国人民大学、清华大学、复旦大学、南开大学、浙江大学、武汉大学、南京大学、天津大学、中山大学、西安交通大学、湖南大学等。

第五类，原省属的财经类大学：天津财经大学、南京财经大学、浙江财经大学、西安财经学院、新疆财经大学、内蒙古财经大学、云南财经大学等。

本书从教育部专业分类、大学生创业成就榜分布、财经类院校专业群分布三个角度进行评析项目的筛选，从典型案例角度分析各个专业群的创业思路与效果。

一、教育部专业分类

根据教育部对国内高校的专业分类目录，财经类院校核心专业为经济类与管理类，各细分专业分属于人文社会科学的文史类，具体情况见表5-1。

表5-1　　　　　　　　　　　　　教育部专业分类目录

序号	类别	专业名称	科别	类别
2	经济学	税务、信用管理、网络经济学、海洋经济学、体育经济、金融工程、国际文化贸易、环境资源与发展经济学、投资学、环境经济、经济学、保险、国际经济与贸易、贸易经济、国民经济管理、金融学、财政学	人文社会科学	文史类
11	管理学	高等教育管理、公共政策学、公共管理、城市管理、公共关系学、电子商务及法律、土地资源管理、公共管理类、商务策划管理、文化产业管理、劳动与社会保障、公共事业管理、信息资源管理、图书档案学类、农村区域发展、图书馆学、农林经济管理、档案学、体育产业管理、农业经济管理类、航运管理、国防教育与管理、劳动关系、会展经济与管理、公共安全管理、行政管理、资产评估、产品质量工程、房地产经营管理	人文社会科学	文史类
11	管理学	项目管理、工程造价、管理科学工程、工业工程、工程管理、管理学、连锁经营管理、管理科学与工程类、工商管理类、管理科学、信息管理与信息系统、工商管理、物业管理、物流管理、市场营销、电子商务、特许经营管理、国际商务、审计学、财务管理、人力资源管理、旅游管理、会计学、商品学	人文社会科学	文史类

二、大学生创业成就榜行业分布情况

大学生创业成就尚无权威数据排行与支持，前期"中国大学创业富豪榜"也因权威性而发布两年之后夭折，本书认为该榜单虽然财富数据会有差异，但大学生创业的行业分布具有一定的参考性。从统计信息可见，信息技术、文化、教育、传媒等领域是大学生主要创业方向，占比例60%以上，而传统的商业、服务、零售、制造、能源、环保、农业、餐饮、医药、生物、建筑等领域难以承受大学生创业的动力。中国大学创业富豪榜的行业分布见表5-2。

表5-2　　　　　　　　　　中国大学创业富豪榜的行业分布

序号	行业分布	2009 年（样本 100 个）		2010 年（样本 98 个）	
		富豪人数	所占比例（%）	富豪人数	所占比例（%）
1	信息技术	39	39	42	41.58
2	文化、教育、传媒	12	12	19	18.81
3	商业、服务、零售	23	23	15	14.85
4	制造、能源、环保	5	5	9	8.91
5	农业、餐饮、医药、生物、建筑等	21	21	13	12.87

资料来源　根据中国校友会网2009、2010中国大学创业富豪榜整理，http://www.cuaa.net/。

三、　财经类院校专业群分布情况

本书根据国内主要财经类院校的专业设置频次为基础进行统计分析，并提取60%以上院校开设的专业分为7个专业群，见表5-3和表5-4。

表5-3　　　　　　　　　我国财经类院校专业分布情况统计

频次	专业名称	数量
10	国际经济与贸易、金融学、人力资源管理	3
9	计算机科学与技术、工商管理、市场管理、财务管理、电子商务、劳保、会计学	7
8	经济学、保险、税务、信息管理与信息系统、物流管理	5
7	财政学、法学、英语、统计学、工程管理、公共事业管理	6
6	数学与应用数学、金融工程、日语、旅游管理、行政管理、新闻学	6
5	广告学、审计学、管理科学	3
4	汉语言文学、社会工作、国民经济管理	3
3	资源环境与城乡规划、资产评估、信息与计算机科学、艺术设计	4
2	经济学基地班、经济贸易、信用管理、投资学、对外汉语、项目管理、金融工程	7
1	金融数学、环境科学、房地产经营管理、环境设计、城市规划、商务英语、应用统计学、社会体育指导、体育经济、应用心理学、应用化学、通信工程、生物工程、数字媒体艺术	14

资料来源　根据国内十大财经类院校前10名院校的专业设置统计。

表5-4　　　　　　　　　　　我国财经类院校专业群

专业群类别	主要专业	数量
商业管理类	工商管理、人力资源管理、旅游管理、物流管理、财务管理、会计学、电子商务、市场营销	8
工具语言类	英语、日语、数学、新闻学、法学	5
公共管理类	财政学、公共事业管理、行政管理、税务、劳保	5
金融会计类	金融学、金融工程、保险	3
经济贸易类	经济学、国际经济与贸易	2
信息技术类	计算机科学与技术、信息管理与信息系统	2
工程设计类	工程管理	1

第二节　财经类大学生如何创业

根据教育部专业分类指导、财经类院校专业群设置及大学生实际创业情况，本节选择如何开办小型超市（实体经营类）、如何开办网上商店（虚拟新经济类）、如何开办策划工作室（策略咨询类）三种创业类型进行详细阐述创业思路，旨在举一反三。

一、如何开办小型超市

（一）开办小型超市的市场调查

1. 市场调查原则

（1）客观性原则。要求收集到的市场信息和有关资料不能带有虚假或错误的成分，不能带有个人的主观倾向和偏见。

（2）针对性原则。必须根据要解决的问题（如消费习惯、购买力等）来开展市场调查。

（3）科学性原则。要以科学的知识理论为基础，要应用科学的方法，体现在方案设计、资料收集、信息处理、分析结论的科学性，使调查内容以最简洁、明了、易答的方式呈现给调查对象。

（4）全面性原则。要重视市场调查与政治、经济、文化、风俗、法律等社会现象之间千丝万缕的联系，必须做全面性调查。

（5）经济性原则。满足市场调查目的前提下尽量简化调查的内容与项目，不要加大调查的范围和规模，造成人力、物力、财力和时间的不必要的浪费，提高经济效益，做到少花钱多办事。

2. 市场调查步骤

（1）明确开店调查任务。明确要获取哪些市场信息、资料、调查结果有何用途等，一般开店市场调查就要明确知道特定市场消费者的消费习惯、购买力、人流量、竞争情况、交通状况等。

（2）设计调查方案。包括对调查者的要求、调查对象、调查内容、调查表设计、调查地区范围、样本的抽取、资料的收集整理方法、分析方法等。

（3）制订工作计划。安排好调查的时间进度、人员培训等，包括组织领导及人员配备、调查员的招聘及培训、调查的方式方法、工作进度时间表、费用预算等。

（4）实施调查方案。按照事先划定的调查区域确定每个区域调查样本的数量，访问员的人数，每位访问员应访问样本的数量及访问路线，督导人员的配备，调查人员的工作任务完成，做到工作任务落实到位，目标、责任明确。

（5）分析调查结果。对调查表进行数据统计，按照调查任务和分析方法进行数据分析，得到各种统计数据，为最后的决策提供可靠的数据。

3. 市场调查方法

（1）询问调查法。直接询问收集有关开办小型超市的信息，询问法按接触方式不同可分为三种形式，即走访调查法、信访调查法和电话调查法等。

（2）观察调查法。亲临所要调查的现场进行实地调查，或在被调查者毫无察觉的情况下，对他们的有关行为、反应进行调查统计的一种方法。

（3）实验调查法。先选择较小的范围，确定几个因素，并在一定控制条件下对影响因素进行实际实验，然后对结果进行分析研究，进而在大范围推广的一种调查方法。

4. 市场调查内容

（1）政治因素的调查。包括国家和地方政府的相关政策，如政府对产业的扶持政策、货币政策、地区发展规划、城市发展规划以及重点投资项目等。

（2）法律因素的调查。各种有关法律与法规，如企业法、公司法、竞争法、商标法、工商法、金融法、涉外经营法等。

（3）经济因素的调查。包括工商业分布及增长情况、国民收入以及个人收入情况、地区经济增长速度、总体物价水平、社会就业状况、行业平均利润率等。

（4）文化因素的调查。消费者的职业构成、民族分布、宗教信仰、教育和文化水平、家庭构成、风俗习惯与审美观念等。

（5）消费结构的调查。居民的人口构成、家庭规模和构成、收入增长状况，消费者的心理、周围环境及消费习惯等，职业结构、消费者收入水平、消费支出领域、消费行为、流行因素等。

（6）人流量及交通情况的调查。路段、商圈的每分钟、每小时或每天的人口经过总人数，以及附近的道路情况、车辆过往密度、公交车数量等。

（7）竞争对手情况的调查。包括现有竞争对手的基本情况，如市场占有率、销售额、利润额、新产品开发速度、市场竞争策略、市场促销策略及企业的竞争实力等。

（二）开办小型超市的创业环境分析

创业环境分析是遵循客观性原则、针对性原则、科学性原则、全面性原则和经济性原则基础上，对通过市场调查获取的市场与环境信息进行综合分析；创业环境分析内容包括政治因素、法律因素、经济因素、文化因素、消费结构、人流量及交通情况、竞争对手等相关分析等。

1. 市场宏观环境分析

其主要分析工具是 G-PEST 分析方法，即：

（1）政治法律环境分析。政治稳定性、税收政策、产业政策、法律限制等。

（2）经济环境分析。经济增长率、汇率、货币政策、GDP、恩格尔系数等。

（3）技术环境分析。技术变革速度、产品生命周期、技术保护、知识产权等。

（4）社会环境分析。人口数量与素质、地理环境、生活方式、价值观等。

（5）自然地理环境分析。自然地理环境是人类赖以生存的自然界，包括作为生产资料和劳动对象的自然条件的综合，是人类生活、社会生存和发展的自然基础。

2. 行业竞争分析

（1）行业规模及发展潜力分析，包括产业生命周期、市场潜力、销售预测等。

（2）行业结构分析，包括行业集中度、竞争强度（波特五力分析）、行业盈利率等。

（3）竞争对手分析，包括竞争对手界定五大方法、竞争性路径分析法等。

（4）消费者分析，包括消费者购买特点、消费者购买黑箱、马斯洛需求层次、影响消费者决策的四大情境因素等。

3. 市场机会分析

（1）内部资源分析，包括对内部异质资源、价值链、行业关键成功要素、资料杠杆、资源模仿性分析等。

（2）核心能力分析，包括对市场核心能力的识别、核心能力与企业价值等。

（3）SWOT 优势、劣势分析，是通过 SWOT 矩阵、SWOT 战略组合等工具对内外环境的综合评价，以发掘市场存在的机会。

4. 人口与购买力分析

（1）人口特征分析，主要分析商圈内的人口规模、家庭数目、收入分配、教育水平和年龄分布等情况，商圈内人口的年龄、职业构成情况以及购买习惯等。

（2）购买力分析，主要分析消费者对特定商品的零售额、有效购买收入、总的零售额，以及需求最多的品种，消费者的购买周期等，收入水准、教育水准较高，收入、支出比例等。

（三）开办小型超市的资金准备

1. 资金准备项目及预算

（1）开店装修支出。店面的装修支出弹性较大，简单装修、一般装修和精装修需要的资金相差是比较大的，店面装修包括店面装修设计（这个可由装修公司负责）、刮墙腻子、铺地板砖、招牌、灯光施工等，按一般装修的规格来计算，100 平米的店面大概需要资金 1.5 万 ~ 2.5 万元，其中不包括水电路改造。

（2）营业设施购置支出。小型超市营业所需的货架、货箱、收银台、推车、收银机、购物篮（车）、存包台（柜）等。按 100 平米的店面，大概需各类货架（箱、台）15 ~ 25 个，收银机 2 ~ 3 台，购物篮 50 个，以及其他相关配套软件（收银系统）等，大概需资金 2 万 ~ 3 万元。

（3）商品采购支出。小型超市的商品采购资金有的可以是代销，这部分可以不用先付钱；有的是要全额付款；有的是要付定金；有的是按货款比例支付先期提货款，然后再根据采购协议的规定进行结款。

（4）人力资源支出。包括员工招聘、培训，人员工资等。

2. 资金准备的途径

（1）自己存款，是指利用自己的积蓄余额作为创业资金；

（2）他人借款，通过家人、亲戚、朋友、同事或其他个人及组织机构借款；

（3）银行信贷，通过向商业银行进行贷款。

（四）小型超市的选址

1. 选址标准

（1）交通便利。消费者能够方便到达，或是步行不超过 20 分钟的路程，各类大小车站如火车站、汽车站等，城市公交线路比较多，公交车站要有停靠点。

（2）人口聚集。如剧院、电影院、公园等娱乐场所附近，或者大工厂、机关附近；企业、居民区和市政的发展，也会给店铺增添更多的顾客而使其经营上更具发展潜力。

（3）障碍物少。消费者不用时常穿越街道，街道有隔离带且出口较远，街道道路普遍的护栏、树木、路墩少的地方。

（4）驻足便利。商店门前有足够的驻足场地，还要有停车场地，在人流量高峰期时，会使门前拥挤，混乱，选择靠近中心外辐射方向的一边，有利于顾客驻足。

2. 商店选址范围

（1）闹市区、商业街。该地段是市民主要购物的场所，人口密度最大，消费层次广，该地段租金高，竞争性强，只适合那些有鲜明个性特色的店铺发展。

（2）居民住宅区。顾客以居民为主，平日的对象是家庭主妇，周末以及假日则以家庭成员居多，日常生活用品消费力强，尤其是日用品，须根据住宅区的类别来决定商品和服务的档次。

（3）校园区。校园人口非常集中，消费习惯接近，一天相对而言并无明显的高峰与清淡时段的区别，但寒暑假期间是生意的清淡季节。

（4）写字楼集中地段。上班族是主要消费者，消费水平和档次较高，中午和晚上为营业高峰，周末与节假日生意冷淡，店面必须整洁，以迎合"白领"的口味，另外，以下班路线为主。

（5）菜市场。铺面租金不高，以中低档产品销售为主，客流稳定，主要是家庭主妇等理智型消费者，而且对食品卫生及营养比较关注。

（五）商店布局

1. 商店装修设计原则

（1）安全性原则。装修不要破坏房屋承重结构和建筑结构，材料使用环保，防止装修污染，总之安全系数要求远大于其他装修因素。

（2）实用性原则。要发挥最大限度的店面营业的使用功能，否则也就失去了其存在的意义。

（3）美观性原则。店面的美观性原则就是要有艺术性，力求店面装修做到在公共装修项目上应与大众的审美观念相一致，要与行业的装修设计风格相似。

（4）经济性原则。花尽量少的钱达到满意的装修效果，经济性原则常常与实用美观性原则发生矛盾和冲突，要把握合理的装修"性价比"，协调好他们之间的相互关系。

2. 店内布局原则

（1）宽敞大方的原则。要保证顾客提着购物筐或推着购物车，能与同样的顾客并肩而行或顺利地擦肩而过。

（2）方便进入的原则。通道最低宽度不少于90厘米，因小店很少用手推车，以一般人不超过45厘米鞋码为准，90厘米通道能满足两人背对背选择商品。

（3）笔直、平坦的原则。店内布局要尽可能避免迷宫式的布局，要尽可能地进行笔直的单向通道设计，在顾客购物过程中尽可能依货架排列方式选购，商品以不重复、顾客不走回头路、拐角尽可能少为原则。

（4）明亮清洁原则。为顾客创造了良好的购物环境，把明亮清洁的购物环境与新鲜、优质的商品联系在一起。

3. 店面布局内容

（1）店门、招牌设计。在设计时应当考虑到明快、通畅，要考虑采光条件、噪音影响及太阳光照射方位，店门所使用的材料等；招牌设计主要表现在形式、用料、构图、造型、色彩等方面，还应在店名方面多下工夫。

（2）购物环境的美化与装饰。商店通过光线调节、色彩搭配、音响播放、通风调温、保持清洁卫生为顾客营造一个舒心满意的购物环境。

4. 店内布局安排

（1）出入口的安排。商店入口一般设在顾客流量大、交通方便的一边。通常入口较宽，出口相对较窄一些，入口比出口大约宽1/3，出口应与入口分开，出口通道应大于1.5米。

（2）场所安排。售货区、存货区、店员用地和顾客用地四者应该有一个合理的分配，对于小型商店而言，要求尽量扩大商品的售货区域，压缩非营业性区域。

（3）购物通道的设置。店内通道的设计应尽可能直而长，一般由货架分隔而成，货架的高度最好选择在1.8～2米之间，通道宽度一般为1.4～1.8

米，能让 2 个人及其购物篮或购物车并行或对向通过。

（4）收银台的设置。收银台设在出入口处，结账通道可根据商店规模的大小设置 1～2 条，在条件许可的情况下，还可以设置一条"无购物通道"，结账通道的宽度一般设计为 1～1.2 米，以保证有足够的空间让等候的顾客排队。

5. 商店货架布局的形式

（1）直线式：直线式是货架和通道呈矩形分段布置；这种布置，易于寻找货位。

（2）斜线式：斜线式是货架和通道呈菱形分段布局；这种形式可供顾客看到更多的商品，使得气氛比较活跃，顾客的流动不受拘束。

（3）曲线式：曲线式是用不规则的办法设置通道，可任意布置货位；曲线式能创造出活跃、温馨的气氛，顾客四处浏览无拘无束随便采用什么路线，从而增加了随意购买的机会。

（六）商品采购与陈列

1. 供应商选择原则

（1）简明科学性原则。供应商评价和选择步骤、选择过程透明化、制度化和科学化。

（2）稳定可比性原则。评估体系应该稳定，运作标准统一，减少主观因素。

（3）灵活可操作性原则。不同行业、企业、产品需求、不同环境下的供应商评价应是不一样的，保持一定的灵活操作性。

（4）门当户对原则。采购商和供应商的规模、层次相当。

（5）半数比例原则。购买数量不超过供应商产能的 50%，反对全额供货的供应商。

（6）供应源、数量控制原则。同类物料的供应商数量约 2～3 家，主次供应商有分别。

（7）供应链战略原则。与重要供应商发展供应链战略合作关系。

（8）学习更新原则。评估的指标、标准，对比的对象以及评估的工具与技术都要不断更新。

（9）全面了解原则。供应商的生产状况，商业信誉，交货能力直接决定与供应商合作的深度。

2. 供应商选择标准

（1）质量（Q）——高。供应商的产品质量要过硬，用户在选择的时候最先考虑的就是质量，可靠的质量能够让用户安心地使用，长久的受益，让用户享受产品的优越性。

（2）价格（C）——低。供应商的商品价格要低，这样采购商的货物成本就低，才能有更大的毛利空间，可靠的质量与更低的价格总是会受到人们的青睐。

（3）配送（D）——快。科学、现代、完善的配送体系对于供应商的要求越来越高，送货上门已成了普遍方式，合理的、便捷的运输能带来很大的方便。

（4）服务（S）——好。优质的服务能够受到用户的好评与赞扬，也是能够赢得消费者的支持与扩大销量的保证，及时为用户解决问题、给予更多的帮助也能引起潜在用户的极大兴趣。

3. 商品陈列原则

（1）显而易见原则。商品品名和贴有价格标签的商品正面要面向顾客；每一种商品不能被其他商品挡住视线；进口商品应贴有中文标识；商品价目牌应与商品相对应，位置正确；标识必须填写清楚，产地名称不能用简称。

（2）容易挑选原则。按适当的商品分类进行陈列，商品陈列的价格牌、商品 POP 牌摆放要正确，要明确显示商品的价格、规格、产地、用途等；同类商品的花样、颜色、尺寸有所不同。

（3）便于取放原则。货架上陈列的商品与上隔板应有一段距离，便于顾客的手能伸进去取放商品；商品陈列还要考虑到顾客的身高，不要把商品放在顾客手拿不到的位置；同时货架上陈列的商品要稳定，给顾客以安全感。

（4）丰富丰满原则。货架上商品数量要充足，商品的陈列量与商品的销售量协调一致，并根据商品的销售量确定每种商品的最低陈列量和最高陈列量，商品品种要丰富。

（5）整齐清洁原则。做好货架的清理、清扫工作，要随时保持货架的干净整齐，陈列的商品要清洁、干净，没有破损、污物、灰尘，不合格的商品要及时从货架上撤下。

（6）保持新鲜感的原则。采用多种不同的商品陈列方法，并定期变化，增强店堂的新鲜感、变化感，符合季节变化，不同的促销活动创造新颖的卖场布置，通过照明、音乐渲染购物氛围。

（7）先进先出原则。坚持商品先进先出，货架上的商品卖出后，需要不断地补充商品，补充商品的方法是从后面开始，而不是从前面把商品推进去。

（8）安全原则。商品摆放要考虑货架的承重能力，较小、较轻的商品放在货架的上方，较重、较大的商品放在货架的下方等，货架高处的商品，易碎的商品，要注意检查，并采取防护措施。

4. 商品陈列方法

（1）集中陈列法。集中陈列法是把同一种商品集中陈列于一个地方，这种方法最适合周转快的商品。在实施集中陈列时应按纵向原则陈列，能够帮助顾客在一次性通过时，同时看清各集团的商品。

（2）整齐陈列法。整齐陈列法按货架的尺寸，确定单个商品的长、宽、高的排面数，将商品整齐地堆积起来，陈列的货架一般配置在中央陈列货架的尾端，上面的商品是超市想大量推销给顾客的商品及折扣率高的商品。

（3）随机陈列法。随机陈列法是在确定的货架上将商品随机堆积，使用的陈列用具一般是一种圆形或四角形的网状筐，另外还要带有表示特价销售的牌子，随机陈列的网筐配置在卖场的某个冷落地带，以带动该处陈列商品的销售。

（4）悬挂式陈列法。悬挂式陈列法是将扁平或细长形的商品悬挂起来的方法，它能使这些本无立体感的商品产生良好的立体感效果，并能增添其他特殊陈列方法所带来的变化。

（5）突出陈列法。突出陈列法是在中央陈列架的上层放置一个突出的台，在上面堆积商品，或将中央陈列架下层的搁板做成一个突出的台，然后将商品堆积在此板上，这样能够打破单调感，吸引顾客进入中央陈列架。

（6）主题陈列法。主题陈列法是在商品陈列时借助商店的展示橱窗或场内的特别展示区，运用照明、色彩或声响，突出某一重点商品，配合某些节日或具有时间性和主题性等方面做出的精心选择。

（7）岛式陈列法。岛式陈列法是在超市的进口处，中部或底部不设置中央陈列架的展台，用具一般有冰柜、平台或大型的网状货筐，还有一些在空间不大的通道中进行随机的、活动式的岛式陈列。

（8）窄缝陈列法。窄缝陈列法就是打破中央陈列架定位陈列的单调感，在中央陈列架上撤去几层隔板，只留下底部的搁板形成一个窄长的空间，进行特殊陈列。

（9）季节陈列法。季节商品陈列要走在季节变换的前面，及时更换，要与周围出售商品的部位、环境相协调，陈列的背景、色调要与陈列商品相一致，一般摆放在靠近入口、通道边等显眼的位置上，而淡季商品则适量地陈列。

（七）小型超市的开业准备

1. 办理营业执照和税务登记

到工商、税务、卫生等部门办理相关手续，领取营业执照和进行税务登记，依法纳税、依法开业，确保开业前各方面手续及时办理，准备齐全。

2. 制定各项规章制度

建立健全各项规章制度，包括规范化运营管理制度、货物采购与退货制度、内部办公与后勤管理制度、部门岗位职责、人力资源管理制度、财务会计管理制度、安全防护管理制度等。

3. 员工招聘与培训

（1）员工招聘。按照制定的招聘方案和岗位用人需要及用人标准（文化、经验、性别、能力等），在各人才市场、劳动力市场，统一招聘经验丰富、年龄合适、能力强、品德高尚、乐于奉献、综合素质高的员工。

（2）上岗培训。对新招聘的员工进行上岗培训，针对不同岗位的工作需要进行培训，主要包括：经营政策、规章制度、岗位职责、工作流程、商品知识、服务技巧与礼仪、顾客消费心理、销售技巧、投诉处理、商品陈列技巧等。

4. 开业策划

（1）广告宣传。在开业前几天通过各种渠道，如报纸、宣传单、电视、海报等，发布有关开业信息，同时准备好店内的宣传工作。

（2）开业庆典。开业当天为了凝聚人气，举行开业庆典活动，主要有舞狮、演出、抽奖、游戏、限时抢购等，并准备好礼品和赠品，及时派发。

（3）开业促销。制订好开业促销活动计划，制定促销活动时间表，准备促销人员，促销道具准备及布置、特价商品、会员卡发放等。

（八）小型超市的运营管理

1. 岗位设置

（1）店长（经理）。负责超市的全面经营管理、员工的业绩考核等日常管理工作，负责年初工作计划和年末工作总结等。

（2）会计出纳。负责换取零钞、结算、账目处理。

（3）采购员。负责商品的采购、商品的库存管理等相关工作。

（4）收银员。负责收银工作，确保收银工作正常进行。

（5）营业员（导购员）。负责陈列商品、补充商品、销售导购、货架清洁、商品安全、贴价签。

（6）防损员。负责超市商品的防损工作，定期检查商品的受损情况。

2. 员工管理

（1）培养管理能力。培养员工应具有的基本管理能力，做到令行禁止，纪律严明，主要包括：洞察力、远见力、应变力和亲和力。

（2）完善规章制度。用制度管理和规范员工，对于普通员工要作出相应的规范，确保运营过程中有条不紊。

（3）制订工作计划。根据自己的经营能力和资金能力，订立符合实际的目标，订立计划时，要做到以下几点：具体简洁、规定限期、具备经济性、具有一定弹性。

（4）建立激励机制。开发员工潜力的最好途径，就是采用科学合理的激励手段，具体手段有：有形激励和无形激励、个人激励和组织激励、物质激励和精神激励。

3. 商品管理

制定商品仓库管理制度，明确商品流通程序和岗位职责，做好商品入库、出库、保管、安全管理和数据录入、分析工作。

4. 财务管理

（1）建立财务记录。财务的原始记录，从采购业务开始到售出过程中以至顾客购买后的跟踪指导服务全过程的最初记载，可以使用一定的表格形式，易于分析、比较。

（2）财务分析。通过财务报表数据，对店铺的活动过程和结果进行分析，以了解和判断店铺的财务状况、经营成果、发展趋势和存在问题，为决策提供可靠的参考依据。

（3）财务计划和控制。资金的收入计划和资金支出计划综合平衡，在经营过程中以计划的各项定额为依据，利用有关资料和信息，采取有效措施，对财务活动进行控制和审核，以实现财务目标。

二、　如何开办网上商店

（一）什么是网上开店

1. 网上商店

网上商店（也称为网络商店，或者简称网店），是指开设网站或利用第三方技术平台，进行网上的商品销售。目前开设网上店铺主要有两种方式：其一是在自己的网站上安装网上购物系统，建立自己的购物网站；其二是使用第三方提供的电子商务平台如网上商城或拍卖网站的服务，在服务商提供的网站上开设自己的网上店铺。大学生初始创业适合选择第三方电子商务平台模式。

开设自有系统的网上商店类似于在现实生活中开设店铺，开店、宣传等许多事情都需要自己去做，但自己可以完全掌控自己的店铺；在网上商城或拍卖网站上开店类似于在市场或大型商厦中租一个摊位开设店铺，门槛比较低，需要自己处理的事情不多，而且还可以在商厦的各种宣传推广活动中获益，但各方面也需要受制于商厦。

2. 网上开店的优势

（1）投资少回收快。网上开店的建店成本及日常维护一年只需 2 000 ～ 3 000元。传统的开设门店，门面租金、装修等起码要几万元，同时，网上开店是接了订单和货款再去进货，没有存货的压力，也不积压启动资金。

（2）价格优势。网上商店因为开店成本低，没有资金压力及库存积压，使得其价格比传统店铺要低得多，也就保证了订单的数量。

（3）营业时间不受限制。不需专人看守，24 小时营业，比传统店铺方便得多。只要每天查看 BBS 和电子信箱，认真处理商业信件和咨询，及时更新信息，就可以正常营业了。

（4）交易不受店面、店址约束。不受地理位置影响，传统店铺经营业绩与店面位置及大小密切相关，而网上商店则没有这个烦恼，有条件的话可设一个样品展示点，没有的话，只要网上有照片就可以。

（5）交易不受距离限制。网上商店的顾客群是所有的上网人员，其覆盖面为全世界，不像传统店铺受辐射半径的影响。

（二）网上开店的准备

1. 网上商店的条件

（1）商店名称。它就像是注册商标，在网络上称为域名，整个网络世界它是唯一的。

（2）商店地点。也就是开设您的商店的网络服务器地址，高速的网络连接，就像是把商店开设闹市黄金地段，可以使顾客快速容易地抵达，这对客户的影响是十分关键的。

（3）商店装修。网站的设计对用户来讲自然非常重要，动人的网页就像一流装修的商场，不但吸引顾客，而且增加顾客的信心。

（4）货物摆放。在网上商店中，其反映在如何建立商品的目录结构，提供何种网站导航和搜索功能，以使得用户可以快速、便利地寻找到他需要的商品和相关信息。

（5）购物车。方便灵巧的购物车可以使顾客感觉到受到良好的服务，增加顾客的信心。它是连接商品和付款台的关键环节。

（6）货币结算。支付系统是网络交易的重要环节，在美国和欧洲，信用卡已经成为最普遍的电子交易方式。通过提供必要的个人信用卡资料，商店就可以通过银行计算机网络与顾客进行结算。

（7）商品盘点更新。对网络商店的日常维护，例如去除销售完的商品，摆上新货等，是必须经常进行的业务。

（8）库存商品管理。后勤保证是任何商务运作的基础。无论网络商店还是实体商店，货物和货币都是一样真实的，对库存货物的存储和管理也是一样真实的。

（9）商品邮寄用户。网上购物实际上是邮购，最后一个步骤自然是通过邮政或其他系统将货物快速可靠地送达最终用户手中。

（10）售后服务。网络技术可以为用户提供24小时不间断的服务，这也是网络商店的优势之一。通常网络商店还要提供30天的退、换货承诺。

2. 网上商店的定位

网上开店定位包括以下5个方面：

（1）顾客定位——卖给谁，卖给网民以及网民周围的人；

（2）商品定位——卖什么，卖标准化的大件必需品或情感消费品；

（3）服务定位——怎么卖，适时服务和品位服务；

（4）价格定位——赚多少，物有所值，物超所值，毛利率要高于超市，低于百货店；

（5）商域定位——卖哪里，物流配送能力所能达到的地方。

3. 网上开店前期投入预算

网上开店的投资项目包括计算机平台及网络、图片及视频处理设备、存货及仓库、流动资金等（见表5-5）。

表5-5　　　　　　　　　　　网上开店投资预算　　　　　　　　　单位：元

项目	费用
电话费+ADSL费	500
300万像素数码相机	2 000
扫描仪	350
电脑设备	4 500
合计	7 350

（三）网上开店的步骤

1. 注册与激活

单击页面淘宝网站（http：//www.taobao.com/）右侧的"免费注册"按

钮，在注册页面"会员名"输入框中输入自己希望注册的用户名称，并进行注册、资料完善、密码设置及身份激活等事项。

注意：会员名是你在淘宝网上的身份标识，是唯一并永久的，一旦注册成功就无法再更改了，因此必须谨慎选择自己的用户名称，使用不太雅观或过于轻浮的用户名，将影响消费者对你的印象，可以通过下方的"检查会员名是否可用"按钮，检查自己想要的会员名是否可用；一般情况下首选是与你的店铺名称相关的中文用户名。

2. 实名认证

所有的网上交易行为都要实名认证，淘宝网站和支付宝也是一个整体，你必须激活开通支付宝账户及进行支付宝账户的个人实名认证，具体可单击"实名认证"链接，按网站提示填写真实姓名、身份证号码等信息激活支付宝账户。

注意：填写"个人信息"和"身份证件核实"需要等待一到数个工作日，支付宝账户所收款项将存在支付宝账户中，只有在支付宝中申请提现才会被汇到你银行核实认证过的账户上；目前收款和提现都是免费的。

3. 发布商品信息

单击淘宝网站上方"我要卖"的链接转到选择商品发布方式页面，根据自己需要选择"拍卖"或"一口价"方式，你需要发布 10 件商品以上，并保持有 10 个商品处在销售状态后就可以开设自己的店铺，发布后仍然可以修改商品的信息。

（1）编辑商品信息。网站可以让你从网站的商品分类中逐级单击选择商品的种类或可以直接在"类目搜索"输入框中键入分类的名称进行搜索；商品编辑页面可以上传商品的图片并详细输入商品的名称、介绍等信息及运输配送价格和支付方式等交易条件。商品信息也可以选择仓库保管模式留待以后使用。

（2）使用橱窗。在商品信息编辑页面下方，还可以设置当前编辑的商品是否需要设置为橱窗推荐，你可以充分利用这些橱窗来吸引买家，当人们经过你的商店所在街区进入商店之前，将只能看到橱窗中的商品。

注意：当消费者在淘宝网站上浏览各商品类目时，各类目中你的商品不论有多少，能够被看到的也只是那些在橱窗推荐中的商品，每一个店铺的橱窗位置都限制 10 个。

4. 店铺开设

通过网站上方"我的淘宝"链接进入个人页面左侧"我是卖家"中的

"免费开店"你就可以开设自己的店铺了。开设店铺之后个人页面中"我是卖家"里将增加"查看我的店铺"和"管理我的店铺"等相关的链接。商品的发布你仍然可以通过网站上方或个人页面中"我是卖家"里的"我要卖"链接进行发布并通过"我是卖家"里的"已卖出的宝贝"、"出售中的宝贝"、"仓库里的宝贝"等链接进行管理。"管理我的店铺"可进入店铺管理"基本设置"、"宝贝分类"、"推荐宝贝"、"友情链接"、"店铺留言"和"店铺风格"6个管理选项。

　　店铺要起一个好名字，店铺的名称对消费者会有一定的影响，店铺的名称不同于用户名称是可以更改的。如果商品种类比较多应该按照主要商品来选择分类。"宝贝分类"可以为自己店铺的商品创建分类；"推荐宝贝"选择6个希望进入你店铺的消费者能够马上就看到的商品，让它们显示在店铺页面上方最显眼的位置上；"店铺风格"可以提供店铺风格模板，只要你愿意花时间去学习，还能够按照自己的需要随意装修自己的店铺。

　　（四）宣传推广

　　店铺的宣传推广，需要你单击查看自己的店铺，记下店铺的子域名，真正的店铺地址应该是类似"http：//shop33302988.taobao.com"。

　　宣传推广可以从通知自己亲朋好友开始，起码让大家捧个场，聚一点人气；还可以在自己的淘宝个人空间中写文章介绍自己的商品等；在认识其他商家之后可以与自己关系比较好并且商誉较佳的商家交换链接；还可以考虑加入商盟，淘宝内有许多由多家店铺组成的商盟，加入商盟的店铺除了互相链接之外还可以在商盟的宣传推广活动中获益。

　　注意：宣传店铺不同于宣传网站需要在不经意间宣传，重在坚持。因而你需要将自己所有的QQ、微信、微博、电子邮箱、论坛账户之类的能够设置签名信息的地方都加上自己店铺的名称、简介和地址，以便在不经意间宣传推广自己的店铺，而类似淘宝网站社区之类允许在签名中加上广告旗帜的更要好好利用，加上自己的广告旗帜，更多地在社区与其他用户交流。

　　（五）网上商店的经营管理

　　1. 选择合适商品

　　选择合适的商品是网上开店成败的关键，除了考虑自己是否能够找到比较合适的渠道以相对低廉的价格进货以外，商品是否适合在网上销售也是需要考虑的问题。

　　（1）选择商品的几个要求。如商品是否适合网上销售、商品价格、销售风险等。游戏充值卡之类无需运输配送的商品通常比较适合在网上销售。

（2）网上商店交易量排行前列的商品种类。珠宝类，如"水晶"、"翡翠吊坠"热卖；礼品居家分类，如"Zippo"、"床上用品"受宠；手机电脑；服饰分类，如"牛仔裤"、"圆点"、"条纹"继续流行；收藏分类等。

2. 商品货源选择

（1）充当市场猎手。密切关注市场变化，充分利用商品打折找到价格低廉的货源。如网上销售非常火的名牌衣物，卖家们常常在换季时或到特卖场里淘到款式品质上乘的品牌服饰，再转手在网上卖掉，利用地域或时空差价获得足够的利润。

（2）关注外贸产品。外贸产品因其质量、款式、面料、价格等优势，一直是网上销售的热门品种。

（3）买入品牌积压库存。品牌商品在网上是备受关注的分类之一，很多买家都通过搜索的方式直接寻找自己心仪的品牌商品。而且不少品牌虽然在某一地域属于积压品，但网络覆盖面广的特性，完全可使其在其他地域成为畅销品。

（4）拿到国外打折商品。国外的世界一线品牌在换季或节日前夕，价格非常便宜。

（5）批发商品。一定要多跑地区性的批发市场，不但熟悉行情，还可以拿到很便宜的批发价格。通过和一些批发商建立良好的供求关系，能够拿到第一手的流行货品，而且能够保证网上销售的低价位。

3. 支付方式选择

网上开店尽可能多地提供支付方式给消费者选择是成功开店不可或缺的条件，只有当消费者能够随心所欲地选择了自己认为安全、方便的支付方式，才能够放心地购买你的商品。虽然许多银行卡开始收取年费，但你仍然要不惜工本尽可能多地提供收款账号供用户选择，支付宝等支付过程全免费的第三方网上支付账号也是必不可少的。

4. 配送方式选择

至于配送方式，应尽可能多地提供更多选择给消费者。由于大部分配送方式目标地区不同资费不同，货品的重量不同资费也不一样，所以还需要将各种配送方式的价格了解清楚并根据商品的重量和通过计算平均值等方式设定好各地区消费者所需支付的配送费用。对于消费者一次购买多件商品配送费用如何确定等问题，你也需要预先想好解决办法，决定是给购买多件商品的消费者在运费上让利，还是提供另外一个订购链接并在店铺上详细列明各种配送资费让消费者心中有数。

5. 谨防受骗

在网上个人电子商务交易中作为卖方风险通常比买方低，但在互联网上也有一些专打卖方主意的骗子。他们主要利用部分卖家刚开始在网上开店，对网上的交易方式缺乏足够的了解来进行欺骗。例如他们会利用卖主刚开店即有人买货的欣喜，想尽办法哄骗卖方先发货，或者使用第三方支付方式的安全支付功能，购买手机或手机充值卡号之类，卖方事后难以提供有效发货证明的商品，或者在购买商品后，私下联系卖方说是自己更换了居住地址或希望将商品送给某人，要求卖主将货物寄到新的地址使卖方即使保留了发货凭证，收货地址也与网上交易的记录不符，事后他们就可以投诉卖方拒绝发货并要求退还货款。

三、　如何开办策划工作室

（一）策划工作室及其类型

1. 工作室

策划工作室是以策划为主要业务的工作室。工作室一般是指由几个人或一个人建立的组织，形式多种多样，大部分具有公司模式的雏形。

2. 工作室类型

工作室按行业类别可划分为：①咨询类，如商业行为策划、社会活动策划、个人行为策划等；②视觉类，如平面设计，图书设计，影视制作，各类视觉、行为艺术创作等；③文字类，如商业文案、媒介专栏等；④中介类，如信息、资讯、情报等。

按组织形态可划分为：①注册型，具有法定名称和经营范围；②挂靠型，挂靠于某对口公司，借助该公司的经营资格、场所、设备、信誉及账号等条件开展业务；③自由型，自立名目、自我标榜、自定内容，完全借助个人能力和个人声望开展业务；④沙龙型，以特定的小群体为主要构成，以共同的兴趣为工作目标等。

3. 工作室的优缺点

（1）优点。门槛低，易操作。在工作室创业初期，创业者不需要注册，不需要烦恼的各种手续，甚至是不需要办公场地，在家即可。更加重要的是没有动辄十几万、几十万注册资金的限制，完全可以先干起来，把"内容"做出来之后一边干一边再去补充必要的"形式"。这也是工作室在短短几年时间内风云涌现的重要原因。

（2）缺点。第一，有很大的不稳定性。这是工作室创业的最大弱点，与公司创业相比，由于工作室创业的门槛低、易操作，进可攻，退可守，退出成本极低，退出程序基本上没有什么束缚，这些特点使工作室创业呈现出极大的不稳定性。第二，后顾之忧比较多。在工作室主人和成员的心底深处，生活的重压无疑是最现实的，也是最大的，员工没有劳动保险、医疗保险、住房公积金等福利待遇，能否养家糊口，收入是否稳定等。

（二）策划行业分析

1. 行业发展趋势

发达国家的策划服务业已经相当成熟，策划服务领域涵盖了金融、投资、信息、教育、培训、房地产服务、基建工程、工业设计、物流管理、环保、法律、财务、评估乃至广告公关等，几乎涉及社会生活的各个方面，而且市场运作规范、专业化程度高、法律法规健全，已形成相对稳定的策划行业与服务体系。随着社会经济生产生活的全球化，策划业在人们生活的各个方面起着越来越重要的作用，其在产业结构中所占比重的大小已经成为衡量一个国家经济发达程度的标志和象征。

2. 行业盈利前景

（1）行业机会。从全球看，金融服务业、银行业、制造业和通信是策划服务业的最大市场。增长空间最高的是金融服务业、银行业、通信、零售和商务、工程服务。

（2）地区机会。虽然美国仍然是最大的策划市场，其增长稳定、机会多，但其他一些地区也表现出了增长机会和快速发展的势头。如亚太地区将是未来几年世界策划服务市场增长最快的地区，其中韩国、中国香港、泰国、中国内地都表现出了策划市场持续增长的趋势。拉美地区也将成为策划服务市场增长较快的地区，其中以墨西哥和巴西最为突出。在欧洲，来自政府的投资策划有望增加，企业并购策划、重组策划仍将保持增长势头。

（3）细分市场机会。未来几年全球商业和 IT 战略方面的策划服务增长最快。在策划领域，银行、金融、公共事业、通信等行业的策划将快速增长，其中亚太地区和拉美地区的市场空间最大。由于全球合并和并购增多，变革管理和合并、并购方面的策划有较大的市场空间。由于策划客户更关注投资回报（R01）和节约成本，流程改善和业务流程重组方面的策划将有很高的增长机会。

（三）策划工作室的业务范围

一般来说，策划工作室的业务范围都是根据策划人员的专业方向而定的，策划机构的人员构成最好能够在专业上互补，这有利于工作室涉足更多的业务领域，如一些工作室的业务范围是投资分析、投资策划、方案编制、企业管理咨询、产品推广及销售策略、创业研究。

（四）工作室的目标市场

1. 选择目标市场

市场细分是策划企业选择目标市场的依据，选择目标市场是市场细分工作的延伸。策划经营者需要根据自己的条件，从细分的市场中选择出一个或几个子市场作为自己从事市场营销活动的对象。

2. 影响目标市场选择的客观因素

（1）策划工作室自身实力条件。包括人员的素质、可支配的资金、管理水平、产品及营销组合设计能力以及关系网络等，这些条件对于确定目标市场经营范围的大小起到决定性的作用。如果经营者实力强，各种资源丰富，则可以采取差异性目标市场策略。

（2）策划市场的特点。策划是一个专业性很强的系统工程。企业如果没有专业人员的指点，结果往往是事倍功半。由直觉和经验来选择广告媒介和广告栏目，或盲目地选择广告策划公司。都不是一种合适的办法。比如企业需要进行广告策划，唯一的最好的办法是选择一家最好的专业广告策划公司。由他们对企业形象，品牌，产品和服务做一个全程策划和全程实施。

（五）策划工作流程

1. 项目介入阶段

（1）初步接触。咨询顾问亲自拜访客户或接待来访客户；了解客户需求，解答客户问题；介绍双方公司相关业务情况，准备相关资料；商定进一步洽谈的内容、时间及地点。

（2）进一步洽谈确定课题。客户企业介绍情况，提出咨询要求与希望；研究企业提供的资料、分析企业状况、初步拟定项目框架；实地考察客户企业及环境；双方确定项目框架和目标；根据企业期望做准备性调查。

（3）提交项目建议书及合同签订。根据客户需求提出项目建议书；双方就建议书内容（包括项目目标、框架、主要内容、执行方案、时间计划和初步预算等）进一步商讨；拟定并签订合同，做好项目开展准备工作。

2. 项目启动阶段

（1）确定项目领导小组。根据项目要求确定由双方主要领导组成的项目领导小组，直接监督管理项目的开展。

确定双方项目主要负责人。确定需要外聘的专家、高级顾问和内部顾问人选。

（2）确定项目计划。由项目领导小组和项目负责人确定项目开展计划与项目详细目标，结构细化，时间进度，人员要求和其他后期准备；根据经验提出初步计划建议；准备项目开展所需的资料、表格等。

（3）确定联合工作组。根据项目计划要求，成立由双方相关人员组成的联合项目工作组，明确具体分工和职责；拟定工作计划和时间进度；拟定调查分析计划；针对项目需要对联合工作组成员进行培训。

3. 调查分析阶段

（1）调查分析和座谈会。企业各部门介绍其职能情况，工作中存在的问题和改进的要求。根据需要并征得客户同意后进行问卷调查和重点访谈。主持和开展座谈会、讨论会、听取各方面人员的意见和要求。深入调查分析，了解客户竞争对手的情况及客户产业链。

（2）初步诊断并提交诊断报告。整理分析调查资料，对问题分类。弄清客户企业进行革新和有效解决问题的能力。利用先进的分析工具对企业存在的问题进行诊断并提供初步改进建议方案框架。提交诊断报告。

4. 方案设计阶段

（1）提交初步设计方案。在客户对诊断报告和改进建议方案的反馈基础上进行方案设计，并根据客户情况实时修改。结合国内外相似企业的成功经验，向客户提供满足其特殊要求的、可操作的改善方案。

（2）初步方案征求意见。初步方案分专题向有关部门进行详细介绍，回答有关问题，广泛听取修改补充意见。针对反馈意见和建议，进行局部调整和补充。拟定实施计划纲要。可举办专题研讨会或培训班，协助客户推动企业改革。

（3）方案调整，提交最终报告。按照客户要求提交最终报告。举行报告正式发布会，并就报告内容答疑咨询。协助客户拟定实施计划。

5. 支持与培训阶段

（1）人员培训。针对方案实施中的难点，对客户的相关人员进行培训；对客户的中高级管理人员进行培训；协助联合工作组成员开展广泛的培训工作。

（2）实施支持及信息反馈。就报告内容给客户相关人员进行实施过程上的答疑；根据实施状况进行局部调整和细化。实施中进一步的支持和服务。客户就实施过程的情况进行反馈。对实施中反馈信息进行分析研究，提出可选择性解决建议。双方共同分析存在的问题和难点，商定可能的解决方案。

（3）新项目建议。协助客户深入分析企业管理存在的薄弱环节。针对前阶段项目开展与实施情况共同商讨新项目建议，保证改善工作的持续进行。

（六）创办策划工作室

1. 适合开办策划工作室的人员特征

（1）高超的专业知识和一技之长。对于上班族来说，只要在其位尽其职即可，然而工作室人员的专业能力是赚钱的手段，更是安身立命的本钱，这是创办工作室不可或缺的前提和基石。这种能力不是随便哪个人在短时间内就可以替代和超越的。

（2）丰富的资源和良好的人际关系。工作室的初期业务，需要依靠过去的资源和人际关系；工作室的代表作，更需要高度稀缺性的资源和非常强的号召力。

（3）管理各项事务的能力。一些人的专业能力很强，资源和人际关系也很好，工作经历也有，可就是缺乏规划、管理、财务、营销、行政等方面的管理能力，有些人痴迷技术，不愿管杂务，天生是搞技术的料子。

2. 创办策划工作室最稳妥的方法

（1）在仍保持原有工作的情况下，先兼职做一些自己有优势或者是准备朝某个方向发展的工作，这样"骑着马找马"更容易成功。可以先到在本行业领先的工作室去打工学习一段时间，了解该领域的一些情况以及开办类似的工作室需要什么样的专业技能、资金条件；或者参加一些必要的培训班、研习班、专家研讨会，甚至选修一些专业课程，使自己具备开办工作室最基本的主观条件。

（2）深入了解，请教过来人。主动拜访一些同类的成功者、过来人，向他们取经，新开办工作室的时机、业务特色、规模，都要有所选择，前期如何打开局面，尽可能了解得细致、深入一些，在行动之前就做好创业成功的准备。

（3）工作室开张后，自己还应当具备很强的自信心，具备与他人友好相处的能力，同时要做好延长投入期和继续投入资金的准备。

（七）策划工作室运营

1. 打造核心业务能力

（1）提供策划服务的深度和广度。提供整体解决方案正成为最终用户优先考虑的重点之一。整体解决方案包括策划、开发、实施、维护和支持。然而，整体方案的提供者认识到一站式服务并不能为客户带来长期竞争优势。因此，对于提供整体解决方案的策划机构，必须具有更深层次的专门技术，扩大所提供服务的范围。这主要通过机构的成长、协作和联合，以及兼并来实现。

（2）多样化的价格策略。在现代经济条件下，策划服务机构正在尝试各种可供选择的价格模式，包括固定时间/固定价格模式、风险/收益共担模式和股权支付模式。策划服务机构必须评估各种价格结构，选择定价模式以符合客户的需求和策划服务合约的价格策略。

（3）强化与最终用户的关系。与关键领域的最终用户的决策层建立长期稳定的关系。这些关系的建立包括最终用户董事会的决策者、行业专家和站在客户角度的战略专家。这对高技术生产企业也同等重要，因为它们在业务方面没有很强的最终用户关系，而对专业服务机构需要强化这些关系。

（4）相互促进的合伙或合作机制。面对激烈的竞争、新的市场进入者、潜在的渠道冲突，建立强化的共赢伙伴关系，创造新的合作方式是策划机构必须开展的商业活动。

2. 危机管理

工作室的出现在我国已经有 10 年左右的时间，20 世纪 90 年代初期是萌芽期，中后期是膨胀期，21 世纪的第一个 10 年为调整期。今后几年工作室会呈现以下几个发展趋势：

（1）向集约型和纵向深度发展。小部分拥有核心能力、有发展远见、有整合资源能力的工作室，将在今后几年实现跨越式发展，做强，做大。

（2）被业务相关和准备进入某个行业的大公司、大集团收购。

（3）业务相同或类似的工作室主动或被动地结盟。当工作室一哄而起恶性发展到供给过剩、"僧多粥少"时，便会不可避免地出现业务相同或相似的工作室结盟的趋势。

（4）业务萎缩，惨淡经营，直到倒闭。

第三节　财经类专业创业案例及评析

一、纵横捭阖、多元拓展，非物遗产展新颜[①]

（一）一堂讲座点亮创业希望

刚入学时，郭九强就是学校创业团队的一员，但一直只是有创业激情，却没有找到合适的项目。2010 年 9 月，郭九强跟几个同学在一个关于非物质文

[①] 根据栾微. 在校大学生做鱼皮画一年销售逾百万，成立虚拟公司［EB/OL］.［2013-01-18］. http://edu.people.com.cn/n/2013/0118/c1053-20249057-3.html 整理。

化遗产的讲座中知道了鱼皮文化，了解到现在专门从事这种古老手艺的人越来越少，可能会在不久后失传。

在讲座之后，郭九强一直对鱼皮文化念念不忘，为什么我们不可以把传承传统文化和现代创业相结合呢？郭九强找到一起参加讲座的同学，说出创业意向，结果发现大家都有这个想法，一拍即合。于是他们开始利用课余时间对哈尔滨各大旅游纪念品商场进行调查，发现在这些商场出售的黑龙江特色的旅游纪念品中，除了木耳等土特产品外，属于本土的艺术产品少之又少。他们一致认为鱼皮文化完全可以作为地方、民族特色的纪念品出售，而且市场很大。

郭九强在2010年10月就成立了"鱼福满满"项目组，不仅请了专业的张琳老师作为指导老师，为了更深刻地体会赫哲族传统的鱼皮文化，多次前往赫哲族的居住地——佳木斯市，与居民同吃同住，向国家级非物质文化传承人学习技艺，走访当地的鱼皮画制造商、经销商了解鱼皮画制品的市场状况。

（二）鱼皮画进课堂　堂堂爆满

郭九强的鱼皮文化项目得到了学校的大力支持，学校开设了赫哲鱼皮文化的选修课，郭九强还成立了鱼皮画协会。令大家没有想到的是，原本只是想让同学们更好地传承和发扬少数民族非物质遗产的选修课，却受到了同学们的热烈拥护，本来只设80个名额的课程，报名人数多出180名，学校最后还只能用抽签来确定名额。最初只是觉得好玩的同学发现，这个选修课上不仅能学到理论，还能真正动手做，慢慢的大家兴趣越来越高，水平也随之增长，甚至都达到可以出售的水平。

（三）一幅"虎头"卖了500元

2012年1月，郭九强在张琳老师的推荐下，开始向自己"圈定"的几个客户推销鱼皮产品。他们找到了黑龙江省北大荒文化创意产业集团股份有限公司，公司负责人对这几个毫无经验毛头小子有些怀疑，一口拒绝了他们。但是郭九强反思失败的原因，随后精心地做了针对性的准备，并带上了自己的产品，这一次，"北大荒"没有拒绝，仅去年该公司就订购了近2 000幅。

这一成功经验让郭九强他们深信，只要有毅力和过硬的技术肯定能打开市场销路。"但当时仅是局限于团体销售，并没有考虑过其他的销售模式。"郭九强说。

2012年6月，鱼皮画选修课结束后，学校还特意举办了一场鱼皮画作品展。最初只是想让更多的人了解鱼皮画，可在展会结束后，却有几位买家主动联系郭九强他们，并希望买下一幅叫"虎头"的作品，这突如其来的客户让同学们有些措手不及，经过和老师商榷，最终将那幅极具特色的"虎头"作品以 500 元出售。这 500 元不仅对同学们是实质性的鼓励，也大大增强他们要开始探索和打开零售市场的信心。

（四）年销售额 100 多万

为了更好地将鱼皮画打入市场，2012 年 10 月，在学校的支持下，他们成立了由 10 余名在校大学生组成的虚拟公司——福鱼文化创意公司，团队成员有工商管理、金融、法律、电子商务和艺术设计等 5 个专业，由专业团队负责销售鱼皮画。听说哈尔滨要将关东古巷打造成旅游区，同学们马上与店老板沟通，老板同意将他们的作品在鱼皮部落传奇中销售，这样既能增加店里产品的多样性，同时也增加了销售出路。

同时他们还不放过任何一个能展示鱼皮画的平台，参加了第 23 届哈洽会、第 7 届中国龙江国际文化艺术产业博览会等大型活动，在会上均受到了很多领导和企业的关注。团队的同学还结合自身优势在淘宝网上开设了网店，进行鱼皮画的网上销售。郭九强说，一年来，他们的鱼皮画销售额达到 100 多万元。

创业成功还不忘回报社会。目前，他们已先后联系了黑龙江省残联、妇联和哈尔滨市残联、妇联，积极寻求合作，希望给残疾人和待业妇女们提供工作机会，帮他们提高生活水平，为她们找到新的创业商机。

【评析】好的创业项目来源可以是突破现有企业的局限，发现消费者未得到的满足，并联合研究开发机构对这些未得到的满足进行开发与市场潜力进行整合分析，本案的鱼皮文化就是从非物质文化遗产的讲座中得到信息，并经过对旅游纪念品商场调查研究和对创业感兴趣的同学的论证而成，具有较好的可行性。

在创业准备阶段，采用"鱼福满满"项目组形式、聘请专业指导老师、远赴实地向国家级非物质文化传承人学习技艺，走访当地的鱼皮画制造商、经销商了解鱼皮画制品的市场行情，做了相当多的准备工夫。

在项目试运行阶段，充分利用了学校对大学生创业的支持政策，开设赫哲鱼皮文化选修课、成立鱼皮画协会、举办鱼皮作品展、鼓励选修课同学真正动手制作商业作品等，这初步达到了创业—学校—同学的多赢局面。

项目的市场营销方面也颇具匠心，如挂钩黑龙江省北大荒文化创意产业集团股份有限公司，一方面可以利用北大荒公司的销售渠道，其次是可以借用对方的品牌、信誉与口碑。

在项目运转阶段，"在学校支持下成立由 10 余名在校大学生组成的虚拟公司——福鱼文化创意公司，团队成员有工商管理、金融、法律、电子商务和艺术设计等 5 个专业"，实施专业化运作，这在后来的关东古巷市场开发、第

23 届哈洽会、第 7 届中国龙江国际文化艺术产业博览会、联系残联与妇联等机构合作等大型活动的策划，均得到了验证。

总之，眼光独到、善于发现，用心看、用心听、用心思、用心做，善于发挥工商管理类专业的优势、充分整合好各种内外部力量，正所谓"机会需要发现、团结就是力量"。

二、　海阔鱼跃、天高鸟飞，展翅校园新传媒①

2002 年刘洪燕考上了四川大学，这位来自重庆市石柱县小山沟里的大学生，竟然在 12 岁之前从未进过县城，甚至没有见过汽车。看着四壁空空的家，刘洪燕背上行囊踏上求学之路，从此他不得不自己解决高昂的学费和生活费，做着各种兼职、家教。这些经历不仅解决了生活困境，也得到了很多锻炼，从最初见人都害羞的小男孩变成了成熟干练的兼职熟手。

渐渐的，刘洪燕发现兼职很耗时间和精力，而且待遇很低。他开始不再满足于那一点兼职费，想自己创业。到底要选择什么样的项目？刘洪燕突然想到，可以给企业和学生搭建一个平台，想出一本《校园消费》，专门收集学生需要的各种衣食住行的信息然后传达给同学们。开始，大家都觉得他是在异想天开，是农村孩子想钱想疯了。刘海燕没有解释，而是一步步沿着自己的计划做，他相信，他一定可以成功！

于是，他和他的团队每天起早贪黑，想尽办法，磨破嘴皮，终于有十几家商家愿意合作。第一期的《校园消费》顺利出版了，同学们发现原来这个有点憨的男孩却有那么细腻的心思，《校园消费》解决了同学们的很多问题，而且慢慢发展越来越成熟，也受到同学们的喜欢、追捧。2006 年初，杂志还走出川大，面向市区 10 余所高校发行，影响力进一步扩大。2007 年，刘洪燕通过与成都日报报业集团合作，《校园消费》成为中国首个有正规刊号的地方性校园杂志。

毕业后，刘洪燕注册成立了成都高校广告文化传播有限公司，开始真正经营校园传媒。经过几年的发展，公司现在已经是成都西南最具规模的校园整合营销公司，在重庆、武汉成立了分部。

刘洪燕在上大学时发现许多大学生在寻找兼职的机会，但是彼此之间没有信息沟通，市场调查员的需求量很大。2004 年他创立了四川大学访问中心，

---

① 根据佚名．青年创业奖获得者刘洪燕，为追寻梦想校园创业［EB/OL］．［2013-05-21］．http://www.studentboss.com/html/news/2013-05-21/133035.htm 整理。

为市场调查公司和兼职大学生搭建沟通的平台，为日后创业打下了坚实的基础。2005 年，他开始做成都地区高校第一本 DM 册《校园消费》，在同学中引起了极大反响。2006 年从四川大学毕业后，他创办了成都高校广告文化传播有限公司，为成都地区 10 余所高校提供综合校园整合营销服务，得到了大学和企业的认可，当年产值 50 多万元，利税两万余元。同时。他的成就也受到社会的肯定，他在 2007 年获共青团中央第四届"中国青年创业奖"。

刘洪燕的创业感悟：海阔凭鱼跃，天高任鸟飞。只要我们有自己的梦并勇敢去追，都能实现自己的梦想，取得成功。

【评析】创业动机可以是逼出来的，人生经历中的遗憾和不满足可以激发创业动机，激发强度越大，创业行为就越强烈、越持久，所谓背水一战、置之死地而后生是也。

商机的发现有很多种方式，其中之一就是观察身边熟悉生活和对别人需求进行"+-×÷"分析，并挖掘需求、放大商机，而且因为熟悉，所以容易操作，因为熟悉，所以不容易失败。刘洪燕通过《校园消费》来给企业和学生搭建沟通平台和商业交易平台，就是源于对自己熟悉的大学生活的观察和思考；但商机转化为创业行为，还需要其他因素的支持，例如刘洪燕的《校园消费》刊物得到成都日报报业集团的专业支持，无论是正规刊号，还是出版业务技术都能实现借力；其实，加上后来的成都高校广告文化传播有限公司、四川大学访问中心等业务拓展都是围绕着"校园传媒"这个核心。

可见，"新媒体"等工具类专业只要能发现商机、不受干扰、有梦想并勇敢去做，如同俞洪敏的新东方故事，创业中专业不是问题，问题是不专业。

三、　大处着眼、小处着手，校园商务显身手[①]

胡启立是武汉科技学院电信学院应届本科毕业生，红安农村人。4 年前，他借债上大学。在大学期间，他打工、创业，不仅还清了债务，为家里盖起了两层洋楼，自己还在武汉购房买车，拥有了自己的培训学校。

（一）贴海报发现校园商机

2002 年 9 月，胡启立带着对大学生活的憧憬，和从姑姑那借来的 4 000 元学费，到武汉科技学院报到。入学后他利用空闲时间逛遍了武汉所有高校，也熟悉了武汉的环境，这为他的下一步创业打下了基础。第二年春季一开学，胡

---

① 根据佚名. 大学生胡启立的创业故事［EB/OL］.［2012-10-18］. http：//www.myoic.com/story/detail/201210/223219_ 1. html 整理。

启立开始给一所中介机构贴招生海报，这是他找到的第一份兼职工作，并且交了10元钱会费。贴一份海报两角钱，从中介手中接过海报和一瓶糨糊，胡启立美滋滋地开始往各大校园里跑。3天后，胡启立按规定将海报贴在了各个校园，结账获得25元报酬。同行的几人嫌少，都退出了，而胡启立却又领了一些海报，继续干起来。贴海报看似简单的事却也让胡启立感受到了工作的艰辛，同时他心里也开始在想别的门道了。

他在中国地大附近贴海报时，遇到一位姓王的年轻人。王某是附近一所大学的大四学生，在学校网络中心搞勤工俭学。几个学生商量想利用网络中心的电脑和师资，面向大学生搞电脑培训。网络中心同意了，但要求学生们自己去招生。"只要你能招到生，我们就把整个网络中心的招生代理权交给你。"做招生宣传要活动经费，胡启立没有经验，最后胡启立向王某提出要1 800元活动经费，没想到王某二话没说，就把钱给了他。

胡启立印海报，买糨糊，邀请几个同学去各个高校张贴，结果只花了600元钱，净剩1 200元。这是他挣到的第一笔钱。招生效果还不错，一下子就招到了几十个人。

（二）办培训学校，圆了老板梦

2005年，"胡启立会招生"的传闻开始在关山一带业内传开了，得到了一家大型电脑培训机构的负责人的认可，当即将整个招生权交给他。随着这家培训机构一步步壮大，胡启立被吸纳成公司股东。但胡启立并不满足，他看到了校园市场的需求："校园是一个市场，很多人盯着这个市场，但他们不知道怎么进入。成立公司，就是想做这一块的业务，我叫它校园商务。"于是他注册成立了自己的第一家公司———一家专门做校园商务的公司。同时，胡启立发现很多大学生通过中介公司找兼职，上当受骗的较多，就成立了一家勤工俭学中心，为大学生会员提供实实在在的岗位。他的勤工俭学中心影响越来越大，后来发展到7家连锁店。

（三）只要敢做，没有不可能

在给一些培训学校招生的过程中，一次偶然的机会胡启立结识了一家篮球培训学校的负责人，开始萌生涉足体育培训业务的念头。经过多次考察比较，2006年底，胡启立整体租赁汉阳一所中专校园，正式进军体育培训。当年招生100余人，今年的招生规模预计是300人。如今，胡启立已涉足其他类型办学，为自己创业先后投入200万元左右。而他也在一次次的创业成功中得到了大家的认可与赞扬。

【评析】"把简单问题复杂化、把复杂问题简单化"是创业者需要具备的能力，胡启立因为将贴海报这么低报酬却很艰辛的简单事情复杂化了，所以才会"想别的门道"、才会盯上"利用网络中心的电脑和师资、面向大学生搞电脑培训"、才会做成"网络中心招生代理权、活动经费、办培训学校、参股经营、跨业经营"等复杂的事情。

创业过程包括项目发现、项目模拟、项目运作，创业者需要概念技能、专业技能、人际技能，创业者需要了解经营、懂得管理、熟悉营销、擅长财务……但创业者也并不需要什么都精通，因为创业可以有团队，所以核心创业者更需要的是发现问题、分析问题、解决问题的创业逻辑、创业意识和创业精神。

胡启立只是敏锐观察、大胆设想、整合资源、实施创业的众多创业成功者之一，能拼才能赢，问题简单化或者复杂化也应该是一种创业活动的"拼"行为。

四、 忽略专业、不看背景，金融牵手孔明灯①

2007 年从江西九江金融学院毕业的刘鹏飞经过 2 年艰辛的创业，目前在义乌已拥有 3 家孔明灯厂、3 家十字绣厂和 1 家印刷公司，通过网站，把孔明灯、十字绣卖到海内外，年销售额达千万元，成为名副其实的老板，也被当地人称为"义乌最牛 80 后大学产业青年"。

（一）灯光指路

刘鹏飞有浙江人特有的商业头脑和市场敏锐度，善于捕捉市场机会。不久前，他无意间发现孔明灯在当地需求量大，尤其时逢节日，更是供不应求。通过市场调查，他还发现国外网站也出售孔明灯，但是比较少。刘鹏飞认为，孔明灯作为有中国传统文化内涵的产品，本地市场竞争激烈，也许我们无法立即占领，但是国外市场竞争小，是一个大市场。何不立足本地市场，抓住海外市场，将其做大？我们可以通过建立一个中英文的网站，或者是中文和其他语言混合的网站，挂上产品图片，介绍产品功能、价格等，就能够开始营业。就这样，刘鹏飞发现并抓住了市场商机，开始了自己的创业征程。

（二）经营半年，战果颇丰

很快，刘鹏飞从义乌当地的商品市场花了不足千元的资金批量进了 100 多个孔明灯，将产品的图片挂到网站上，运用中英文对产品的功能、价格、品质

---

① 根据佚名. 五年开八家公司，草根创业者刘鹏飞登上福布斯［EB/OL］. ［2011-05-15］. http：//biz. zjol. com. cn/05biz/system/2012/05/15/018490104. shtml 整理。

特点等进行全方位的介绍。"很快就被抢购完了，顾客有本地的，也有海外的，我们得赶紧进货。"在忙碌的半年过后，刘鹏飞与女友的经营取得了不错的收入，不知不觉中他们已经有了6万多的存款，也成为他们将孔明灯做大做好的基础资金。

（三）抓住机遇，发展壮大

年后，对刘鹏飞来说，就是等待将孔明灯业务做大做强的机会。俗话说"山重水复疑无路，柳暗花明又一村"。2008年，刘鹏飞接到温州一家外贸公司价值20万元的大订单，商家还要求上门拜访，考察工厂，希望加强合作。刘鹏这回纠结了。心想：我自己都是从别处拿货，哪有什么工厂，我甚至连个像样的办公室都没有。该不该坦诚？做生意讲究的就是诚信。在对方来考察时，刘鹏飞跟商家坦白了自己的实际情况。刘鹏飞说，原以为自己的生意要黄了，没有想到客户不仅赏识他的诚信，还按约和他签下价值20万元的订单。

接着，刘鹏飞就开始筹建办厂的事情了。他运用原来积累的6万多元，在哥哥的帮助下，租厂房，买设备，招员工等，一系列的工作有序地展开，很快他在一个多月的时间里就完成了从建厂到生产的工作，顺利按时交单，足足赚了10万，同时也拥有了第一个孔明灯加工厂，事业开始蒸蒸日上。

（四）产品远销海外，放飞创业梦想

在立足了本地市场之后，刘鹏飞是如何做大海外市场的呢？有了自己的工厂，他就建立了公司网站。通过研究大型网站的交易流程与特点，刘鹏飞结合产品的功能特点放入"巧妙"的关键词，以提高海外客户的搜索命中率。比如对海外客户来说，有时错误关键词也能歪打正着。为了吸引潜在客户，他为产品设计了上百个关键词，同时还将阿拉伯文、韩文、日文等七八种语言都放到自己的产品的错误关键词，期望让最多的客户找到自己的产品。在搜索引擎上，他们的错误拼写关键词还一直占据着比较靠前的位置，"让傻瓜都难找到产品"，使得海外客户的订单不断增加，具有中国元素的孔明灯飞到了海外，也放飞了刘鹏飞的创业梦想，成为新一代的大学青年创业成功的典范。

【评析】当把创业行为从膜拜回归到一种人生状态，创业也就简单化了。

创业可以简单到将孔明灯增加国外市场而已、增加一个英文网页而已、增加几条生产线而已，但是创业也不简单，因为简单中蕴藏着诚信问题、技术问题、技巧问题、勤劳问题，"让傻瓜都难找到产品"说起来容易，做起来难！

创业模拟很重要，但不是什么创业项目都可以模拟的，因为不是所有的创业活动都可以演习，因为所有的创业活动都是实战，但是如果能够带着质朴的心去换位思考，将心比心、以诚换诚，简单的孔明灯也会飞到海外。

其次，刘鹏飞能将一个小小的孔明灯做大做好做强，也说明：创业没有定式，思想没有疆界。心有多宽，舞台就有多大，创业过程充满奇迹。

五、　个性定位，团购模式，社服商机别小觑①

（一）小服装，大商机

每年9月份，都是大学新生入学的月份。这群新的消费群体的到来，也给大学城附近的商家带来了无限的商机。而作为湖北大学应届毕业生的朱伟就是其中的一位投资创业者。进入大学后，他曾加入了"轮滑协会"，在那里积累自己的人脉，建立了人际关系网。借助这个平台，他混迹于学校各个社团之间，发现很多的学生组织和新班级，都想设计一套符合自己集体特色的统一服装，以展现班级或者社团的精神风貌。武汉那么多高校，大大小小的社团组织不计其数，其中蕴藏着巨大的商机。

（二）创业历程

看准了市场商机以后，朱伟就同自己的同班同学张鹏商讨创业团队建立的事宜。他们认为，他们俩适合的是业务联系，至于设计，还需要专门的设计人员，于是他们就找到了设计学院的一个朋友王东加入他们的创业团队。如何解决资金问题？经过协商，朱伟、张鹏、王东3人决定各出资1万元，作为创业基金，接着就一起注册，成为"个体户"，专门给大学生定制服装，包括运动装、正装、T恤等服装，同时也提供体育用品团购服务。

"我的主要工作是联系各个社团与班级的负责人，看他们是否需要定制服装。"穿梭在湖北大学各社团之间的朱伟说。确实相对于其他店面，他们的团队有很大的优势，一方面在学校里面可以提供上门服务，定制或者定购都可以；另一方面，他们有专业的成员进行LOGO设计，所以更受学生青睐。

（三）创业成果

由于具有地缘优势，加上价格低、质量有保证，他们的业务非常受欢迎。目前，湖大唐人街、轮滑协会等社团的服装，政法与公共管理学院等4个学院的服装都是由朱伟的创业团队一手包办的。同时，他们的业务已经扩展到了武汉理工大学、华科等武汉高校。良好的业务发展，使得他们在最近的4个月里净赚了5万多元，成为湖北大学有名的小老板。

"虽然在盈利，但我们团队每个月还在不断地投资。"朱伟信心满满地说。

---

① 根据佚名.大学生校园创业，瞄准"社服"商机［EB/OL］.［2011-03-24］.http：//www.cb.com.cn/businesses/2011_0324/194897.html整理。

如今他们已经取得了某知名品牌公司的资金支持，相信在学校相关政策的支持和自身的努力之下，他们的服装业务会不断发展壮大，直至注册成为正式的服装公司，将武汉高校的服装业务做大做强。

【评析】大学生创业，包括在校期间创业和毕业后创业，立足高校的创业，100 个创业者会有 100 个版本，其核心点不外乎基于高校的特色资源、市场、人才及创业动机。

朱伟立足高校社团"专门给大学生定制服装，包括运动装、正装、T 恤等服装，同时也提供体育用品团购服务"，并将业务拓展到周边高校与知名品牌校园代理，其成功的要素同样是基于高校学生社团资源、服装需求市场、在校学员的创业激情，"盈利没那么重要，关键是学习"的创业动机减少了运作成本和利润压力，从而实现薄利多销。

高校环境下的创业，经营思路、销售规模及利润回报相对社会化的商业销售会低很多，但高校是一个独特的小社会，高校创业需要高校商业模式，因此高校创业除了一双发现商机的眼睛，还需要的就是商业模式的创新。

六、　天堂虽美，地狱也近，互动广告技术男①

曾经是困难家庭的儿子，却用"机会主义"的冒险精神不断创造着自己在财富榜上的神话，资产已过亿的青年创业者，立志成为下一个马化腾的舒义是如何演绎他的创业历程。

（一）理想很丰满，现实太骨感

从小就继承父亲创业基因的舒义，心中一直都有一个创业梦想。2003 年，进入四川师范大学的舒义就开始践行自己的创业梦想。代理销售、"倒买倒卖"，这样的经历积累了他的创业经验和资金。随后，他接触 IT。在友人的帮助下，将 Facebook 模式融入电子商务理念，创建了"Blogku"网站，一度在成都引起轰动效应。由于没有良好的创业准备，缺乏资金，也找不到推广渠道，当初的轰动也无法维持网站的正常运营，网站最后无奈关闭。首次创业以失败告终，同时也背负了 2 万元的债务。

（二）创业首受挫，再战迎转机

首次创业失败给舒义带来了巨大的打击，但他始终没有放弃在互联网上寻找商机。2007 年腾讯到成都开拓市场，成立"大成网"。拥有敏锐的市场头脑

---

① 根据佚名. 舒义：创业基因植入骨髓［EB/OL］.［2012-04-27］. http://www.chinaz.com/visit/2012/0427/248468. shtml 整理。

的舒义意识到这是他创业机会的来临。

于是他辗转找到腾讯西南区的区域总监，提出想要代理"大成网"的地方广告。但对方却给他个下马威："要代理，必须先交16万元的保证金。"最后经过多次协商和双方的让步，舒义成功拿下了"大成网"的地方广告的代理权。

深谙互联网络虚拟世界的舒义，早就有了很好的网络营销的点子。经过市场调研后，舒义抓准了成都医疗美容市场。缺乏特色服务的华美整形医院是舒义的重要作战对象。于是他将自己的创业团队搬到了华美，免费从基础 PV 和 IP 等知识进行普及，建网站，策划点子营销方案。同时为了改变人们对整形的偏见，他巧妙地在"大成网"对常规的"微整形"进行现场直播，制造了轰动效应，不仅强化了华美的"微整形"品牌，也消除了华美潜在客户的顾虑。随着华美的业务节节上升，舒义也顺利拿下了华美广告的代理权。随后，他如法炮制，一举占领了成都医疗行业的网络广告投放市场。

年底，舒义整个团队的业绩达到 1 100 万元，远远超出腾讯公司的 160 万元的业务指标。至此，舒义团队在"大成网"的成功使他咸鱼终翻身。

（三）理想再折翅，精心布互联

商业世界风云变幻。舒义的成功也引来他人的觊觎。很快，"大成网"在成都的广告代理权就被实力雄厚的某广告公司抢走。舒义的力美公司又走到了悬崖边上。借助与腾讯公司的旧情，舒义的力美取得了重庆等地方网站的广告代理权，继续续写他的网络电子营销的神话。

一心想谋求更大发展的舒义了解到 WAP 网站上的广告业务几乎无人代理，果断调整公司的战略部署，分拆公司业务，调离骨干到新成立的移动互联事业部，并把公司搬到北京。很快取得了腾讯 WAP 网站的广告代理权，在移动互联版图上布下第一枚棋子。接下来，舒义又对 WAP 网站的广告代理的营销手段进行创新，改变以前区域互联网广告代理的营销模式与手段，很快舒义就在网络游戏等娱乐类商家身上取得成功，一些以"搞噱头"为能事的广告营销策略，也为舒义积累了大批 WAP 网站广告客户。

2010 年，力美来自 WAP 网站的营收业绩高达 3 000 万元，表明了舒义当初的公司战略的转移取得了巨大的成功。

（四）志向高远者，转身为天使

未来的广告代理的中心必将再次转移，智能手机将取代 WAP 网站。在立足 WAP 网站之际，舒义加快了在智能手机应用广告上的开发。很快他就建立了国内首家手机智投广告平台——Lmmob。

自己的平台又要如何盈利？除了与开发者实施三七分成，自己只拿小头之外，舒义还推出了各种奖励活动，比如只要开发者在 Lmmob 上传应用程序就能马上获得现金奖励，举办应用程序下载比赛和抽奖活动，以及加倍返利等。不到一年时间，已有 400 多个开发团队进驻 Lmmob。

现在，舒义的移动互联战略已涵盖了所有人群——WAP 网站广告面向国内中低层消费者，智能手机应用广告面向中高端消费群体。这种广撒网精播种的手法迅速让他在业内积攒了人气，成为急速发展的中国移动互联领域内一个特例。

而在移动互联网上的频繁动作也让舒义的身份有了转变——天使投资人。他的投资，使得许多实体企业实现了财富的翻倍增长，不断创造着他的投资神话。目前，舒义已拥有过亿资产，他的目标就是成为下一个马化腾，成立一个伟大的公司，拥有过百亿的资产。

【评析】项目的魂，是项目成功的软要素和硬要素的总和；项目之根，就是你所独立拥有的、可以吸引其他社会成员与之交换的资源，它是具有内在核心基质、难以复制的、综合而成的竞争优势，扎根于恒久的需求与未来的大势之中。

舒义的成功，缘自两个方面，即创业者对外界信息敏感素质的"项目的魂"及对信息市场发展趋势把握的"项目的根"，因为具备敏锐的市场悟性、因为关注到的信息技术，所以成功。其他的互联网、移动互联网、智能手机平台等都是成功的载体而已。

创业本是冒险，作为机会主义者，也许你会输得很惨；也许你会赢得很漂亮，创业者不相信万事，它只借东风。但舒义完美转身为天使投资人倒让创业故事的演绎具有了更多的看点。

七、　创意空间，设计外包，产业新瓶装新酒①

几个大学生合伙创立服装品牌，一年的时间里已经开了两个店，并注册了自己的品牌，营业额近 50 万元，这还是在服装业遭遇寒冬的背景下完成的。他们是如何突破的？同时令服装业头痛的压货问题，又是如何解决的？记者日前对他们进行了采访。

（一）传统模式平均月营业额 3 万元

马信，四川美术学院建筑学专业的毕业生。2011 年 11 月，她与 3 个好友

---

① 根据佚名．川美大学生创业服装品牌，两店一年营业额近 50 万［EB/OL］．［2013-01-24］．http://money.591hx.com/article/2013-01-24/0000212847s.shtml 整理。

一起创立了几弋服装设计工作室，现任执行总监一职。

"我们4个人都是好朋友，虽然各自所学的专业不一样，但是都有创业的意向。我本人喜欢服装设计，所以选择服装业为创业方向，他们3个对此也没有异议。"马信告诉《重庆晚报》记者，"最初我们也是采用传统模式，一方面自己设计衣服，然后找别的服装工作室代工生产；另一方面也淘一些衣服来卖。"

传统模式下运营了3个月，平均每月营业额有3万元左右，这没有让马信感到满足，反而让她感到了一丝危机。"因为我们的目标是打造自己的品牌，所以我感到如果继续这样下去，这个目标是不可能实现的，毕竟我们的规模小，水平也有限。所以，必须考虑转型了。"

（二）外包借力营业额大幅飙至5万元

怎么转型？直到一天她在网上了解到，部分外国服装品牌设计环节是由独立设计师完成的。这种模式在中国数量不多，但北京、上海等发达城市已出现。于是马信与团队商量后分头前往北京、上海、深圳、广州这4座城市考察学习。随后做出重要决定——采用独立设计师集群的模式，把设计外包出去。

马信介绍称，"我们先和北京的2个独立设计师合作，约定对方至少每2个月给我们设计一个系列，我们从中选择认为比较合适的，然后再由设计师把选好的衣服每样寄1~2件过来。如销售好，就再让设计师继续寄。衣服卖出后设计师和我们按六四比例分账。"

采用该模式后，虽只拿四成，但衣服的款式大受大学生欢迎。营业额反而大幅度增加了66%，平均每个月5万元左右。马信表示，"去年7月，我们在U城天街又开了一家店并注册了自己的品牌，过去一年里全年营业额为49.8万元。现在一共有8个设计师，其中5个是北京独立设计师，北京的设计理念和风格比重庆前卫得多。"

【评析】"逆势而为、抓住小众市场"永远是缔造成功创业故事的旋律之一，在标准化时代抓住个性化、在集约化背景下实施小而精的快速响应模式，几弋服装设计工作室的成功就是依靠商业模式的创新来获得的——这并不是马信的专利——只要领会到其中的精髓，谁说服装设计之外的某个领域不会出现创业机会呢？

业务外包与业务整合是商业模式创新思路之一。万物不求为我所有，但愿为我所用。无论是设计，还是生产，或者销售；无论是广告，还是包装，或者寄售。都是可以这么玩的。

商业模式创新还关心成本–利润这对关系，企业真正需要关心的不是成本，而是利润，价值链理论也好，供应链理论也好，它们追求的都是利润的最大化和利润的分配机制！

马信和她的几弋服装做到了，他们玩转了商业模式创新这个概念，保持和发扬专业特色与核心竞争力，充分设计和利用了商业模式的整合能力。

八、 发愤崛起，人穷志高，青春相伴好还乡①

今年6月从江南大学设计学院毕业的山东大男孩胥振鹏，这个来自农村的贫苦孩子在大学4年里以不屈服的精神创造了常人无法想象的奇迹。在创业的路上几经波折，做过销售、当过兼职、办过培训班，2011年4月他筹备了无锡犀点创意设计有限公司，在学校的帮助下取得了极大的成功。毕业季同学都在忙着找工作时，他创办的公司年营业额已超百万元。

（一）背负重任，自给自足

胥振鹏1988年出生在山东一个特困县的农民家庭中，在他接到大学录取通知书的那时起，他就暗下决心："得撑起这个家，大学4年，不向家人要生活费。"入学军训结束后，江大设计学院的大一新生胥振鹏跨出了挣钱生计的第一步。他利用课余时间收购旧军训服，再卖给附近建筑工地上的工人。一周下来，他挣到了300多元，这让他坚定了在大学期间自谋生计的决心。

（二）怀揣梦想，勇敢创业

看似瘦弱的胥振鹏做了常人难以想象的大量兼职。然而面对每年高昂的8 000多元学费，仅靠做兼职很难挣到，且要花费很多精力。兼职并不能解决根本问题，为了更好地发展，2010年暑假，读大二的胥振鹏开始创业，成立画室招收学生。创业很艰苦，也有风险，一开始就碰到了钉子。虽然有生源，但场地店面年租金要4万元，这对于一个贫穷人家来说无异于天文数字，创业几乎不可能。然而他没有放弃，一次次地"厚着脸皮"给房东打电话，到房东家央求给他多些时间去筹备首付2万元的租金，他跟房东讲自己的创业思路和生活的艰辛，"也许是被我的家庭境况感动了，"房东答应免费让胥振鹏使用店面1个月，1个月后要是凑不齐租金就搬走。那个炎热的夏天，盛世传奇画室开班了，20多名高考学生前来学习。晚上店里热得没法睡觉，胥振鹏又舍不得开空调，只好拖着帐篷到马路边睡，早上4点多钟起床收拾帐篷回店里。为了节省，他每天只吃两顿饭，就这样用1个多月的时间把2万元的房租

---

① 根据佚名.85后贫困大学生创业之路，大学4年不向家里要生活费［EB/OL］.［2012－10－09］. http：//cy.ncss.org.cn/cydyt/270863.shtml 整理。

交给了房东。这期间他创业打拼背后所经历的酸楚和艰辛，我们无法体会。他用实际行动证明了一个穷学生用仅有的两三百元钱租下 4 万块一年的店面的勇气。

（三）发愤崛起，人穷志不穷

胥振鹏并未满足于现状，在画室培训班良好的经营下，他于 2011 年 4 月开始筹备无锡犀点创意设计有限公司，主营方向为室内设计装潢和展会设计等。前 3 个月，公司没有接到一笔单子。在学校的帮助下，他得到了江南大学国家大学科技园的导视系统牌项目，几个月下来挣了几万元。再后来，公司逐渐将业务拓展到各个区的会展项目。在成立三四个月后，公司正式入驻江南大学国家大学科技园，并通过工商税务登记，现有员工 8 人，大多是同学和学弟，公司年销售额过百万元。

"公司一路摸爬滚打，现仍处于起步阶段，我很珍惜每个单子，每次都努力做到最好，近期目标是想让客户成为'业务员'。我想靠着自己的打拼，而不是别人的怜悯来改变命运。"大学里，胥振鹏多次创业，每次面临创业困境，他从不屈服。他总是背地里抹抹眼泪，然后继续扛起肩上的重担前行。

【评析】高等教育的迅速发展和就业环境的变化，使得大学生创业性就业成为高等教育的一个新动向，然而对于在校或者初出茅庐的大学生来说，自主创业并不是轻而易举的事，尽管国家和学校为大学生自主创业提供诸多支持和扶持政策，但创业者创业初始需要承受非一般的创业代价，"大学里，胥振鹏多次创业，每次面临创业困境，他从不屈服。他总是背地里抹抹眼泪，然后继续扛起肩上的重担前行"，我相信：胥振鹏的艰苦奋斗、不屈不挠、人穷志高，可以让创业者看到光环与艰辛的两面。

九、 立志创业，反哺母校，设立基金助创业[①]

2003 年从浙江万里学院商学院工商管理专业毕业，孙洁进入人才市场行业工作了一段时间后，看到了这一行业的空缺，首先成立了宁波市众信人力资源服务有限公司。2006 年，又成立了宁波市华信人力资源服务有限公司，在她的不断努力下，公司不断壮大。现在，"众信"已在宁波市人力资源服务领域小有名气，孙洁也由一个少不更事的大学毕业生成为两家公司的总经理。为了回报母校，她创立"众信创业基金"，成立培训班等为有意向创业的学弟学

① 根据佚名. 大学毕业生孙洁，立志创业终成功，设基金助创业［EB/OL］.［2012-02-13］. http://info. 1688. com/detail/1023286386. html 整理。

妹服务。

（一）有需求，就会有市场

孙洁毕业后进入宁波市科技人才市场工作实习，从事人才交流、人力资源开发等工作。不久，她又进入一家中介机构工作。当时宁波还没什么人力资源服务公司，只有一些中介机构，而人力资源服务这个行业是能为很多人服务的行业，能好好经营这个行业，就能为社会作很大的贡献。她看到了人力资源行业的空缺和潜在的巨大市场。随后她的创意和原先宁波某人才市场的老领导一拍即合，于是成立了宁波市众信人力资源服务有限公司，2006年又成立了宁波市华信人力资源服务有限公司。众信人力资源服务有限公司是具备人力资源派遣和劳动保障事务代理资质的专业人力资源机构，是获得宁波市政府部门核准经营的第一批人力资源供应商，是全国劳务派遣合作组织（LAC）的成员单位，同时也是浙江省人事厅下属新世纪人才公司在宁波的唯一业务对口单位。

公司现在已建立了覆盖宁波整个大市区范围的派遣服务网络，还在杭州、安徽、陕西成立了分公司及办事处，同时与安徽、山东等16个省、市、自治区的劳动部门及相关院校合作建立了人才输送基地。"众信"至今已为280家用工单位提供了2万多人才派遣、劳动保障事务代理等HR（人力资源）外包服务。此外，每年为应届毕业生提供的工作岗位达4 000多个。公司在人力资源领域已小有名气，而孙洁也由一个少不更事的大学毕业生成为两家公司的总经理。

（二）飞得再高再远也不忘感恩

现在的孙洁，在老师眼里已经不再是当年那个"孙洁同学"了，而是一位让人尊重的"孙总"，但她依然认为自己是万里学子。为了回报母校的培育之恩，她日前回到母校，创立"众信创业基金"，帮助有创业意向的学弟学妹；同时还成立了一个"人力资源经理班"，定期安排资深企业人力资源经理进入校园，实行针对性就业指导。旨在为有创业意向的学弟学妹们提供更好的咨询服务和帮助，向他们传授经验教训，让更多的青年学生加入到创业的行列中来，为实现自己的理想奋斗。"我们和其他高校也有合作，但是我自己是万里学院毕业的，我了解万里，万里人在创业这方面真的与众不同。"所以，孙洁认为对万里的投资绝对值得，因为这是对人的投资。

【评析】"但她依然认为自己是万里学子。为了回报母校的培育之恩，她创立众信创业基金，帮助有创业意向的学弟学妹；同时还成立人力资源经理班，定期安排资深企业人力资源经理进入校园，实行针对性就业指导"。孙洁的成功，来自创业，但不止于创业，创业的价值远不止创造财富价值，还在于能为社会提供更多推力，在于感恩与回馈。

十、　青春有意，生活无情，爱情遗物博物馆①

王甜20岁，是一名在校大学生，她与两名好友出资筹建了"爱情遗物"咖啡馆。起初的目的只是想给好友们一个聚会的地方。但是经历了失恋的打击之后，想到了在咖啡馆里开失恋博物馆，收留恋人的"爱情遗物"，帮助像她这样，在爱情中受伤的人走出阴霾。这一点子得到了很多青年男女的青睐，分手了都把舍不得丢弃的信物存在咖啡馆里。此时的咖啡馆自然也成了人们记忆中的一部分。

（一）创意源于经历

高中毕业后王甜和两位好友商量开一间小咖啡馆，旨在为好友们提供一个聚会的场所。说干就干，商定之后便开始行动起来，选址，装修，学习咖啡冲调的技术，在忙碌了一段时间后，于去年10月，咖啡馆正式开业。经过大家的努力咖啡馆的生意还不错，成就感油然而生。"事业有了，爱情却没了。"已经失恋了5个多月，提起那段感情，王甜依旧有些伤心。谈了一年半的第一次恋爱，在对男友说了16次分手之后，竟然真的分手了。其间，喜、怒、哀、乐，小争吵、小摩擦不断，当她对自己的鲁莽感到非常后悔时，男友却不愿与她复合了。她的爱情，戛然而止。失恋后她把能让她想起男友的东西都找出来，装进盒子还给了他。可就偏偏落下了一件T恤。"看到这件衣服时，我的眼泪，又不争气地流下来。"她把T恤挂在了店里最显眼的地方，还写上了"我想要保护你"的留言，希望自己能振作起来。经历了这件事之后，王甜和合伙人商量在店里开失恋博物馆，收留这些"爱情遗物"，帮助像她这样，在爱情中受伤的人走出阴霾。大家都表示同意，她在橱窗上张贴了一段特别的启事——"在心里总有一个让你最难忘的人。无论你身边来了谁，走了谁。他（她）的地位，永不动摇。"

（二）咖啡馆里的爱情故事

米白色外墙，在街上花花绿绿的招牌之间，显得有些格格不入。推开咖啡馆的两扇玻璃大门，里边的陈设很有书卷气，一看就是店主花费心思设计的。空气里弥漫着咖啡的香气，背景是悠扬的音乐。它与普通的咖啡馆不同，没有慵懒、舒服的沙发椅，摆放的都是些学生时代类似课桌的木板桌椅。每一件物

①　根据佚名．大学生创业开失恋博物馆［EB/OL］．http：//www.059rc.com/news/news_show.asp？id=31571［2012-03-19］整理。

品都井然有序。与这些陈设有些不同的，是在大门迎面的墙上，零散地悬挂着一些物品，旁边还钉着些小字条，字条上的话是留给曾经恋人的。这些都是失恋的人留下的爱情信物。分手了，舍不得丢弃这些爱情见证，留下来又摆脱不了分手的伤感。于是，就找个地方来安放。在咖啡馆里，记者看到了很多人留下的"爱情遗物"。其中，一个本子上写满了"我爱你"，足有几千遍。这是一个男孩向女孩求爱时用来表决心的。可分手了，这份爱，该如何处置？男孩舍不得扔掉，就寄存在这儿。在另外的格子里，一个铁盒上有一张纸条，这也是一个男孩留下的"爱情遗物"，上边写着："早恋坑爹？鉴定完毕。"

【评析】创业出发点不同，所得到的收获也会有差异。创意创业内容新颖、紧密联系现在大学生情感，容易引起强烈的共鸣。

创业也有真性情，创业也可以玩"真性情"。其实创业，没有说挣钱就是天经地义，还年轻的时候将创业的概念拓宽些，将活着的价值理解更透些，也许会让创业者有些另类，但谁说得清没有意义？谁又说得清真性情不会帮助她以后创业会更成功？创业需要丰富多彩，单调也不是创业的代名词！

【本章问题思考】

1. 大学生如何进行实体企业创业？
2. 大学生如何在虚拟经济大潮中进行创业？
3. 大学生如何进行类似于策划工作室的智慧创业？

参考文献

［1］李志刚．网上创业理论与实践［M］．北京：机械工业出版社，2012.

［2］董青青，孙亚卿．大学生创业基础［M］．北京：经济管理出版社，2012.

［3］郭天宝，关晓丽，李可．大学生创业教程［M］．大连：东北财经大学出版社，2012.

［4］孙金海，蒋兆峰．大学生创业教育［M］．北京：化学工业出版社，2011.

［5］李刚，张胜前．大学生创业指导［M］．北京：国防工业出版社，2010.

［6］张涛．创业教育［M］．北京：机械工业出版社，2007.

［7］贺俊英．创业基础与实训教程［M］．北京：高等教育出版社，2010.

［8］赵延忱．中国创业学［M］．北京：中国人民大学出版社，2010.

［9］大学生创业教育委员会．大学生创业教程［M］．上海：立信会计出版社，2010.

［10］葛玉辉，李晓鸣．大学生创业测评［M］．北京：清华大学出版社，2010.

［11］李莉丽，龙希利．我国大学生创业教育运行机制研究［M］．济南：山东大学出版社，2009.

［12］赵延忱．好项目12个来源［M］．北京：机械工业出版社，2009.

［13］黄刚，蔡高根．创业学［M］．南宁：广西人民出版社，2008.

［14］赵延忱．创业的18个先后［M］．北京：新华出版社，2007.

［15］张光辉，戴育滨，张日新．创业管理概论［M］．大连：东北财经

大学出版社，2006.

　　［16］马克.J. 多林格. 创业学：战略与资源［M］. 王仁飞，译. 北京：中国人民大学出版社，2006.

　　［17］葛建新. 创业学［M］. 北京：清华大学出版社，2004.

　　［18］罗天虎. 创业学教程［M］. 西安：西北工业大学出版社，2003.

　　［19］头脑风暴家园（www. mind99. com）

　　［20］智库百科（wiki. mbalib. com）

　　［21］中国创业致富网（www. cyzf. com）

　　［22］大学生创业网（www. studentboss. com）

　　［23］青年创业网（www. youthcy. com）

　　［24］中国大学生创业网（www. cuccom. net）